COLEÇÃO ÁFRICA

Celso Salles

Celso Salles, filho de Manuel Ferreira Salles e Horaide de Sousa Salles, nascido em 28 de Maio de 1959, na cidade de Itirapina - SP - Brasil, casado com Mírian Amorim Salles em 1988, pai de Leandro Amorim Salles (1994) e Lucas Amorim Salles (2000), formado em Ciências Econômicas - Administração de Empresas, pela ITE - Instituto Toledo de Ensino de Bauru - SP - Brasil. Especializado em Plataformas Digitais e Gestão de Projectos, em sua marioria pertencentes a Área Social, vivendo em Luanda - Angola - África, no ano de 2021 onde escreveu mais este livro da Coleção África.

2021

Nest
África e dá o título ao livro, você leitor poderá ter uma apreciação dos diversos conteúdos publicados na Coleção, pelo escritor afro-brasileiro Celso Salles, residente em Angola no ano de 2021. Naquilo que podemos chamar de "melhores momentos" de cada livro, o autor seleciona trechos que na sua forma de ver, poderão auxiliar em muito, na formação de uma nova geração de seres humanos que tenha na diminuição das diferenças, bem como no cuidado aos desvalidos seus grandes e nobres objetivos. A Coleção África vem cobrir uma grande lacuna no mercado editorial, visto que, escrita em português, com versões nos idiomas inglês, francês, alemão e espanhol leva a leitores de todo mundo, inúmeros conhecimentos oriundos do continente africano. A grande ambição do autor com a Coleção África, é a de DESPERTAR mentes e corações para REPARAR todos os imensos erros cometidos pelas gerações passadas e que, POR OBRIGAÇÃO, nos cabe MUDAR. Ao finalizar este grande Projeto o autor já avisa que vem aí mais uma OUSADA E INÉDITA COLEÇÃO 100% focada em África.

BOA LEITURA.

DEDICATÓRIA

Nascida em uma família pobre de Belo Horizonte, Maria da Conceição Evaristo de Brito migrou para o Rio de Janeiro ainda jovem e se formou em Letras pela Universidade Federal do Rio de Janeiro (UFRJ). Tornou-se professora, rompendo com a tradição das mulheres de sua família, que serviam como domésticas em casas de famílias mais abastadas — algumas delas do meio literário, como a de Otto Lara Resende.

Mas não veio daí seu incentivo à literatura. Em debates e entrevistas, que hoje lotam a agenda da escritora, Conceição relata que as relações entre seus familiares e os donos da casa eram de absoluta subalternidade. Muito trabalho e pouco dinheiro eram a tônica do convívio.

Sua trajetória, segundo a própria escritora, foi construída a partir do desejo e da inconformação com a desigualdade social. Sua família era grande — é a segunda de dez filhos —, e ela conciliava os estudos com a lavagem e a entrega de roupas. É a primeira da sua família a receber um diploma universitário — hoje, Conceição tem doutorado em Literatura Comparada pela Universidade Federal Fluminense.

Escrevivência

Sua escrita conta muito de sua história. Conceição cunhou um termo para sua literatura, comprometida com a condição de mulher negra em uma sociedade marcada pelo preconceito: escrevivência.

O termo aponta para uma dupla dimensão: é a vida que se escreve na vivência de cada pessoa, assim como cada um escreve o mundo que enfrenta. É nesse sentido que ler romances, ensaios e poesias de Conceição Evaristo é visitar a vida real de uma mulher que lutou para conquistar o que, em razão do preconceito, custou muito.

Por isso, a literatura significou para Conceição Evaristo uma libertação. Uma possibilidade de registrar as injustiças, as dores e os silêncios que de outra forma permaneceriam ocultos, como ocorre às pessoas que não são ouvidas.

Ler sua obra é ler a história das mulheres que vivem na retaguarda, apartadas da esfera pública. Essas personagens, que se misturam entre o real e a ficção, aparecem em sua obra recorrentemente.

Entre suas obras mais importantes estão os romances Ponciá Vicêncio e Becos da Memória e o livro de poesia Poemas da Recordação e Outros Movimentos. Além disso, a escritora publicou três coletâneas de contos: Insubmissas Lágrimas de Mulheres, Olhos d`água e Histórias de Leves Enganos e Parecenças.

A escrevivência de Conceição Evaristo é um convite à reflexão

Conceição Evaristo
OLHOS D'ÁGUA

Maria da Conceição Evaristo

social e, claro, à leitura. Conheça melhor a escritora e mergulhe na obra de uma das principais artistas brasileiras do início deste século.

Fonte: Scielo, O Globo e Itaú Cultural.

LIVE REAFRO: VIVER AFRICANAMENTE - DA ORALIDADE A **ESCREVIVÊNCIA** - 10 ANOS DE ÁFRICA – CONHEÇA CELSO SALLES! - REALIZADA EM 15.09.2021

PRELETOR: Gilson Ferraz Junior – Empresário, professor e Consultor de Franquias, especializado em formatação e principalmente na estruturação de organizações franqueadoras, são 27 anos de serviços voltados ao segmento de franchising. Comercializa, relaciona-se com investidores e empreendedores interessados em adquirir conhecimento e direcionamento. Palestrante com aderência ao segmento de franchising, efetuando treinamentos individuais e coletivos. Sua formação transita pelo curso de administração da UFS, ampliando meus conhecimentos em gestão de marketing pela UNG, e MBA em gestão de negócios pela ESAMC, CEO da CASA DA FRANQUIA. site: www.casadafranquia.com - Instagram #casadafranquia -

AGRADECIMENTOS ESPECIAIS

Eu me lembro, como se fosse hoje, do meu pai Manoel Ferreira Salles, filho de Domingos e Luisa Ferreira Salles. Moravam em Vinhedo quando eu ainda tinha os meus 08 anos de idade. Meus avós, descendentes de brasileiros africanos, carregavam ainda muito da cultura africana, herdada do tempo da escravatura.

Meus avós falavam muito para o meu pai Manoel Ferreira Salles e Luis Ferreira Salles, irmão mais novo de meu pai, sobre uma grande quantidade de terras que herdaram dos senhores para os quais os pais dos meus avós trabalharam ainda no regime de escravidão.

Muitas destas terras ficavam na área em que hoje ocupa a cidade de Jundiaí, no interior do estado de São Paulo e próximo de Campinas.
Acontece que a posse das terras era verbal, aliás, como ainda é em boa parte do território africano, onde os SOBAS de cada região legitimam as respectivas posses de terra.
Os filhos dos senhores então, registraram em seus próprios nomes todas as terras e a família Ferreira Salles com nada ficou.
Meu pai e meu tio andavam de cartório em cartório à procura de qualquer documento que pudesse legitimar a posse das terras de seus avós e bisavós.
Após incansáveis buscas viram que de nada iria adiantar e desistiram.
Em uma noite, em nossa sentada familiar, onde sempre haviam sambas e conversas regadas a vinho, já que meu avô era produtor de vinho, tinha em sua quinta, um vinhedo onde produzia o vinho da família e vendia aos vizinhos e armazéns de Vinhedo, Valinhos, Louveira, eu tomei a palavra com os meus 15 anos na época, fiz uma fala que acabou calando a todos os presentes.

Tomo a liberdade de utilizar trechos desta fala para fazer os meus mais sinceros agradecimentos ao **CONTINENTE AFRICANO. AO POVO AFRICANO.**

Disse aos presentes naquela sentada familiar:

Vou pedir um pouco de silêncio para que todos aqui presentes ouçam minhas palavras. Quero endereçá-las ao meu Pai Manoel e a meu Tio Luis. Tenho acompanhado os esforços dos dois para recuperarem as terras da Família Ferreira Salles. Uma verdadeira luta, que infelizmente não resultou em um só palmo de terra em prol da Família Salles.

*Gostaria de dizer aos dois guerreiros que, os filhos dos senhores tiraram sim as terras que pertenciam a nossa família, mas o que temos que levar em conta, que o principal, exatamente o principal eles não conseguiram nos roubar e, naquilo que depender de mim, de meus filhos e netos, jamais vão conseguir nos tirar, que é o **SANGUE AFRICANO**. Esse sangue que corre em nossas veias é sem a menor dúvida **O NOSSO GRANDE LEGADO. A NOSSA HEREDITARIDADE.***

Da esquerda para direita: Luis Ferreira Salles, Manoel Ferreira Salles, Horaide Sousa Salles e Maria Brandina. Foto tirada em 1940 na Praça Central da cidade de Itirapina - SP - Brasil

PREFÁCIO

Os principais registros, pesquisas, e estudos sobre as histórias da humanidade, sua origem e percurso, tecem suas raízes sobre um território espetacular: o continente africano.

Destas fortes raízes se ramificam nações por todos os continentes deste singelo planeta, ao qual denominamos Terra.

Os frutos desta diáspora humana resultam em, aproximadamente, 195 países segundo a ONU (Organização das Nações Unidas). Registro o termo aproximadamente dado à volatilidade histórica na formação de nossas nações, ainda em fase que remontam aos desenhos geopolíticos.

De espantosa representação, em torno de 28% destes países se vinculam sobre bandeiras do continente africano, em torno de 55 países, segundo a UA (União Africana).

Com a aguçada leitura de mundo, entrecruzada por uma proposição que respeita o olhar acadêmico e o lugar de fala, como concerne aos conceitos de Djamila Ribeiro, a partir da diáspora vivida pelo autor, acentuada em sua brasilidade, Celso Salles aborda a abrangente influência que esses países, situados em África, representam para o mundo e, em especial, para a formação da nação denominada Brasil.

Os países em África, em acelerado processo de crescimento econômico, ampliação de infraestruturas urbanas e macroestruturas nacionais, organização de arranjos turísticos, resultam em indicadores de elevação de seus PIB (Produto Interno Bruto), alguns a se posicionarem entre os 10 principais países em relação ao crescimento econômico mundial.

Com um apurado estilo narrativo, o autor da COLEÇÃO ÁFRICA discorre sobre proposições como filosofia de vida, a exemplo da parábola do plantio de tâmaras, noutros aspectos, a importância da ampliação de intercâmbios acadêmicos, culturais, empreendedorismos e negócios entre nossos países, configura por envolver a sua autobiografia como uma vivência imbricada ao cotidiano de cada leitor.

Enfim, nesta bela e inspiradora coletânea de textos, a África e o Brasil se entrelaçam por proporcionar uma leitura obrigatória, à compreensão da relevância significativa que essa configuração representa para o mundo atual e seu futuro próximo.

Prof. Dr. Odair Marques da Silva

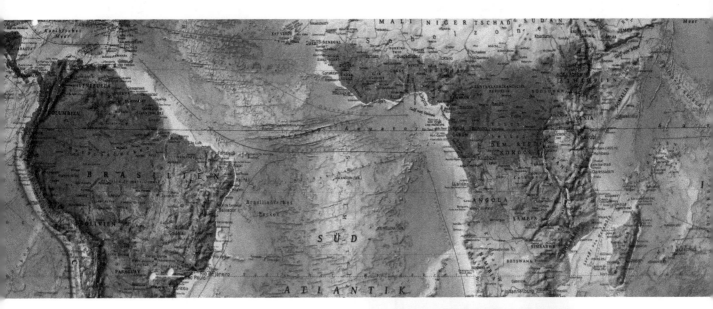

Odair Marques da Silva desenvolve um perfil diverso em seu percurso profissional. Atua como professor com licenciatura em Ciências, agrega a área de análise de sistemas com especialização em informática pela PUCCAMP, complementada com um mestrado em gestão na FEM/UNICAMP e doutorado na UTAD (Portugal) com concentração imbricada entre a cultura digital e as metodologias educacionais. Noutra vertente, envolve-se também com a docência na área da Pedagogia Social e a publicação de vários artigos e livros, em co-organização, nesta temática. Publica o livro Atlas Geocultural da África e o projeto de divulgação dos países em África através do site www.africaatual.com.br.

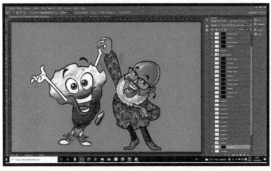

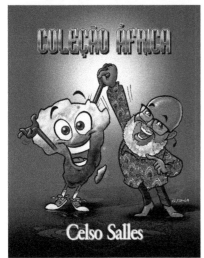

José Policena, mais conhecido pelo sobrenome PoLICENA, é brasileiro e trabalha há mais de 30 anos na área gráfica e artística. Trabalhou em vários jornais, emissoras de TV. Tem vários trabalhos desenvolvidos para várias empresas por todo o Brasil e até internacionais, como: Filipinas, EUA, França, Romênia, Japão e Angola.

Com um traço característico pela suavidade, elegância e vida que dá às caricaturas e personagens que cria, se compromete com o proposto e, consegue transmitir no traço tudo aquilo que é pedido pelo cliente.

Especialista em design, desenvolveu artes para cervejarias de porte internacional, desenhos em quadrinhos para autarquias eu vários Estados brasileiros, participou de programas de televisão de porte nacional, fazendo caricaturas.

Conheça mais os seus trabalhos, em: www.policena.com.br,

whatsapp: +55 14 99751-7513, ou,

+55 14 99127-9519, e-mail:

policena.design@gmail.com.

APRESENTAÇÃO

Ao todo são 12 livros, veja no índice das páginas 12 e 13. Neste 12º livro fazemos um passeio pelos diversos conteúdos e ao final do Resumo de cada livro, disponibilizamos o código QR para poder adquirir e ter o conteúdo completo de cada livro.

Os livros da Coleção ÁFRICA do autor Celso Salles são comercializados pela AMAZON.COM e demais Book Stores em todo o mundo.

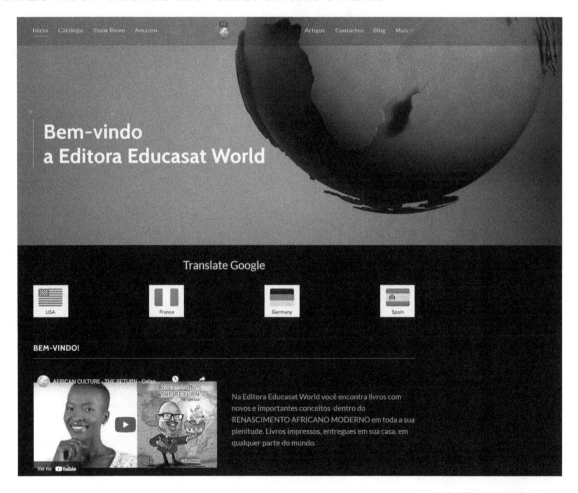

educasatworld.com

INTRODUÇÃO

O que dizer neste livro 12, COLEÇÃO ÁFRICA, que já não tenha sido dito nos demais livros da Coleção. Na verdade, sempre tem algo a ser dito quando o assunto é África. Na dedicatória que fiz deste livro ao povo africano, o fiz do fundo de minha alma, pois nós que nascemos e crescemos fora do continente africano, precisamos da ALMA AFRICANA para nos recompormos como seres humanos. Infelizmente a imprensa em geral se preocupa em divulgar o que a África não tem e esquecem de focar no que a África tem.

Procurei colocar nestes livros, 21 anos de trabalho à distância e presencial.

Como poderá ver no resumo de minha autobiografia nas próximas páginas, pisei concretamente em território africano no mês de Setembro de 2011. Quando escrevo este livro, completo exatos 10 anos de continente africano. No início com idas e vindas e, graças a Deus, agora residindo e bebendo na fonte africana inúmeros conhecimentos.

Logo que aqui chegamos, somos tentados a ver as qualidades de África, como se fossem defeitos, exatamente porque partimos do princípio que o nosso modo de vida no ocidente é o correto. Nossos valores são os melhores.

No entanto, a cada volta que a terra dá em torno do seu próprio eixo, vamos aprendendo a admirar o povo africano, sua força, sua alegria, sua sabedoria e principalmente o seu NÚCLEO FAMILIAR.

Em Novembro de 2013, estamos na Missão de Kakolo com 3 missionários, Ashwin, Bento e Irmão Thomas. A Paróquia tem 34 comunidades, com um posto de saúde, uma escola até a 4ª classe e Irmãs que cuidam desta mesma escola. Neste momento estamos a apostar muito na formação dos jogos com a organização de várias actividades espirituais para eles próprios se tornarem comunicadores e formadores. Temos feito visitas às comunidades embora, ainda exista muita dificuldade em termo de acesso principalmente no tempo chuvoso. O motivo das visitas além do trabalho espiritual é consciencializar a sociedade sobre a sua realidade para que possam ser eles próprios a introduzir uma mudança. Existe entre os jovens uma mente muito criativa porque, eles próprios constroem os seus instrumentos musicais e as suas próprias músicas na língua deles que conta histórias da bíblia.

ÍNDICE

ÍNDICE

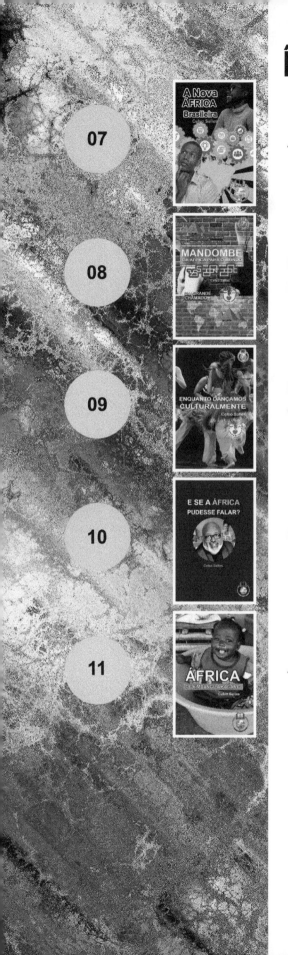

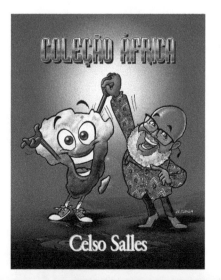

CELSO SALLES

AUTOBIOGRAFIA
EM PRETO E BRANCO

educasat

Editora

Até dezembro de 1958, minha mãe, Horaide de Sousa Salles, esteve por 5 vezes no médico que ficava em Boa Esperança do Sul, no interior do Estado de São Paulo - Brasil, próximo de Itirapina, cidade onde nasci.

Foram 5 tentativas de aborto que poderiam ter tido sucesso, dentro das 14 semanas após o primeiro dia da última mestruação de minha mãe (Curetagem). Em todas as tentativas que foram feitas a saúde de minha mãe piorava e, naão permitia que o aborto legal pudesse ser realizado para salvar a vida de minha mãe, que, de acordo com o médico, cujo nome nunca soube, não resistiria ao aborto, caso ele fosse feito nas datas em que minha mãe foi para fazê-los.

Uma vez ultrapassados os meses possíveis de fazer o aborto para salvar a vida de minha mãe, em um quadro de gravidez de risco, o único remédio foi literalmente a ORAÇÃO. Pronto, as rezadeiras da cidade de Itirapina foram acionadas e começaram as várias novenas para que pudesse vir ao mundo, sem que minha mãe Horaide de Souza Salles viesse a falecer. Se nascesse mulher, me chamaria Maria Aparecida Ferreira Salles, nome que seria dado em agradecimento a Nossa Senhora Aparecida, padroeira do Brasil e mãe de Deus. E no dia 28 de Maio de 1959, uma quinta-feira, Celso Aparecido Ferreira Salles, eu, conhecido como Celso salles, durante a realização da Procissão de Corpus Christi (Corpo de Deus), celebrado pela fé católica, onde nasci e cresci, meu pai, Manoel Ferreira Salles teve que ser chamado, pois com a força de meses de orações, vim ao mundo às 09 horas da manhã, conforme me contava minha mãe toda orgulhosa. Naquela época (1959) eram comuns partos feitos por parteiras. E ainda nasci pelas mãos de uma parteira.

Exatamente uma semana depois, o médico morreu. As rezadeiras de Itirapina diziam... "Tá vendo filho, o médico que queria te matar, morreu." Confesso que o fantasma destes 4 meses que angustiaram meu pai e minha mãe, durante muitos anos acabaram perseguindo os dois pois se sentiam culpados por terem ido para me abortar.

A CADA NOVO DIA DE VIDA, MUITAS GRAÇAS A DEUS.

Este final feliz que tanto eu, quanto minha família acabamos tendo, têm sido muito importante durante toda a minha vida. Acordar a cada dia e poder celebrar a vida é algo inexplicável. O dom da vida. A graça de poder estar vivo e contemplar toda esta beleza criada por Deus por amor à humanidade é algo inexplicavelmente grande. Todos os dias ao acordar, levanto as mãos para o alto e louvo a Deus.

Dentro deste clima, sempre passou pela minha mente e pelo meu coração que NÃO VIM AO MUNDO A PASSEIO. Algo grande e de muita importância havia me sido confiado e, com o tempo saberia qual, efetivamente, seria a missão que Deus me confiou.

O meu pai Manoel Ferreira Salles era chefe de estação da Companhia Paulista de Estrada de Ferro, conhecida na época por FEPASA. Forçosamente vivia sempre em cidades onde trabalhava. Por isso, nasci em Itirapina, onde meu pai na época trabalhava. Apesar de muito novo, ainda tenho inúmeras lembranças. Morávamos em uma casa da colônia dos funcionários. Itirapina sempre foi uma área turística, com sua famosa Represa do BROA e outros encantos naturais. Itirapina ou Ityrapina na linguagem indígina significa "Morro Pelado", uma montanha que não tem como não ser vista quando se chega na cidade.

Memórias   Papa João Paulo II no Brasil

Celso Salles

Papa João Paulo II

18

Na primeira visita, em 4 de julho de 1980, João Paulo II rezou uma missa campal

1965 - A CHEGADA E A VIDA EM BAURU - SP

Novamente, seguindo a trajetória de meu pai, que foi transferido para trabalhar na Estação Ferroviária de Bauru e posteriormente para a unidade de Triagem, uma estação onde somente paravam trens cargueiros, fui parar em Bauru, uma cidade que fica basicamente no centro do Estado de São Paulo, há 335 km de distância da capital. Cheguei em Bauru, juntamente com meus pais e meus irmãos: Ivany Ferreira Salles e Manoel Roberto Ferreira Salles. Foi em Bauru que iniciei a partir dos 6 anos de idade o meu ingresso na Escola João Maringoni, que ficava na Rua Marcílio Dias, muito próxima de onde eu morava, na Rua Bela Vista, 8-74. Hoje a residência onde morava virou estacionamento de um açougue.

Depois da Escola João Maringoni fui estudar no Colégio Moraes Pacheco de Bauru, onde, na 8ª série acabei ganhando um Concurso para a escolha do Hino do Colégio.

No Moraes Pacheco estudei o ginásio completo. Até a 8ª série.

Posteriormente comecei a trabalhar em um Escritório de Contabilidade, depois trabalhei na Gráfica São João, onde com os recursos que ganhava fui estudar no C.T.I - Colégio Técnico Industrial de Bauru, me formando como técnico em eletrônica, profissão que nunca exerci.

Ainda em Bauru trabalhei na TILIBRA, Indústria Gráfica e logo a seguir como Secretário Executivo na CIESP - Centro da Indústria do Estado de São Paulo, escritório regional de Bauru.

Depois atuei na Duratex Florestal - Lençóis Paulista - Companhia Cervejaria Brahma - Agudos e na PENTAGRAMA de Ribeirão Preto, uma agência publicitária, onde através dela atendi CARREFOUR, McDONALD, Bolachas MABEL entre outras.

Com a atuação na PENTAGRAMA iniciei-me no mundo da PROPAGANDA como Redator e posteriormente Diretor de Arte.

Me formei em Ciências da Administração, na ITE - Instituição Toledo de Ensino de Bauru e em seguida estudei até o último ano na Faculdade de Economia da mesma Instituição, sem contudo finalizar os estudos de Economia por motivo de viagens e trabalhos fora de Bauru.

ANOS 90, DE SÃO PAULO PARA AMÉRICA DO SUL E EUROPA.

Eu tinha um grande desafio a ser vencido que era, trabalhar na cidade de São Paulo - Capital - Brasil. Sabia que, vencer este desafio faria muita diferença em minha continuidade profissional. A Revista que criei para o Grupo PPA - Portal Portões Automáticos acabou me possibilitando receitas que por um bom tempo viabilizaram a abertura de um escritório próximo ao shopping Morumbi, na área da Marginal Pinheiros.

Foram anos de altos e baixos, pois a vida em São Paulo, sem uma retaguarda financeira familiar ou mesmo de investidores, nunca é fácil. Em 1994, nasceu meu primeiro filho Leandro Amorim Salles, exatamente no dia 12 de Abril. Em 1998, fiz minha primeira viagem para a Europa Itália (Brisighella, Bolonha), Sul da França e Principado de Mônaco.

PRIMEIRA DÉCADA DO SÉCULO XXI.
O INÍCIO DO PENSAMENTO ÁFRICA.

No ano 2000, fiz uma segunda viagem para Bolonha - Itália, onde inclui uma passagem para Hannover e Isernhagen na Alemanha, quando visitei uma Fábrica Especializada na fabricação de portões e automatizadores. Logo que retornei da Alemanha, nasceu meu segundo filho, Lucas Amorim Salles, em 26 de Julho. A descoberta de minha principal missão ocorreu no ano 2000, quando criei o Festival VIRTUAL AFRICANO. Na época, já trabalhando com tecnologia de internet, com muito poucos recursos existentes, sem os principais Players da atualidade, senti muito forte o chamado para atuar em favor do Continente Africano. Consegui obter vários depoimentos de personalidades brasileiras que versavam sobre a África. Algumas pessoas, inclusive que já haviam estado no continente e com bons conhecimentos. De posse dos áudios e das fotos, fazia vídeos e os publicava na tecnologia Flash, hoje, praticamente abolida da maioria das plataformas de internet, pois demorava muito para efetuar o seu carregamento.

2004, O PRIMEIRO CONTACTO À DISTÂNCIA COM ANGOLA.
PLANO BIÉ DESENVOLVIMENTO.

Um Plano que nasceu em 2004, dois anos após o término da Guerra de Angola, ligando 8 angolanos, todos de Kuito, Bié e Celso Salles no Brasil. Na época não havia as tecnologias que existem hoje. As dificuldades em Kuito, praticamente devastada pela guerra, eram inúmeras. Internet só havia no escritório da ONU, onde João Selésio fez a conexão comigo e a semente do Plano Bié Desenvolvimento foi plantada. Muito do que hoje acontece foi sonhado em 2004 e o tempo vem materializando sob a forma de vários nomes: Angola Conectada - Livros em Luanda - Os Meninos Pintores de Angola - Contentor Solidário - Mente Sã Angola e inúmeros outros que não param de vir.

2006, O INÍCIO DAS VIAGENS PARA ÁUSTRIA.

Na sequência vou falar das viagens que iniciei no ano de 2006 para a Áustria e países europeus vizinhos, pela importância na preparação que estava tendo para minha ida futura ao Continente Africano, o que só ocorreu à partir do ano de 2011.

BRASIL 2 X AUSTRÁLIA 0
(UM POUCO DA ALEMANHA)

Áustria (em alemão:Republik Österreich), é um país de cerca de 8,9 milhões de habitantes, localizado na Europa Central. É limitada pela Alemanha e Chéquia (Chéquia) a norte, Eslováquia e Hungria a leste, Eslovênia e Itália a sul, e Suíça e Liechtenstein a oeste. O território da Áustria abrange 83 872 quilômetros quadrados e é influenciado por um clima temperado e alpino. O terreno da Áustria é muito montanhoso, devido à presença dos Alpes; apenas 32% do país é inferior a 500 metros de altitude e seu ponto culminante chega aos 3 797 metros. A maioria da população fala alemão, que também é a língua oficial do país. Outros idiomas regionais reconhecidos são croata, húngaro e esloveno.

Como fica 3 h 16 min (224 km) através da B108 e A8, distante Munique na Alemanha, aproveitando a amizade que fiz com o austríaco Josef, casado com a brasileira Conceição, lá fomos nós para Munique no dia 18 de Junho de 2006.

Não entramos em campo para ver o jogo, mas tivemos a oportunidade de saborear todo clima de uma partida da Copa do Mundo envolvendo a seleção brasileira que venceu de 2 a 0 a seleção da Austrália, com gols de Adriano e Fred. Além de ter vivido todo o clima da vitória brasileira em solo alemão, pude fazer um turismo de altíssima qualidade, pois como o Josef era um profundo conhecedor das estradas que ligavam as duas cidades, fez um caminho paradisíaco, onde pude ver de perto toda a tecnologia alemã direcionada à Agricultura, criação de gado bovino e um profundo respeito a natureza. Vi que eles não economizam em tecnologia. Utilizam-na em tudo o que fazem. Não me lembro de ter passado por nenhuma estrada de terra, todas asfaltadas, próprio do jeito alemão de fazer as coisas, como já tinha tido oportunidade de ver em minha viagem para Hanôver no ano de 2000.

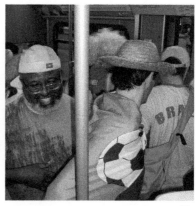

OS PRINCIPAIS PROJETOS EM VIENA
CAPITAL DA ÁUSTRIA

Na verdade, não era o meu sonho viajar para a Áustria, Suíça, nem Alemanha nessa época. O meu sonho era ir para África. Porém uma série de acontecimentos e oportunidades me levaram para VIENA - A capital mundial da cultura, onde pude atuar em conjunto com a ABRASA - Associação Brasileira de Dança, Cultura e Arte, onde realizamos inúmeros projetos, com destaque para:

CARNAVIENA

A ideia foi levar para Viena algo no formato do Carnaval da Bahia-Brasil. A Áustria investe em cultura, um montante que muitos países não investem na saúde , para se ter uma noção da importância da saúde para eles.

CARNAVIENA 2009

Apesar de não termos conseguido que o Filme chegasse a tempo , e exibirmos um outro filme no lugar, o Carnaviena 2009 teve como estreia principal a expectativa do lançamento do Filme O JARDIM DAS FLORES SAGRADAS.

Apesar de ter rodado mais de 40 filmes em quase 30 anos de carreira, é a primeira vez que o cineasta baiano Pola Ribeiro assina um longa-metragem de ficção e entra em cartaz nas salas de cinema de circuito nacional. No fim de semana de estreia d'O Jardim das Folhas Sagradas', ele desfaz a experiência e confessa que tudo é novidade.

"É o maior projeto na minha vida, meu primeiro enfrentamento em salas de cinema. Quando passa [a produção] na televisão é incrível, mas você não sabe quem são as pessoas [que consomem] e elas também assistem porque não tem escolha. No cinema, tem a concorrência dos outros filmes, você reconhece mais o público", diz.

A preservação do meio ambiente, a intolerância religiosa e o preconceito racional são motes do 'O Jardim das Folhas Sagradas'. No centro da discussão, a espiritualidade do candomblé é urbanizada na Salvador contemporânea no esforço de desmitificar a religiosidade do teor primitivo ou escravocrata. "O grande elo [do filme] é a questão do candomblé, do preconceito que sofre como religião, porque é tratado como folclore. Fico falando que o filme não é sagrado, tem beijo, sexo, como qualquer outra ficção. Mas me comovo com a delicadeza do candomblé. Os deuses são muito incorporados nas pessoas, é uma coisa quase grega, incrível", comenta ele sobre os 13 anos de pesquisa e as mais de 100 horas gravadas durante a produção do filme.

O protagonista da história é Bonfim, um bancário negro, bem sucedido, bissexual, casado com uma mulher branca que se torna evangélica. Bonfim é designado a montar um terreiro de candomblé em meio à Salvador contemporânea e se depara com constrangimentos tipídas grandes cidades, a exemplo da especulação imobiliária. Para prezar a ficção, precisou até fazer andar o metrô de Salvador através de computação gráfica, projeto que, na realidade, está em obras há onze anos.

Tatiana Maria Dourado do G1 BA

CARNAVIENA 2010

Destaque para a participação do Grupo BANKOMA, vindo da Bahia e importante delegação brasileira.

ANIVERSÁRIO DO BRASIL EM VIENA

Uma data muito esperada por brasileiros, austríacos e demais povos que acabam interagindo com a alegria brasileira. Feijoada, samba e muita festa.

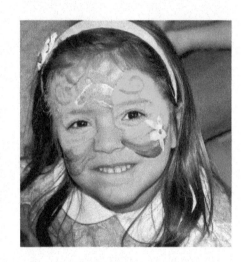

EXPOSIÇÃO DOS MENINOS PINTORES DE ANGOLA EN VIENA ÁUSTRIA

Em 2010, além do CARNAVIENA e do evento de COMEMORAÇÃO DO ANIVERSÁRIO DO BRASIL, destaco a realização da Exposição dos Meninos Pintores de Angola. Foi um fato realmente histórico. Cinco adolescentes angolanos, vindos de África para exporem os seus trabalhos de pintura na terra de Mozart, Strauss e Freud.

As dificuldades foram de todas as ordens. Começa que os meninos eram do CACAJ Luanda, um projecto social que visa a retirada das crianças das ruas e o seu acolhimento em regime semi-aberto. Muitas das crianças não conheceram os seus pais e boa parte delas sem saber o dia de seu nascimento e mesmo o seu nome real. Agora, imagine ter que cuidar das documentações destas crianças que foram acompanhadas pela irmã Rosa, começando pelos bilhetes de identidade, até mesmo os passaportes com os vistos. Lembro-me muito bem da correria da brasileira Eliane Araújo, vivendo em Luanda e do Irmão João Facatino. Sem contar as horas dedicadas na captação de patrocínio para as passagens aéreas. Enquanto isso em Viena, corríamos atrás de recursos para hospedagens, agasalhos de frio e refeição. Mais um outro grande milagre. Tivemos o apoio da Embaixada de Angola em Viena, do Banco BAI e inúmeros

Eliane Araújo

outros patrocinadores em Angola e de uma imobiliária na Suíça.

Ainda conseguimos em Viena, presentear uma máquina fotográfica para cada pintor, a fim de que pudessem registrar suas próprias fotos.

UNIVERSIDADE DE ZURIQUE - SUIÇA

Em Novembro de 2009 estive pela primeira vez na belíssima cidade de Zurique na Suíça, onde com o apoio de Anette Nuescheller, uma suíça que fala vários idiomas e também o português, pude visitar a Universidade de Zurique e ver de perto suas instalações e operacionalidade. Em todas as localidades onde vou, procuro visitar preferencialmente os Museus, Escolas e Universidades. Voltei por mais duas vezes em solo Suíço, Zurique novamente e Genebra, acompanhado da Delegação dos Inventores e Inovadores de Angola.

Tive a oportunidade de conhecer também os Alpes Suíços.

2011 - FINALMENTE A CAMINHO DO TERRITÓRIO AFRICANO

Agosto - Brasil
Setembro - Angola
Outubro - Zimbabwe

O palco deste encontro, mais uma vez programado por Deus, foi o hotel IBIS, localizado na Avenida 9 de Julho - São Paulo - Brasil. Com fica muito próximo ao Consulado de Angola em São Paulo e tinha ido buscar o meu passaporte com o visto para Angola, acabei encontrando em uma só vez, Silva Lopes Etiambulo Agostinho, presidente da ANDA - Associação Nacional dos Deficientes de Angola e Sugar Chagonda - Head Public Relations - Events and Protocol - Zimbabwe Tourism Authority.

NA SEGUNDA DÉCADA DO SÉCULO XXI
FINALMENTE EM SOLO AFRICANO

Luanda, Angola, foi onde pisei pela primeira vez em solo africano. O que me possibilitou, finalmente, entrar em solo africano, foi o trabalho que realizei em Viena - Áustria, levando os 5 Meninos Pintores de Angola do CACAJ Luanda e a irmã Rosa, como já pude mostrar. Com isso consegui que o CACAJ Luanda, sob a coordenação do Irmão João Facatino, me enviasse a carta chamada. Comprei com os meus recursos próprios as passagens aéreas, com preços especiais, oferecidos pela TAAG, para permanência de 20 dias em solo angolano. Trouxe o que batizei de ANGOLA CONECTADA, possibilitando aos meninos do CACAJ Luanda o ingresso no mundo da tecnologia.

NA FEIRA INTERNACIONAL
DE TURISMO DO ZIMBABWE
Sanganai / Hlanganani - Outubro de 2011

Com tudo pago pelo Ministério do Turismo do Zimbabwe, participei da Feira Sanganai / Hlanganani no ano de 2011, em companhia da jornalista brasileira Karis Koser e do jornalista e africanista brasileiro, já falecido, Antônio Lúcio.

AGOSTO DE 2012

ANTÔNIO GERALDO E ANA FERNANDO NO BRASIL

NOVEMBRO DE 2012

MALANGE, MINHA PRIMEIRA PROVÌNCIA EM ANGOLA

NOVEMBRO DE 2012

PROVÌNCIA DO BENGO EM CABALA

ABRIL DE 2013
RETORNO A ANGOLA, DE VOLTA AO MALANGE

MAIO DE 2016
CONGO BRAZAVILLE

FOTO BRAZZA VILLE 25/5/2016

FOTO BRAZZA VILLE 25/5/2016

OUTUBRO DE 2016
IFIA - NUREMBERG - ALEMANHA

MARÇO DE 2017
IFIA - GENEBRA - SUIÇA

FINALIZANDO

Neste resumo do livro 1, Celso Salles - Autobiografia em Preto e Branco, coloquei alguns dos principais momentos vividos em minha trajetória. Quando na Europa eu dizia que o meu destino era África, quase sempre era repreendido pela maioria dos que comigo falavam. E eu dizia, aqui na Europa eu estou na sala de espera da morte. Não tenho muito o que fazer, o que criar ou mesmo contribuir para a evolução da humanidade como um todo. O chamado da África em meu coração sempre foi muito latente.

Nestas páginas que acabou de ler, consegue ter uma mínima noção de quem é o escritor Celso Salles, como nasceu, por onde passou e seus antepassados.

O mundo capitalista nos move a acumular riquezas. Quanto mais tivermos, mais sucesso nós teremos, mesmo que tenhamos ao nosso redor, um mar de fome e de abandono.

Nos resumos dos próximos livros da Coleção verá inúmeros textos voltados exatamente para a MUDANÇA DESSE PENSAMENTO.

Temos que pensar que, MAIS RICOS SOMOS E SEREMOS, QUANTO MAIS RICOS TODOS FOREM.

Por que somente eu e minha família temos direito a uma ótima qualidade de vida? Por que eu como branco, de olhos verdes ou azuis tenho todo o direito à felicidade em detrimento da felicidade do outro?

Por mais que tentemos encontrar razões lógicas para isso, vemos que estamos muito mal. A nossa geração herdou pensamentos e ações que precisamos com urgência mudar.

Aqui em África é muito comum ver o COMPARTILHAR, a oferta. Nós que chegamos contaminados pelo egoísmo marcante que vivemos no ocidente temos muita dificuldade em compartilhar. Se fizermos uma análise bem apurada vemos que os verdadeiramente pobres somos nós.

Toda biografia tem um potencial muito grande pois está sempre por ser escrita. A velocidade com que cada um de nós consegue se auto-avaliar e mudar, faz muita diferença.

As tecnologias da comunicação são muito rápidas, porém boa parte das pessoas têm muita dificuldade de interagir com as mudanças. Absorver novos e importantes conceitos é para muitos algo difícil.

Os que conseguem absorver com velocidade e constância acabam ditando novos paradigmas para si e para os outros.

Os livros da Coleção África são encontrados na AMAZON.COM e podem ser adquiridos em 3 diferentes acabamentos: Capa Mole, Capa Dura, Capa e Sobre Capa.

São entregues impressos em seu endereço.

amazon.com

Cultura Africana
O RETORNO

O BOLO de volta

Celso Salles

educasat

Editora

CONFERÊNCIA DE BERLIM

Até o momento em que escrevo o resumo deste livro, informo que ele tem sido o mais vendido da Coleção África. É impressionante o quanto esta história é desconhecida e tem sido ocultada.

A Conferência de Berlim, tendo ao centro o chanceler Bismarck (figura iluminada, com cabelo branco). Ilustração da revista alemã "Illustrierte Zeitung", novembro de 1884.

Entre 15 de novembro de 1884 e 26 de fevereiro de 1885, representantes de treze países europeus e dos Estados Unidos se reuniram em Berlim para organizar, na forma de regras, a ocupação da África e a exploração de seus recursos naturais. A Conferência de Berlim, também chamada de Conferência do Congo uma vez que a disputa por essa região motivou o encontro, selou o destino do continente africano, pondo fim a autonomia e a soberania das nações africanas. Ao mesmo tempo, a África tornou-se o novo palco do confronto e das velhas rivalidades europeias, o tabuleiro onde se decidiria o frágil equilíbrio das potências europeias.

A disputa pelo Congo Dez anos antes da conferência, Leopoldo II, rei da Bélgica entre 1865 a 1909, organizou às suas próprias custas estudos exploratórios sobre a imensa bacia do Congo (ou Zaire), no centro da África Equatorial. Em 1878, confiou ao explorador Henry Morton Stanley a missão secreta de organizar o que se tornaria conhecido, em agosto de 1885, como Estado Livre do Congo. A França descobriu os planos do rei belga e, também interessada no Congo, se apressou a erguer a bandeira francesa sobre a recém-fundada Brazzaville, na atual República do Congo (1881). Pouco depois, assumiu o controle da Guiné e da Tunísia. Portugal temendo por suas colônias – a foz do rio Congo era fronteira com Angola – tratou de fortalecer seu Império colonial na África, reivindicando seus direitos sobre Angola e Moçambique. Propunha, inclusive, ligar as duas colônias controlando todo território entre elas que chamou de "mapa cor-de-rosa" sob a justificativa de facilitar o comércio e o transporte de mercadorias.

Em fevereiro de 1884, o governo de Londres assinou um tratado com Lisboa reconhecendo a soberania de Portugal sobre a foz do Congo, uma medida para neutralizar uma possível expansão do domínio belga na região. "Mapa cor-de-rosa" como foi chamado o território pretendido pelos portugueses que ligava Angola e Moçambique.

A Inglaterra, por sua vez, percebendo a extensão geopolítica do controle dos portugueses e a penetração da França pela África Central em direção ao Nilo, interveio no Egito otomano (1884) para garantir seu controle no país – importante rota de acesso aos domínios britânicos na Índia. Os alemães, enfim, começavam a se interessar pela África subsaariana. Em 24 de fevereiro de 1884, o Reich colocou sob sua proteção os assentamentos alemães do sudoeste da África.

Foi diante desse cenário de corrida europeia por colônias africanas, que o chanceler alemão Bismarck convocou representantes de 13 nações da Europa e dos Estados Unidos para participarem da Conferência de Berlim com o objetivo de elaborar uma política conjunta no continente africano.

A Conferência de Berlim e seus resultados

A conferência foi aberta no sábado, 15 de novembro de 1884, na residência do chanceler Bismarck. Estavam presentes os representantes dos países diretamente envolvidos na disputa pelo Congo –

1) Bélgica,

2) França,

3) Portugal,

4) Inglaterra,

5) Alemanha,

6) Holanda,

7) Espanha,

8) Áustria-Hungria,

9) Suécia,

10) Dinamarca,

11) Itália,

12) Rússia,

13) Turquia Otomana

14) Estados Unidos.

Nenhum rei ou representante da África foi convidado sequer como observador.

Desde o início, os participantes, começando por Bismarck, estabeleceram objetivos nobres, como a erradicação da escravidão e do comércio muçulmano de escravos. Declarou-se a intenção de "associar os nativos africanos à Civilização, abrindo o interior do continente ao comércio, facultando aos seus habitantes os meios de se instruir, fomentando as missões e empreendimentos que visassem a propagar os conhecimentos úteis, preparando a supressão da escravatura" – na prática belos e generosos pretextos sobre os quais os "nativos" não haviam sido chamados a se pronunciar e que camuflavam fortes interesses econômicos e comerciais das potências europeias.

A atenção maior esteve focada na questão do Congo, pomposamente descrito por

Bismarck como "o Danúbio da África". Ali se concentravam os tesouros cobiçados pelas potências europeias: ouro, pedras preciosas, carvão, cobre, borracha, petróleo etc. Depois de três meses e meio de negociações e apenas oito reuniões plenárias intercaladas com recepções, bailes, banquetes e outros entretenimentos, os participantes finalmente assinaram, em 26 de fevereiro de 1885, a Ata Geral da conferência.

A Ata Geral era um resumo do que foi discutido e acertado na conferência e trazia as cláusulas que os participantes se comprometiam a cumprir. As principais disposições eram: Liberdade de comércio na bacia do Congo, suas embocaduras e regiões circunvizinhas. Liberdade de navegação nos rios Níger e Congo, os principais rios africanos. Proibição do tráfico de escravos e do comércio de álcool e de armas de fogo entre as populações nativas. Definição de regiões em que cada potência europeia tinha o direito exclusivo de exercer a propriedade legal da terra Confirmação como propriedade privada de Leopoldo II, rei da Bélgica, de um vasto território no coração da África subsaariana, que passou a ser chamado de "Estado Livre do Congo".

O rei belga foi o principal beneficiário da Conferência de Berlim tendo suas reivindicações atendidas. Ele mesmo cuidou de explorar sua colônia para extrair o máximo de recursos naturais, especialmente a borracha, à custa de trabalho forçado. Em seu testamento, ele deixou o Congo de herança para a Bélgica. A partilha da África Diferente do que comumente se afirma, a Conferência de Berlim não dividiu a África entre as potências europeias.

A partilha não constava na Ata Geral, tema que sequer estava na agenda da conferência. Porém, ela criou as condições para que isso acontecesse poucos anos depois. Os dispositivos da Ata foram as linhas mestras que orientaram a futura partilha do continente e a criação dos Estados africanos no seu atual formato. Além disso, o artigo 35 estipulava que "o Estado europeu ocupante de um território costeiro devia ser capaz de provar que exercia uma autoridade suficiente, para fazer respeitar os direitos adquiridos, a liberdade de comércio e de trânsito nas condições em que seriam estipulados".

O chanceler alemão Bismarck oferece, aos seus convidados, um bolo fatiado onde se lê "África". Apesar da Conferência de Berlim não ter dividido a África entre as potências europeias, ela criou as condições para que isso acontecesse poucos anos depois. "Todo mundo recebe a sua parte", charge francesa, L'Illustration, 1885.

Tal exigência consagrou a teoria da "ocupação efetiva", um ato que ditou a submissão e a colonização dos africanos. Em apenas quinze anos (de 1885 a 1898) os europeus formalizaram as fronteiras da maioria dos países africanos. A rápida ocupação e a dominação do continente, de 28 milhões de km2 foi facilitada, entre outras razões, pela pregação do evangelho, pela construção de ferrovias e pela exploração antecipada do interior do continente por geógrafos e outros aventureiros europeus.

A ocupação colonial europeia

A conferência de Berlim, encerrada em 26 de fevereiro de 1885, teve pouca repercussão na Europa, a opinião pública não se interessava pela conquista colonial. Mas foi crucial para as populações africanas.

A ocupação europeia no continente africano cresceu vertiginosamente. Se na época da conferência, cerca de 80% da África estava sob controle de populações nativas tradicionais tendo apenas as áreas costeiras colonizadas por europeus, em 1902, a situação era outra: o interior do continente passara para o domínio europeu o que significava que 90% das terras africanas foram apossadas pelas nações europeias.

O explorador Henry Morton Stanley, presente na conferência como representante dos Estados Unidos e conhecedor do continente africano que percorreu em três expedições, aguçava ainda mais a cobiça europeia: "Há 40 milhões de pessoas nuas do outro lado das cataratas e os industriais têxteis de Manchester estão à espera para vesti-los". Os domínios europeus na África não respeitam as fronteiras culturais, étnicas e linguísticas tradicionalmente estabelecidas pelas populações africanas.

Em menos de vinte anos, a África estava retalhada em 50 países artificiais que se sobrepunham às mil culturas nativas do continente. No início do século XX, as potências europeias dispunham dos seguintes territórios na África:

Grã-Bretanha: suas colônias atravessavam todo o continente, do norte com o Egito e Sudão até o sul, com a União Sul-Africana (atual África do Sul).
França: ocupou vastos territórios no norte e na África Ocidental, além de Madagascar e outras ilhas no Oceano Índico.
O chanceler Bismarck esperava que, com isso, a França se resignaria à perda da Alsácia-Lorena, o que não aconteceu.
Portugal: manteve suas colônias de Cabo Verde, São Tomé e Príncipe, Guiné, Angola e Moçambique.
Espanha: continuou com suas colônias no norte da África e na costa ocidental africana;
Alemanha: conseguiu território na costa Atlântica, atuais Camarões e Namíbia, e na costa Índica, atuais Quênia, Tanzânia, Burundi e Ruanda.
Itália: ocupou a Somália e a Eritreia. Tentou se estabelecer na Etiópia, mas foi derrotada.
Bélgica: ocupou o centro do continente, na área correspondente ao Congo e Ruanda.

A África no início do século XX partilhada entre as potências europeias.

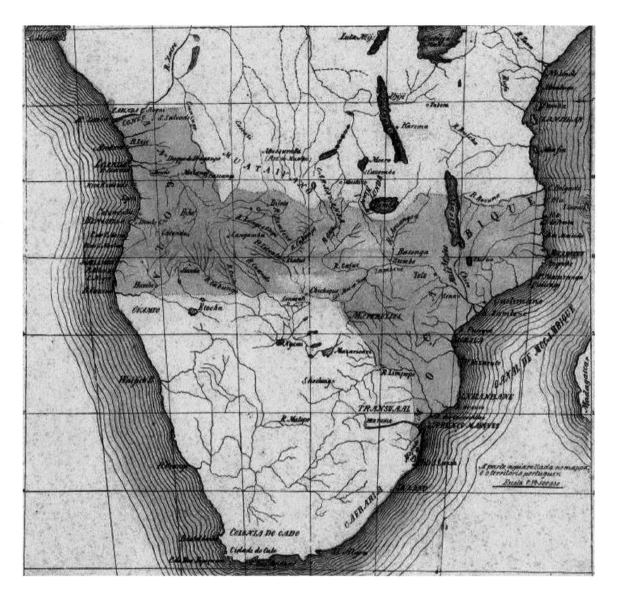

Em destaque o território pretendido pelos
portugueses que ligava Angola e Moçambique.

Fonte: https://ensinarhistoria.com.br/a-conferencia-de-berlim-e-o-destino-da-africa/ - Blog: Ensinar História - Joelza Ester Domingues

COMPENSAÇÕES PELO COLONIALISMO

Em 2010 - no 125º aniversário da Conferência de Berlim, representantes de muitos estados africanos em Berlim pediram reparações pela era colonial. A divisão arbitrária do continente entre as potências europeias, que ignorou as leis, cultura, soberania e instituições africanas, é um crime contra a humanidade, afirmaram em comunicado. Exigiram o financiamento de monumentos em locais históricos, a devolução de terras e outros recursos roubados, a restituição de tesouros culturais e o reconhecimento de que o colonialismo e os crimes cometidos ao abrigo dele eram crimes contra a humanidade.

Mas nada aconteceu de tudo isso. Os historiadores da Nigéria e da Alemanha não se surpreendem. "Fala-se muito em reparações pelo tráfico de escravos e pelo Holocausto. Mas pouca menção é feita aos crimes cometidos pelas potências coloniais europeias durante os cem anos ou mais que passaram na África", disse Pesek.

Olyaemi Akinwumi não acredita que jamais haverá qualquer tipo de reparação, de qualquer tipo.

Autoria Hilke Fischer / Madalena Sampaio

dw.com

Os desdobramentos da Conferência de Berlim foram muitos e cruéis. Neste genocídio cometido pela Alemanha em 1904, 60 mil Hereros, fugiram para o deserto, onde as tropas alemãs bloquearam sistematicamente o acesso à agua. Estima-se que morreram mais de 60 mil Hereros.

Alemanha reconhece ter cometido genocídio na Namíbia

Berlim reconhece que o massacre dos povos herero e nama pelo Império Alemão, durante a era colonial, foi um genocídio e concorda com o pagamento de indenização ao governo do país africano.

Sobreviventes do povo herero do genocídio cometido pelo Império Alemão

Mais de um século após as atrocidades cometidas na então colônia Sudoeste Africano Alemão, a Alemanha reconheceu nesta sexta-feira (28/05) que os crimes cometidos pelas autoridades coloniais alemãs contra os povos herero e nama são um genocídio.

O presidente da Alemanha, Frank-Walter Steinmeier, pedirá perdão pelo genocídio, ocorrido entre 1904 e 1908, numa cerimônia no Parlamento da Namíbia, país africano que sucedeu a antiga colônia Sudoeste Africano Alemão.

O ministro alemão do Exterior, Heiko Maas, mostrou-se satisfeito e agradecido pelo acordo alcançado entre Alemanha e Namíbia depois de mais de cinco anos de negociações.

"À luz da responsabilidade histórica e moral da Alemanha, iremos pedir perdão à Namíbia e aos descendentes das vítimas", declarou. "Como gesto de reconhecimento da dor incomensurável que foi infligida às vítimas, queremos apoiar a Namíbia e os descendentes das vítimas com um programa substancial da ordem de 1,1 bilhão de euros para reconstrução e desenvolvimento."

"Vamos chamar os acontecimentos ocorridos na época colonial alemã na atual Namíbia e em especial as atrocidades ocorridas entre o período de 1904 e 1908 sem eufemismos e atenuantes. Vamos chamar esses acontecimentos, agora também oficialmente, como aquilo que eles foram da atual perspectiva: um genocídio", declarou Maas.

A presidência da Namíbia afirmou que o acordo foi "um primeiro passo" no caminho correto. A indenização, a ser paga ao longo de 30 anos, deverá ir para programas de infraestrutura, saúde e educação, segundo o governo do país africano.

A oposição da Namíbia criticou o acordo e afirmou que os descendentes dos povos herero e nama não foram suficientemente contemplados. "Se a Namíbia recebe dinheiro da Alemanha, ele deveria ir para os líderes tradicionais das comunidades atingida e não para o governo", afirmou uma parlamentar da oposição.

Mais grave crime da história colonial alemã

A atual Namíbia foi uma colônia alemã entre 1884 e 1915. Os historiadores estimam que, entre 1904 e 1908, as tropas do imperador alemão Guilherme 2º massacraram aproximadamente 65 mil herero (de um total de cerca de 80 mil) e 10 mil nama (de cerca de 20 mil), depois que ambos os grupos se rebelaram contra o domínio colonial.

O massacre dos herero e nama é o mais grave crime na história colonial da Alemanha. O comandante, general Lothar von Trotha, ordenou o extermínio. Há anos, a ONU reconhece o massacre como o primeiro genocídio do século 20.

O plano sistemático de extermínio de homens, mulheres e crianças incluiu a morte por armas, o bloqueio do acesso à água no deserto e campos de concentração.

Em 2018, a Alemanha devolveu à Namíbia ossadas de vítimas do massacre dos povos herero e nama que estavam guardadas há décadas nos arquivos da Clínica

Universitária Charité, em Berlim, entre outros lugares.

Além da Namíbia, Tanzânia e Burundi também exigem reparações por crimes cometidos durante o período colonial alemão.

A Alemanha se tornou potência colonial relativamente tarde, só ocupando solo africano na década de 1880. Sob o chanceler Otto von Bismarck, o Império Alemão estabeleceu colônias nos atuais territórios da Namíbia, Camarões, Togo, partes da Tanzânia e do Quênia.

O imperador Guilherme 2°, coroado em 1888, procurou expandir ainda mais as possessões coloniais através da criação de novas frotas de navios. Tais territórios foram perdidos em seguida, já durante a Primeira Guerra Mundial.

O comandante, general Lothar von Trotha, ordenou o extermínio

"Nosso futuro está na água"

Sob o chanceler Otto von Bismarck, o Império Alemão estabeleceu colônias nos atuais territórios da Namíbia, Camarões, Togo, partes da Tanzânia e do Quênia. O imperador Guilherme 2°, coroado em 1888, procurou expandir ainda mais as possessões coloniais através da criação de novas frotas de navios. O império queria seu "lugar ao Sol", declarou Bernhard von Bülow, um chanceler posterior, em 1897.

O genocídio praticado contra os hereros e os namas no Sudeste Africano Alemão, hoje Namíbia, foi o crime mais grave da história colonial da Alemanha. Durante a Batalha de Waterberg, em 1904, a maioria dos rebeldes hereros fugiu para o deserto, com as tropas alemãs bloqueando sistematicamente seu acesso à água. Estima-se que mais de 60 mil hereros morreram na ocasião.

Somente 16 mil hereros sobreviveram à campanha de extermínio. Eles foram aprisionados em campos de concentração, onde muitos morreram. O número exato de vítimas nunca foi constatado e continua a ser um ponto de controvérsia. Quanto tempo esses hereros debilitados sobreviveram no deserto? De qualquer forma, eles perderam todos os seus bens, seu estilo de vida e suas perspectivas futuras.

Guerra colonial de longo alcance

De 1905 a 1907, uma ampla aliança de grupos étnicos se rebelou contra o domínio colonialista na África Oriental Alemã. Por volta de 100 mil locais morreram na revolta de Maji-Maji. Embora tenha sido, posteriormente, um tema pouco discutido na Alemanha, este capítulo permanece importante na história da Tanzânia.

Reformas em 1907

Na sequência das guerras coloniais, a administração nos territórios alemães foi reestruturada com o objetivo de melhorar as condições de vida ali. Bernhard Dernburg, um empresário bem-sucedido (na foto sendo carregado na África Oriental Alemã), foi nomeado secretário de Estado para Assuntos Coloniais em 1907 e introduziu reformas nas políticas do Império Alemão para seus protetorados.

Os planos de Hitler para África

A 1 de Setembro de 1939, a Alemanha invadiu a Polónia e começou a II Guerra Mundial. Adolf Hitler queria conquistar a Europa, mas há muito tempo que a Alemanha planeava criar um império colonial em África.

Quando Adolf Hitler chegou ao poder em 1933, a Alemanha já não tinha colónias. Depois de derrotar a Alemanha na I Guerra Mundial, o Reino Unido, a França e a Bélgica dividiram entre si as colónias alemãs. A África do Sul passou a governar a Namíbia, que então se chamava Sudoeste Africano Alemão.

Perder as colónias foi um osso duro de roer para muitos contemporâneos de Adolf Hitler. Mas o ditador alemão só pensava em conquistar a Europa. Hitler queria expandir o "império alemão" para França e para a União Soviética.

Andreas Eckert, historiador alemão, afirma que "África não fazia necessariamente parte da visão de Hitler de dominar o mundo". Segundo Eckert, Hitler "olhava muito mais para outras regiões", mas "não foi contra os interesses dos que o rodeavam relativamente a África."

A megalomania nazi no continente africano

Um ano depois de Hitler chegar ao poder, os nazis estabelecem o seu próprio departamento de política colonial – o Kolonialpolitisches Amt. Mais tarde, Hitler pediu publicamente a restituição das colónias alemãs, sob pressão de grandes actores económicos na época, interessados nos lucros que podiam fazer em África – um novo mercado, com muitas matérias-primas à disposição.

Ao sonho dos empresários alemães juntava-se o desejo de muitos alemães que ficaram em África de voltar aos tempos coloniais, nos Camarões, na Tanzânia ou na Namíbia.

Andreas Eckert explica que "em todas estas regiões havia delegações locais do partido nazi" e, nas antigas colónias, "havia um pequeno grupo de pessoas decidido a colocar estes territórios novamente sob domínio alemão." No final dos anos 30, os planos para um novo território colonial já eram mais concretos. "Nos primeiros anos de guerra houve várias conquistas militares, que reforçaram a megalomania nazi", afirma Eckert.

Império colonial nunca concretizado

O diretor do Deutsche Bank, Kurt Weigelt,
um dos empresários que persuadiu Hitler a avançar para África

Uma série de vitórias contra a França e contra a Bélgica deram à Alemanha a sensação de estar muito perto de conseguir voltar a ter colónias em África. O departamento de política colonial nazi ambicionava um "império colonial" no Golfo da Guiné, que se estenderia desde o que hoje é o Gana até aos Camarões – um território com matérias-primas em abundância, que poderia cobrir as necessidades do Grande Reich Alemão.

Os nazis pensaram também em conquistar vários territórios ao longo de uma faixa que se estendia até ao Oceano Índico. Com excepção da África do Sul – vista na altura como um possível parceiro.

Mas estes planos ficaram no papel. No início de 1943, a Alemanha teve de concentrar as suas forças para responder à ofensiva da União Soviética. Em Fevereiro de 1943, o departamento de política colonial foi extinto. Foi nessa altura que os russos venceram a batalha de Estalinegrado, um ponto de viragem que preparou o caminho para a derrota alemã e para o fim da II Guerra Mundial, dois anos mais tarde.

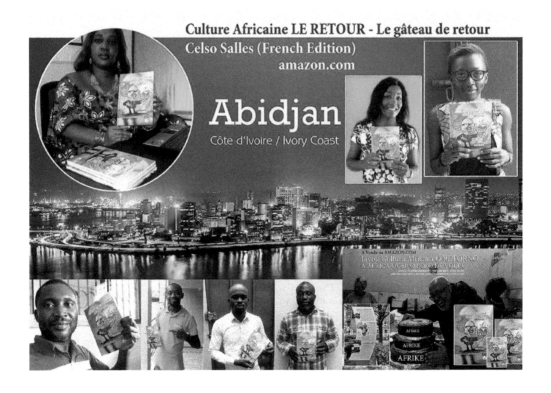

Cronologia 1415-1961:

**Da conquista de Ceuta ao início
da luta armada contra a colonização**

1415: Expansão marítima portuguesa

A conquista da cidade de Ceuta, hoje um enclave espanhol no norte de África, por tropas portuguesas, a 22 de agosto de 1415, marca o início da expansão marítima portuguesa. A ocupação deste importante centro comercial e de comunicações abriria, assim, caminho para o processo de consolidação das colónias portuguesas na costa africana.

1434: Reconhecimento da costa africana

O navegador Gil Eanes ultrapassa o Cabo Bojador, na costa do atual Saara Ocidental, que até então era o ponto mais meridional conhecido na costa de África. O arranque das expedições de reconhecimento pela costa africana teve a proteção do Infante D. Henrique. Em 1487, Bartolomeu Dias supera o Cabo das Tormentas, que mais tarde passaria a chamar-se Cabo da Boa Esperança (África do Sul).

1446: Portugueses chegam à costa da Guiné

Os portugueses chegaram à costa da Guiné, atual Guiné-Bissau, em 1446. Em 1479 é fundada uma feitoria em Cacheu (foto). Portugal estabeleceu uma série de enclaves e feitorias na costa africana para tentar manter o controle de uma extensa rota marítima. A presença portuguesa em África também foi motivada pela captura de escravos e pela procura de metais preciosos.

1460: Descoberta de Cabo Verde

Diogo Gomes e António de Nola descobrem o desabitado arquipélago de Cabo Verde em 1460, quando voltavam da Guiné. Dois anos mais tarde, os primeiros colonos portugueses fixaram-se na Ilha de Santiago. Futuramente o arquipélago serviria, sobretudo, como centro de armazenamento de escravos que eram enviados de África para as plantações no continente americano.

1471-1472: Chegada a São Tomé

Os navegadores João de Santarém e Pedro Escobar descobrem as ilhas de São Tomé e Príncipe, até então desabitadas. A colónia viria a tornar-se num dos primeiros produtores de cacau do mundo. Estas ilhas no Golfo da Guiné passariam também a ser um importante entreposto comercial de escravos.

1479: Assinatura do Tratado de Alcáçovas

O Tratado de Alcáçovas, que pôs fim à guerra da Sucessão em Castela (Espanha), atribui a Portugal o senhorio da Guiné, Cabo Verde (foto), Açores e Madeira, além da conquista de Fez (Marrocos). A Espanha é concedida ao senhorio das Canárias e a conquista do reino de Granada. A divisão entre a expansão portuguesa e a castelhana passa a ser o paralelo das Canárias.

1482: Descoberta de Angola

Caravelas portuguesas comandadas pelo navegador Diogo Cão chegam ao estuário do rio Congo em 1482. Seis anos mais tarde, atingiram o então reino de Ngola. O sistema económico colonial em Angola assentaria, sobretudo, no lucrativo comércio de escravos. A maior parte da mão de obra escrava seguia para o Brasil, para a Madeira e para São Tomé. Além dos propósitos de evangelização, durante os vários séculos de colonização Portugal tentou tirar partido comercial do território angolano, extremamente rica em recursos naturais (petróleo, diamantes, ouro, chumbo, volfrâmio, ferro, cobre, etc.).

1498: Vasco da Gama em Moçambique

A armada do navegador português Vasco da Gama aportou em Moçambique em 1498, a caminho da Índia. Partindo de Sofala e da Ilha de Moçambique, os exploradores portugueses começam a estabelecer os primeiros entrepostos comerciais e a conceder terras aos colonos. Em 1537 é estabelecida a feitoria de Tete e, em 1544, a feitoria de Quelimane, local de concentração de escravos. Ouro, prata, pérolas, marfim, especiarias e peles são alguns dos recursos que os portugueses passam a controlar. Em 1898, Lourenço Marques (atual Maputo) passa a ser a capital, em substituição da Ilha de Moçambique, servindo, assim, para escoar os produtos da vizinha África do Sul.

1500: Pedro Álvares Cabral chega ao Brasil

Uma frota comandada pelo navegador português Pedro Álvares Cabral chega ao território onde atualmente se situa o Brasil. Na carta que envia depois ao rei D. Manuel, Pero Vaz de Caminha faz uma descrição detalhada do local, ao qual chamam "Terra de Vera Cruz". O Brasil seria a maior e a mais rica das colónias portuguesas e a primeira a tornar-se independente, em 1822. Ainda em 1500, a armada de Pedro Álvares Cabral prossegue a viagem para a Índia, contribuindo, assim, para o estabelecimento das bases do "Império Português". Dois anos depois, Vasco da Gama realiza a segunda viagem à Índia. Conquista então Calecut e estabelece uma feitoria em Cochim.

1884: "Mapa Cor-de-Rosa" apresentado em Berlim

O projeto português para unir Angola a Moçambique, denominado "Mapa Cor-de-Rosa", foi apresentado na histórica Conferência de Berlim. O objetivo de Portugal era controlar uma vasta faixa geográfica que se estendia do Oceano Atlântico ao Índico. A Inglaterra, que pretendia unir o Cairo ao Cabo da Boa Esperança, por linha férrea, discorda do plano. A conferência dividiu África entre os países europeus e estabeleceu a presença local como requisito para a manutenção do domínio. A Grã-Bretanha e a França ficaram com o maior número de territórios. Depois do encontro, tem início a ocupação efetiva das colónias portuguesas Angola (1885) e Moçambique (1887). Ainda em 1884, Hermenegildo Capelo e Roberto Ivens atravessam África, de Luanda a Tete.

1933: Formação do "Estado Novo"

Sob a liderança do general Costa Gomes, desenvolve-se em Braga o golpe de estado fundador da ditadura militar em Portugal. É a partir deste regime autoritário que se estrutura o chamado "Estado Novo", liderado por António de Oliveira Salazar (foto), que vigora em Portugal até à revolução de 25 de abril de 1974. Assente nos pilares "Deus, Pátria e Família", a doutrina do regime ditatorial, inspirada no fascismo italiano de Benito Mussolini, é baseada no nacionalismo e no culto da nação. Em outubro é promulgado o "Estatuto Político, Civil e Criminal dos Indígenas de Angola e Moçambique", que redefine o estatuto dos habitantes das principais colônias. "A essência orgânica da nação portuguesa é desempenhar a função histórica de possuir e colonizar domínios ultramarinos e de civilizar as populações indígenas" lê-se no Acto Colonial, uma espécie de "Constituição para os territórios de além-mar", nas palavras do historiador português Oliveira Marques.

1934: Tentativa de derrube do Estado Novo

Em janeiro, um grupo formado por civis protagonizou a primeira tentativa revolucionária de derrube do regime. Na sequência do golpe falhado, o regime prendeu e deportou muitos ativistas sindicais e políticos comunistas e anarquistas. Entretanto, o Estado Novo continua a afirmar a sua orientação "imperial" e a sua "missão colonizadora", bem visíveis na I Exposição Colonial Portuguesa inaugurada em junho, no Porto.

1935: Carmona "reeleito" Presidente

Óscar Carmona, o candidato único do regime, foi reeleito Presidente da República em fevereiro. A 1 de maio, ocorrem pela primeira vez em Portugal os festejos oficiais do Dia do Trabalho. Em setembro, uma nova tentativa de derrubada do regime termina com prisões e deportações. Muitos dirigentes do Partido Comunista Português (PCP), entre os quais o secretário-geral Bento António Gonçalves, foram presos pela PIDE no final do ano. Fundado em Lisboa em 1921, o PCP seria considerado ilegal a partir de 1926. O PCP, que teve um papel fundamental na oposição ao regime, foi constantemente perseguido pela PIDE, a polícia política de Salazar. Muitos dos seus membros seriam enviados para o campo de concentração do Tarrafal, em Cabo Verde.

1936: Lei do Condicionamento Industrial

A Lei do Condicionamento Industrial serviu para proteger a indústria portuguesa contra a competição. No entanto, simultaneamente contribuiu para a estagnação tecnológica e para a criação de monopólios. A principal função das colónias africanas era comprar produtos manufaturados em Portugal, como máquinas e conservas, e fornecer matérias-primas, como minérios ou algodão, à metrópole.

1943: Casa dos Estudantes do Império

Por iniciativa do Governo de Salazar, é fundada em Lisboa a Casa dos Estudantes do Império (CEI). Esta associação de jovens dos territórios ultramarinos a estudar na metrópole viria a ter um papel fundamental para as lutas de independência. O regime de Salazar pretendia fortalecer a mentalidade imperial entre os estudantes das colônias. No entanto, a CEI despertou neles uma consciência crítica sobre a ditadura e o sistema colonial, assim como a vontade de valorizar as culturas dos povos colonizados. Pela CEI passaram vários líderes africanos como Amílcar Cabral, fundador do PAIGC, Agostinho Neto, o primeiro Presidente de Angola e Marcelino dos Santos, um dos fundadores da FRELIMO. Acusada de servir de base para a realização de atividades de propaganda política contra o Estado português, seria encerrada pela PIDE em 1965.

1946: Províncias Ultramarinas

Em 1946, Portugal altera a designação de "colónia" para "província ultramarina". O "Estado Novo" português criou a divisão administrativa para evitar que internacionalmente Portugal fosse considerado uma potência colonial. A primeira colónia portuguesa a adotar o novo estatuto foi a Índia Portuguesa (foto). Angola, Guiné, Moçambique, São Tomé e Príncipe, Cabo Verde, Macau e Timor passaram a ter esta designação em 1951. Com a reforma da Constituição em 1951, também a condição de indígena é definida como transitória.

1953: Massacre de Batepá

Os portugueses queriam obrigar os negros indígenas de São Tomé e Príncipe a trabalhar nas roças, na produção de cacau e outros produtos para exportação, uma vez que a mão-de-obra trazida de Angola, Moçambique e Cabo Verde não era suficiente. Depois da recusa destes, o Exército português iniciou uma caça aos indígenas que resultou na morte de centenas de pessoas. Os acontecimentos ficaram conhecidos como Massacre de Batepá.

1954: Movimentos de libertação

Nos anos 50 começam a surgir os embriões de importantes organizações políticas. Em 1954 é criada a União das Populações do Norte de Angola (UPNA), que em 1958 passa a designar-se União das Populações de Angola (UPA). Em 1962, a UPA e o Partido Democrático de Angola (PDA) constituem a Frente Nacional de Libertação de Angola (FNLA). O Movimento Popular para a Libertação de Angola (MPLA) foi fundado em 1956, ano em que Amílcar Cabral criou o Partido Africano para a Independência da Guiné e Cabo Verde (PAIGC, na foto). Em 1960 surge o Comité de Libertação de São Tomé e Príncipe (CLSTP) e em 1962 é criada a Frente de Libertação de Moçambique (FRELIMO), que resulta da fusão de três movimentos: União Democrática Nacional de Moçambique (UDENAMO), União Nacional Africana de Moçambique Independente (UNAMI) e Mozambique African National Union (MANU). A União Nacional para a Independência Total de Angola (UNITA) surgiu em 1966.

1957: Independência do Gana: rastilho da descolonização

A descolonização africana teve início em 1957 com a independência do Gana, antiga Costa do Ouro, que impulsionou os restantes países do continente a lutar pela independência. Kwame Nkrumah (foto), antigo primeiro-ministro e Presidente do Gana, foi um grande defensor da descolonização e um dos fundadores do Pan-africanismo. O principal período da descolonização africana ocorreu entre 1960 e 1970. A Organização das Nações Unidas (ONU) apoia os países colonizados na sua luta contra as potências colonialistas europeias. Até 1968, surgem em África 34 novos Estados independentes. Além das colónias portuguesas, subsistem apenas a Rodésia, o Sudoeste Africano e o Sahara Espanhol.

1958: Humberto Delgado concorre às presidenciais

Com o apoio da oposição democrática, o general Humberto Delgado concorre como independente às eleições presidenciais de 8 de junho de 1958. O Presidente eleito acabaria por ser o almirante Américo Thomaz, o candidato do regime, mas o "general sem medo" deixa um legado que marcaria o caminho de Portugal rumo à liberdade. Nesse ano também surge, na clandestinidade, a Junta de Libertação Nacional, movimento político de oposição ao regime. No ano seguinte, a eleição dos presidentes passa a ser indireta e da responsabilidade da Assembleia Nacional.

1959: Massacre de Pidjiguiti

A 3 de agosto de 1959, estivadores fizeram greve no cais de Pidjiguiti, em Bissau, para reivindicar melhores salários. O protesto foi reprimido pela polícia e resultou na morte de cerca de 50 pessoas. Após o massacre, o PAIGC (foto), que terá estado por detrás da organização da greve, altera a sua estratégia para fugir à repressão do regime português e a consciência nacionalista do partido é reforçada.

1960: Nasce o Comité de Libertação de São Tomé e Príncipe

O Comité de Libertação de São Tomé e Príncipe (CLSTP) foi criado em Accra, Gana, em 1960. O Governo ganês de Kwame Nkrumah apoia o CLSTP, que mais tarde se instalou na República Popular do Congo (Brazzaville), na Guiné Equatorial e no Gabão. Nunca conseguiu iniciar a luta armada em São Tomé e Príncipe. O primeiro secretário-geral foi Tomás Medeiros e o segundo Manuel Pinto da Costa (foto), futuro primeiro Presidente de São Tomé e Príncipe. A partir de 1972 passa a chamar-se Movimento de Libertação de São Tomé e Príncipe (MLSTP).

16 de junho de 1960: Massacre de Mueda

A 16 de junho de 1960, a vila moçambicana de Mueda, na província de Cabo Delgado, foi palco de uma manifestação de milhares de camponeses que exigiam melhores salários e que terminou com a morte de um número indeterminado de manifestantes. O Massacre de Mueda é considerado um dos últimos episódios de resistência contra o colonialismo português antes do início da guerra em Moçambique, em 1964. Segundo o historiador João Paulo Borges Coelho, constitui "um marco no discurso das forças nacionalistas, uma espécie de ponto de não-retorno a partir do qual se compreendeu que não havia via negociada para a independência." É também a partir de 1960, com as independências que começam a ocorrer em África, que aumenta a contestação à política colonial portuguesa.

20 de janeiro 1960: Kennedy assume presidência dos EUA

John F. Kennedy toma posse como 35º Presidente dos Estados Unidos da

América (EUA) em 20 de janeiro de 1961. A política dos EUA em relação às colônias portuguesas mudou. Em 1961, o Congresso norte-americano decretou um embargo militar contra Portugal, seu aliado na NATO, a Aliança Atlântica.

22 de janeiro 1961: Desvio do paquete "Santa Maria"

O ano de 1961 é fatídico para o regime de Salazar. Logo a 22 de janeiro, o capitão Henrique Galvão (à dir. na foto) lidera um comando de 23 revolucionários que assalta o navio português "Santa Maria", no mar das Caraíbas. Os idealizadores da "Operação Dulcineia", levada a cabo em colaboração com o general Humberto Delgado (à esq. na foto), não chegaram a assumir o poder em Angola como tinham previsto, mas conseguiram chamar a atenção da comunidade internacional para a situação política de Portugal. No mesmo mês, Adriano Moreira, ministro do Ultramar (1961-62) acabou com o Estatuto dos Indígenas. Pelo menos no papel, todos são iguais perante a lei. O Código do Trabalho Rural pretende acabar com o trabalho obrigatório. Em Angola assiste-se à sublevação do Vale do Massanga contra a Cottonang, companhia belga de produção de algodão, por falta de pagamento dos salários aos trabalhadores. O Exército e a Força Aérea reprimem a revolta, causando um massacre.

BIBLIOGRAFIA:

Cervelló, Josep Sánchez, A Revolução Portuguesa e a sua Influência na Transição Espanhola (1961-1976), Lisboa, Assírio & Alvim, 1993.

Marques, A. H. Oliveira, Breve História de Portugal, Lisboa, Editorial Presença, 2006.

Rodrigues, António Simões (coordenador), História de Portugal em Datas, Lisboa, Temas e Debates, 2000 (3ª edição).

Cronologia 1961-1969:
Início da Guerra Colonial e viragem no destino das colónias

Cronologia 1970-1974:
Da intensificação da luta armada à Revolução dos Cravos

Cronologia 1974-2002: Das independências ao fim da guerra em Moçambique e Angola

© casacomum.org/Arquivo Mário Soares

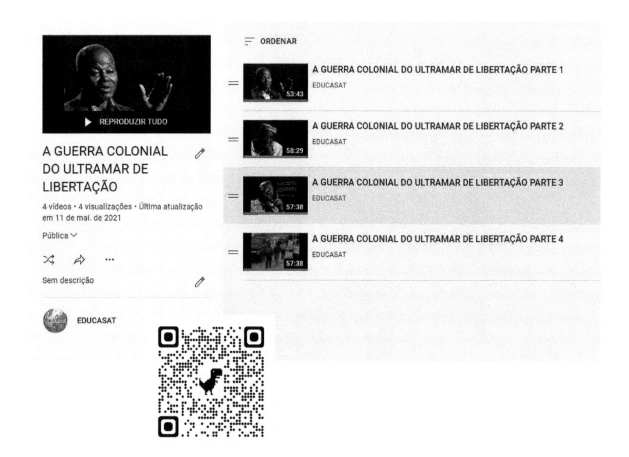

A GUERRA COLONIAL DO ULTRAMAR DE LIBERTAÇÃO

4 vídeos • 4 visualizações • Última atualização em 11 de mai. de 2021

Pública ∨

Sem descrição

EDUCASAT

ORDENAR

A GUERRA COLONIAL DO ULTRAMAR DE LIBERTAÇÃO PARTE 1
EDUCASAT
53:43

A GUERRA COLONIAL DO ULTRAMAR DE LIBERTAÇÃO PARTE 2
EDUCASAT
58:29

A GUERRA COLONIAL DO ULTRAMAR DE LIBERTAÇÃO PARTE 3
EDUCASAT
57:38

A GUERRA COLONIAL DO ULTRAMAR DE LIBERTAÇÃO PARTE 4
EDUCASAT
57:38

São 04 Documentários onde você pode ver os dois lados dos Conflitos de Libertação das Colônias Ultramar Portuguesas.

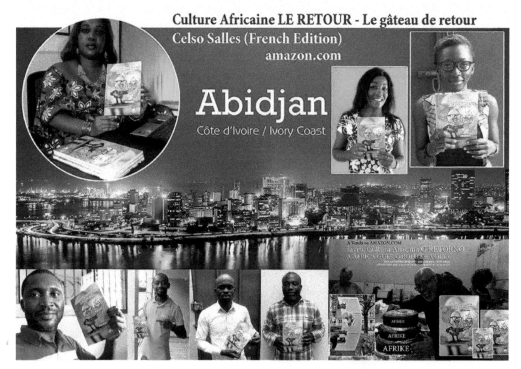

Culture Africaine LE RETOUR - Le gâteau de retour
Celso Salles (French Edition)
amazon.com
Abidjan
Côte d'Ivoire / Ivory Coast

No texto de divulgação do livro dissemos o seguinte:

A África quer o bolo de volta. Vale a pena ler este livro e conhecer muito de uma história relativamente não divulgada, que o autor Celso Salles, tem o privilégio de contar. Dois importantes termos aparecem em boa parte dos seus textos: REPARAÇÃO e TRANSFORMAÇÃO. Uma NOVA ÁFRICA a ser forjada por uma nova geração, muito bem educada e, com o propósito de tornar o continente africano digno de se viver, a partir de sua própria visão. O resgate inicia-se pela cultura africana, a mais rica e diversificada em todo o mundo. É plenamente possível se fazer a REPARAÇÃO, principalmente quando a África e a Diáspora Africana começam a trabalhar juntas, com inteligência, ciência e conhecimento, em busca de uma nova ordem mundial, onde o PODER HUMANO cada vez mais se equilibra ao PODER FINANCEIRO: A TRANSFORMAÇÃO.

Nos textos finais, colocamos:

NINGUÉM FAZ NADA SOZINHO. Deus, na sua infinita sabedoria, quer contar com todos nós na construção da humanidade que tanto ama. Ele vai soprando nos corações de seus filhos bons pensamentos e sentimentos. Chega uma hora que todos se encontram e PRONTO, acontece o milagre. Vejo nitidamente que é assim que temos que agir. Veio o bom pensamento, o sonho, a boa ideia, cada um vai fazendo a sua parte. O momento do encontro já está definido. A coincidência é uma maneira que Deus criou para ficar no anonimato. E também, quando algo para, não para, apenas muda de ciclo.

2021, O INÍCIO DA TERCEIRA DÉCADA DO SÉCULO XXI

Temos que iniciar este novo momento da humanidade com passos muito firmes e fortes rumo ao desenvolvimento auto-sustentável em África, à partir de nós mesmos. Não tenho bola de cristal para saber o que efetivamente vai acontecer. Porém, com base no que fazemos, muitas coisas podemos ter certeza que irão acontecer.

Não é nada complicado vermos que, não podemos enquanto humanidade continuarmos na viés do capitalismo financeiro, queimando nossas florestas, aumentando o nível de desigualdade entre as pessoas.

O PODER ECONÔMICO e o PODER HUMANO terão que buscar um equilíbrio. O "isso não é comigo" aos poucos vai desaparecer. Pois tudo, também é comigo. O Planeta Terra vai precisar ao longo das próximas décadas ou centenários, buscar novas formas de energia e para isso, tem que criar desenvolvimentos onde, principalmente as nações pobres, possam diminuir suas dependências do petróleo.

Eu, aqui em África, sinto essa visão dos governantes da maioria, se não de todos os países africanos. Mas não é algo que eles possam fazer sem uma visão global. Sem que o resto do mundo, ao invés de ainda continuar cobiçando e dominando, entenda que essa terra tem donos e os donos precisam de REPARAÇÃO que os leve a crescer. É o mínimo a ser feito por todo um continente tão destruído pela ambição e falta de respeito à humanidade por parte da geração da Conferência de Berlim.

Cada um de nós pode contribuir sim com muita coisa. Por menos que seja, pode contribuir. Em particular, sinto a grande dificuldade que a maioria das pessoas que convivem comigo tem para entender o meu pensamento e modo de vida. Tenho certeza que muitos irão compreender dentro do que estarei colocando nos 12 livros da Coleção ÁFRICA.

Temos sim o direito e o dever de escolhermos muitas coisas em nossa vida, mas não podemos deixar de contemplar que MUITAS COISAS NA VIDA TAMBÉM NOS ESCOLHEM.

Dentro desta premissa temos que estar sempre muito preparados para dar uma excelente resposta para as COISAS NA VIDA QUE NOS ESCOLHEM. Levar a felicidade onde quer que estejamos. O EXEMPLO e a CREDIBILIDADE falam muito alto.

Falam muito mais que palavras e palavras e, muitas vezes, o SILÊNCIO É O GRITO MAIS ENSURDECEDOR DE TODOS. Aí vem a sabedoria, que normalmente anda de mãos dadas com a paciência: SABER A HORA DE FALAR E, AINDA MAIS IMPORTANTE, SABER A HORA DE CALAR. De tudo isso vem o que nos dá paz, o EQUILÍBRIO.

Quando lhe perguntarem, está preparado, a resposta sábia é sempre, ESTOU EM PREPARAÇÃO, pois, com a velocidade das mudanças o ESTOU PREPARADO demonstra exatamente O QUANTO ESTÁ DESPREPARADO.

No livro CULTURA AFRICANA, O RETORNO - O Bolo de Volta, poderá encontrar em suas 120 páginas uma série muito grande de informações. O que acabou de ler são alguns trechos de imensa importância, informações que os povos colonizadores tentam ocultar, porém os gritos de milhões e milhões de africanos não param de ecoar pelos quatro cantos do continente africano.

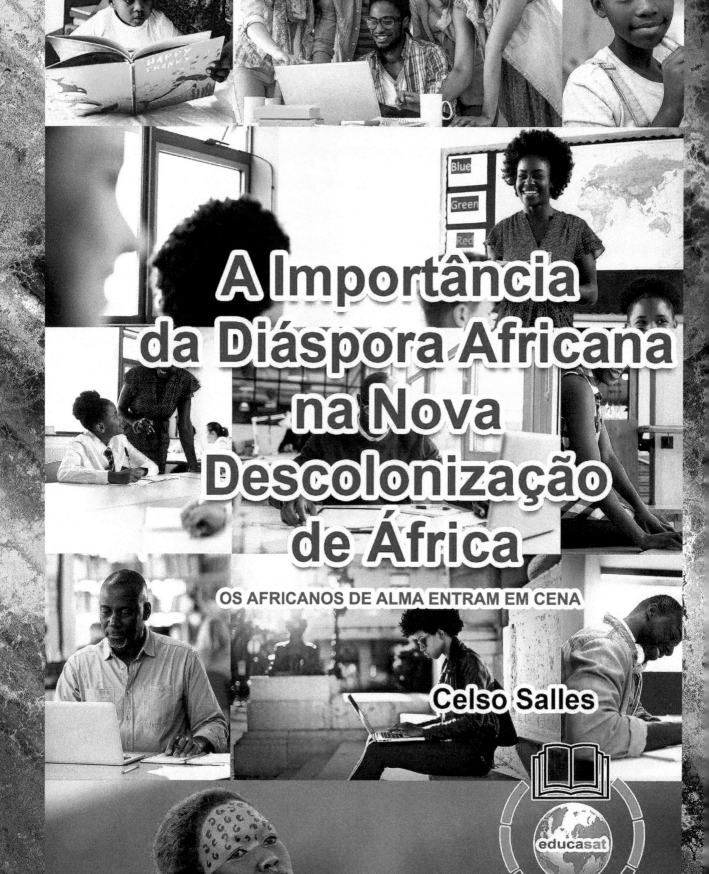

A Importância da Diáspora Africana na Nova Descolonização de África

OS AFRICANOS DE ALMA ENTRAM EM CENA

Celso Salles

Este livro é basicamente uma continuação do Volume "CULTURA AFRICANA O RETORNO - O BOLO DE VOLTA." Nele o autor coloca importantes reflexões de como a Diáspora Africana, presente em todo o mundo, pode e deve contribuir e muito para o desenvolvimento de todo o continente africano.

A REPARAÇÃO pelos malefícios causados ao continente africano que ainda hoje, no início da terceira décaca do século XXI, apresentam os efeitos da ESCRAVIDÃO E COLONIZAÇÃO em forma de fome, pobreza, doenças e outros males, precisa ser encarada como uma missão também da DIÁSPORA AFRICANA. Importantes ações devem fazer parte da NOVA DESCOLONIZAÇÃO DE ÁFRICA que começa pela DESCOLONIZAÇÃO DA MENTE.

Uma coisa é certa, não foi esta geração a responsável pela quantidade de absurdos cometidos pelas gerações dos colonizadores e escravagistas. No entanto, cabe-nos iniciar um processo de mudança, interromper a ganância das nações desenvolvidas, com base na visão capitalista e entendermos definitivamente que a África tem donos e que de longe não são os povos ocidentais, nem orientais. Tudo o que foi apropriado de forma ilegal, gerando toda forma de miséria, fome e doenças, precisa ser reparado e interrempido. Aí vem a importância da diáspora africana na NOVA DESCOLONIZAÇÃO DE ÁFRICA que dá o título a este livro.

Se não recebemos nada neste sentido das gerações passadas, temos que sinalizar importantes caminhos para as novas gerações, não só com idéias mas principalmente com ações práticas.

Um desenvolvimento que se apoia nas mortes de milhões e milhões de pessoas em África, que vem ano após ano, sendo alimentado dentro desta forma de pensamento, precisa realmente ser interrompido.

Nós que fazemos parte da Diáspora Africana, estando onde estivermos temos que ser as grandes vozes da África, que por mais que gritem, não conseguem ecoar os seus vários apelos. Continuarmos jogando toda a responsabilidade da fome do continente africano nas costas dos governantes atuais em África, sem assumirmos as responsabilidades de nossos antepassados, não me parece ser ação digna da raça humana.

O primeiro e importante passo é nos INTERESSARMOS PELA ÁFRICA. Hoje com o advento da internet e redes sociais, fazer amigos em vários países africanos e procurar percebermos suas reais angústias, a maioria delas, escondida quer por governos, quer pela imprensa que ainda não atingiu sua liberdade, dependendo e muito do capital financeiro para sua sobrevivência. E nessa dependência, erros e mais erros são escondidos e continuam a imperar o caos a milhões, porque não dizer bilhões de pessoas que vivem, sem podermos chamar de vida, abaixo da linha da pobreza que é menos que um dólar/dia.

Pelo quadro que tenho visto nos países africanos que já conheço e mesmo nos que não conheço, mas vejo com maior facilidade por estar em solo cafricano, a principal ajuda está ligada ao DESENVOLVIMENTO DO SETOR AGRÍCOLA. A Diáspora Afro-Brasileira, por exemplo, pode contribuir muito para o desenvolvimento agrícola em toda a África. Mesmo sem deter o comando da Agricultura no Brasil, a Diáspora Afro-Brasileira, estando mais ligada à África, pode fazer chegar até os ruralistas brasileiros e não só que, para crescerem, não precisam destruir a floresta Amazônica, aliás, nenhuma floresta.

Em África podem encontrar muita terra terra boa para agricultura como também um grande manancial de rios. Com o crescimento da agricultura nos países africanos, gera-se inúmeros empregos, ao mesmo tempo que se combate a fome, pois os alimentos com menores custos em todo o continente africano. O escoamento da produção agrícola em África vai aquecer todo o mercado de equipamentos para agricultura como tratores, pulverizadores, colheitadeiras, plantadeiras, etc. Também o mercado de insumos agrícolas será fortemente aquecido.

Brasileiro projeta estufas para produção de alimentos em deserto na África

Projeto Marvella Farms gerará empregos e aumentará a produção agrícola em Djibuti, um dos países mais quentes do mundo

O brasileiro Guilherme Moreira, engenheiro ambiental e sanitário formado pela Universidade Federal de Juiz de Fora (UFJF), é sócio-gerente do projeto Marvella Farms (Foto: Divulgação)

REFLEXÃO IMPORTANTE:

Veja na foto que o brasileiro Guilherme Moreira, engenheiro ambiental e sanitário, não é afro-brasileiro na cor, no cabelo e traços, mas o seu trabalho, por tudo o que irá resultar de benéfico ao povo africano em geral, o torna mais que afro-brasileiro. Vou criar aqui um novo termo denominado AFRICANO DE ALMA e passar a designar pessoas como o brasileiro Guilherme Moreira com este título doravante, neste e nos demais livros da COLEÇÃO ÁFRICA.

Com temperaturas que chegam a 43ºC e alta umidade do ar, o Djibuti sempre enfrentou dificuldades para desenvolver sua agricultura local. Atualmente, o agronegócio representa apenas 3% do PIB do país africano, que precisa importar 90% de seus alimentos por conta da inviabilidade de produzi-los em seu desértico território de 23.200 quilômetros quadrados — apenas um pouco maior do que Sergipe, o menor estado brasileiro. Como se não bastassem as condições climáticas extremas, nos últimos anos, as plantações de Djibuti têm sido atingidas por infestações de gafanhotos, uma das consequências das mudanças climáticas na região.

Por conta disso, o combate à fome e a busca por segurança alimentar se tornaram prioridades para o governo local, que tem apoiado iniciativas estrangeiras que visem solucionar essa situação. É o caso da Marvella Farms, um projeto criado pelas empresas norte-americanas Agro Fund One, Universal Construction e DJR Architecture. O brasileiro Guilherme Moreira, engenheiro ambiental e sanitário formado pela Universidade Federal de Juiz de Fora (UFJF), em Minas Gerais, e autor do blog Hidroponia na Prática, é sócio-gerente do projeto.

Brasileiro projeta estufas para produção de alimentos no deserto do Djibouti (Foto: Divulgação)

"A missão do Marvella Farms é cultivar produtos orgânicos e locais durante o ano todo para abastecer o mercado local e também servir para exportações", afirma Moreira, que apresentou o projeto nesta quinta-feira (15) no Open Food Innovation Summit, maior evento brasileiro sobre o futuro do alimento.

Técnicas de engenharia e agricultura

Para fazer isso, o projeto combinará os melhores aspectos de diferentes sistemas de hidroponia em um único sistema, uma técnica de cultivo de plantas sem a presença do solo. O sistema se chama SAEF (Shallow Aero Ebb and Flow) e se caracteriza por ser um sistema de subirrigação. Neste sistema, jatos de água com uma solução nutritiva são lançados periodicamente nas raízes dos alimentos em curtos intervalos de tempo, enquanto as plantas ficam apoiadas em um isopor sobre uma bancada, o que permite um excelente isolamento térmico.

Além disso, os engenheiros também utilizam o conceito de agricultura protegida — em estufas, eles poderão criar um ambiente controlado com as condições mais adequadas para o crescimento de diferentes tipos de alimentos, obtendo máximo índice de produção.

Projeto das estufas do Marvella Farms (Foto: Divulgação)

Uma das principais preocupações de Moreira na hora de avaliar quais eram as opções mais sustentáveis para resfriar as estufas foi o gasto de energia — que seria inviável caso fosse usado ar-condicionado em todo o ambiente. Por isso, a proposta é que apenas a água destinada a nutrir as plantas seja resfriada. "Ao se nutrir com a água gelada, os alimentos conseguirão se esfriar de dentro para fora", explica o engenheiro.

Quanto à circulação de ar nas estufas, essencial para manter a temperatura adequada e longe do extremo calor externo, serão usados exaustores no topo das construções, que direcionarão o ar quente do ambiente para janelas laterais. A ideia é que o ar de todo o local seja trocado a cada cinco minutos.

Uma das principais preocupações de Moreira na hora de avaliar quais eram as opções mais sustentáveis para resfriar as estufas foi o gasto de energia — que seria inviável caso fosse usado ar-condicionado em todo o ambiente. Por isso, a proposta é que apenas a água destinada a nutrir as plantas seja resfriada. "Ao se nutrir com a água gelada, os alimentos conseguirão se esfriar de dentro para fora", explica o engenheiro.

Quanto à circulação de ar nas estufas, essencial para manter a temperatura adequada e longe do extremo calor externo, serão usados exaustores no topo das construções, que direcionarão o ar quente do ambiente para janelas laterais. A ideia é que o ar de todo o local seja trocado a cada cinco minutos.

Implementação

Ainda sem previsão para inauguração, adiada por conta da pandemia, a estrutura do Marvella Farms será implementada em duas fases. A primeira delas envolve uma estufa piloto que ocupará uma área de aproximadamente 490 metros quadrados. Resistente ao clima e à base de sistemas hidropônicos e energia solar, o ambiente será capaz de produzir cerca de 4,5 mil quilos de produtos frescos, como folhas verdes, tomates e frutos silvestres.

Em uma segunda etapa, o projeto será expandido para 40 hectares e terá uma produção de alimentos mais diversificada (incluindo produtos bastante utilizados na região, como pimentão, alho e ervas). Nessa fase, os processos poderão ser automatizados, ainda que Djibuti não tenha uma indústria robótica consolidada.

Uma das maiores missões do projeto é empregar e capacitar a população local, mostrando que a agricultura — que nunca foi sinônimo de abundância no país — pode ser uma opção de carreira para os mais jovens. "Em Djibuti, temos o problema do desemprego entre jovens e da não valorização da mulher. Por meio das nossas fazendas, nós queremos dar oportunidade de empoderamento para esses grupos", pontua Moreira.

Para além da produção de alimentos por si só, o projeto poderá ainda trazer benefícios à saúde da população, garantindo segurança alimentar. Além disso, ele também estimula a economia circular, o desenvolvimento sustentável e o compartilhamento do conhecimento. Parte da solução nutritiva utilizada nas estufas do Marvella Farms será doada a agricultores locais para que sejam usadas em suas próprias terras.

TEMOS QUE CONHECER A ÁFRICA

CARLOS LOPES

Carlos Lopes. O académico guineense foi adjunto de Kofi Annan na ONU e é hoje professor na Nelson Mandela School of Public Governance, na Cidade do Cabo. Conversou com o DN em Lisboa em outubro de 2019, altura em que participou numa conferência sobre África organizada pelo IPDAL - Instituto para a Promoção da América Latina e Caraíbas.

O primeiro erro quando se fala de África é fazê-lo como se fosse toda igual - porque estamos a referir realidades muito diferentes. Já não falo só da tradicional divisão entre África do Norte, árabe, e África subsariana. Falo de um país como a África do Sul, que não é comparável com a Etiópia. Ou de um Moçambique, bem diferente de uma Nigéria. Portanto, é melhor falar de Áfricas?

Sim. Isso seria o mais correto, até porque, do ponto de vista do contexto histórico, há muitas diferenças. Mas, ao mesmo tempo, faz sentido falar de uma África para certas coisas. Por exemplo, o conjunto dos países africanos tem uma grande dependência das matérias-primas. Mesmo aqueles que não possuem uma grande riqueza de matérias-primas acabam por, por relações de vizinhança ou por dificuldades logísticas, depender um pouco dessa relação que África tem com as matérias-primas. Na classificação das Nações Unidas há 35 países na África que são altamente dependentes de exportação de matérias-primas. E essa definição comporta os países que têm pelo menos 80% das suas exportações.

Isso pode abranger desde um gigante petrolífero como a Nigéria, até um pequeno país... Pode ser um pequeno país como a Guiné-Bissau que exporta castanha de Caju. Podem ser matérias-primas mais extrativas, outras não, mas quase todos os países têm essas características e eu penso que a transformação estrutural da África passa necessariamente por essa mudança. E aí nós vemos como um país como a Argélia pode parecer muito diferente de um país como Angola, mas, do ponto de vista da estrutura económica, são muito parecidos. Um país como Marrocos, que está numa senda de industrialização, pode ser na aparência muito diferente de um país como a Etiópia, mas o programa de transformação estrutural da Etiópia em termos de industrialização é muito parecido. Há semelhanças e há também diferenças. E outra característica que acho importante do ponto de vista estatístico: dividiu-se muito a África em dois pedaços. A África do Norte é sempre apresentada nos organismos internacionais junto com o Médio Oriente, com o qual ainda tem menos que ver, a não ser a língua, mas, do ponto de vista da estrutura económica, os países do Golfo não têm nada que ver com os países da África do Norte. E a África subsariana muitas vezes é encaixada com as Caraíbas e com o Pacífico, como é o caso das negociações com a Europa. Mas também tem muito pouco que ver com as Caraíbas e tem muito pouco a ver com o Pacífico. Ou seja, temos uma espécie de mentalidade meio colonial que dividiu o mundo em diferentes pedaços que são reconhecíveis e que existe um certo conforto no tipo de análise que se faz e acaba por se encaixar, digamos, na gestão desse conforto. Por exemplo, na geografia continuamos a utilizar a projeção cartográfica de Mercator, que não tem nada que ver com a massa territorial, quando existe uma projeção, a de Peters, que dá, efetivamente, um planisfério correto.

Evidente nessa questão do Mercator é Angola parecer do tamanho de

Espanha quando é na realidade três vezes maior. Exato. Aí temos a situação em que uma empresa de alta tecnologia como a Google, no seu Google Maps, continua a utilizar o Mercator. Tem que ver com uma espécie de conforto que leva a que as pessoas analisem África de um certo prisma.

Acha que o Mercator desvaloriza África?

Tenho a certeza. Não é uma desvalorização acidental, porque se as pessoas soubessem que África é do tamanho dos Estados Unidos, da China, da Índia e da Europa Ocidental e do Japão juntos, as pessoas teriam uma outra imagem do continente em termos de diversidade. E, aí sim, poderiam entender que, de facto, a África é muito mais complexa do que se imagina. Por outro lado, nós sabemos que seis economias representam 70% do PIB africano. Portanto, nós temos um conjunto de países, 40 e tal países, que são muito pequeninos do ponto de vista económico, à escala mundial, e, portanto, se não houver semblante de unidade para poder dar, digamos, estofo, para que esses países possam evoluir, desenvolver-se, negociar... é muito difícil.

Olhando para uma África anglófona, uma lusófona, uma francófona, o legado colonial faz diferença hoje em dia ou ao fim de 50 anos de independência isso já se esbateu?

Ainda existem muitos traços que podem ser verificados de herança colonial diferente nos vários países, mas, de uma maneira geral, acho que já se esbateu. Por exemplo, nós temos países da África Austral, anglófonos, que parecem muito mais organizados e estruturados e que tiveram, digamos, uma urbanização consequente, tiveram uma descentralização administrativa e que têm características muito mais próximas da era industrial, mas também temos exemplos de países anglófonos como a Nigéria ou a Serra Leoa que estão num descalabro total. Também temos neste momento países que crescem muito na África dita francófona, como é o caso da Costa do Marfim, como é o caso do Senegal, e depois temos países que estão numa letargia total em termos de desenvolvimento, que é o caso de um país como os Camarões.

A África lusófona é mais coerente...

Não. Temos o caso de Cabo Verde, que tem uma trajetória consequente, e temos uma Guiné-Bissau, que está em conflito perene.

Esses dois países tiveram até um processo de luta de libertação comum...

E até, digamos, de história colonial muito próxima e com uma administração comum durante maior a parte da sua vivência colonial. Isto prova que são as características e os contextos específicos de cada país que determinam um pouco a política. Mas há grandes traços da política africana que são comuns a todos. Por exemplo, a construção do Estado pós-colonial na África, na maior parte dos casos, foi uma extensão dos direitos adquiridos pelos cidadãos aos sujeitos. Porque o que existia durante o período colonial era que havia uma categoria, uma elite, digamos, que era considerada cidadã e tinha todos os direitos de cidadania. E aí incluía-se uma parte da população africana, que nós chamávamos de assimilados.

Com as independências, automaticamente toda a gente passou a ser cidadão...

Na retórica. Porque, se não tem sequer um registo civil - e no caso de 40 % da população africana não tem -, para o Estado não existe. Fala-se muito da informalidade no setor económico, mas é um informalidade que vai muito para além da economia. Se a pessoa não tem registo civil, não tem certidão de nascimento ou até certidão de óbito, não existe para o Estado. E, portanto, faz transações económicas e sobrevive para lá da existência legal.

Estamos a falar de pessoas que não têm acesso a saúde, educação, porque oficialmente não existem. Disse 40%?

40% dos africanos. E isso é transversal em quase todos os países. Alguns têm de uma forma mais profunda e outros não. E hoje em dia tudo isso é possível de superar através da biometria. Como foi feito, aliás, na Índia, que tinha o mesmo problema. Portanto, conhece-se a técnica e a tecnologia para o fazer, mas ainda não é o caso. Nós temos também outras características como a forma como a administração se orientou para as indústrias extrativas. Têm tudo de colonial. Não é só, por exemplo, o facto de se exportar petróleo, diamantes ou ouro ou outras coisas desse estilo. É também a infraestrutura que é posta a funcionar para esse tipo de produção e para esse tipo de economia. E isto não é diferente na África do Norte, não é diferente na África do Sul. Na África do Sul será a platina, na Argélia será o gás e o petróleo, mas temos sempre a infraestrutura ligada à extração.

Pode perceber-se, por exemplo, que no período imediato pós-independência talvez não houvesse elites preparadas para gerir uma economia mais complexa. Mas, mais uma vez, estamos a falar de 50 anos depois.

Hoje em dia, não existe esse problema, digamos, de capacidades. Durante bastante tempo o problema e o debate na ajuda ao desenvolvimento era a criação de competências técnicas e havia cooperação internacional para isso. Hoje em dia, nós não temos esse problema. Temos o problema, sim, de que na maior parte dos países africanos não existe capacidade de absorção de toda a qualidade de mão-de-obra disponível. E por isso é que a diáspora se alimenta da exportação, digamos, de cérebros africanos. Temos estatísticas que provam isso. Por exemplo, nos Estados Unidos, dos vários grupos migrantes do país aquele que tem a formação mais elevada são os nigerianos.

Pensamos nos migrantes africanos, sobretudo como desesperados a tentar o eldorado europeu. Mas há outra migração africana que é de pessoas altamente qualificadas.

Exatamente. O sistema nacional de saúde na Grã-Bretanha tem cerca de 5% dos seus enfermeiros que são de origem africana. Portanto, há uma outra migração altamente qualificada que muitas vezes é binacional. Passa despercebida nas estatísticas porque são indivíduos que por causa até do seu nível de integração facilmente conseguem acesso às nacionalidades dos países de acolhimento. Acabamos por ter uma impressão distorcida dos migrantes. Mas a definição de migrante das Nações Unidas inclui todos aqueles que nasceram num país e vivem noutro, independentemente da nacionalidade e dos documentos que tenham. E, segundo essa estatística, agora há cerca de 250 milhões de pessoas no mundo que têm essas características. E, desses 250 milhões, se nós formos a ver a estatística em termos de continentes e não de países, a África é o que tem menos. E, dos africanos que emigram, 80% emigram para um outro país africano. Estamos a falar de cerca de 20% dos migrantes africanos que vão para fora de

África. O que constitui, em termos de números das Nações Unidas, um lote na migração mundial extracontinental de cerca de 26% dos migrantes mundiais. E a Europa tem 34%. Portanto, a Europa tem mais migrantes do que África.

O que contraria os discursos populistas...

Se nós formos olhar só a migração da África para a Europa, os números também são muito claros. Estes números são da Frontex, nem são das Nações Unidas. Mostram que 94 % dos africanos que vivem na Europa, migrantes, são pessoas que entraram legalmente. Portanto, há 6% que entram ilegalmente. E desses 6% temos uma grande percentagem que chega pelo Mediterrâneo, que são objeto da atenção da media e da opinião pública. Mas são números muito pequenos. No ano passado, havia muito mais do que neste ano. E no ano anterior havia muito mais do que em 2018, e por aí fora. Tem vindo a diminuir de uma forma acentuada.

Portanto, quando diz que são legais, significa que, obviamente, os países de acolhimento estão a incentivar essa emigração.

Estão, pelo menos, a dar os vistos. As pessoas não transgrediram a modalidade de visto que tiveram. Senão, são ilegais. É um número muito pequeno. Mas é um número que encanta as estatísticas e que faz discutir muito.

Mas olhando então para os países africanos. Essa perda de pessoas qualificadas, essa perda também de juventude, é uma das explicações dos problemas do continente? Acho que não, porque a diáspora está a contribuir de uma forma muito clara para o desenvolvimento dos países. Porque é que digo isto? Porque durante bastante tempo a diáspora tinha perdido as conexões com os países de origem. Por várias razões. Havia problemas de comunicação, os transportes não eram o que são hoje, o acesso à internet não era o que é hoje, etc... Nós, hoje em dia, temos uma situação em que a conexão entre a diáspora e as famílias dos países de origem é muito maior. E isso traduz-se, por exemplo, nas remessas de emigrantes. As remessas de emigrantes, em 2000, eram cerca de seis mil milhões de dólares. Hoje, são 81 mil milhões de dólares. Europa-África.

Isso também significa que a diáspora acredita, de alguma forma, em África?
Não só acredita como contribui mais do que a ajuda ao desenvolvimento. Porque estamos a falar de uma ajuda ao desenvolvimento que estagnou à volta dos 50 mil milhões há mais de uma década e o aumento não vem da ajuda ao desenvolvimento. Vem das remessas de emigrantes. Portanto, quando se pede aos países africanos que estanquem a migração, eles vão dizer que sim, mas na realidade é contra os seus interesses.

Para muitos países pode ser já uma das principais fontes de divisas. Claro, sem nenhuma dúvida. É o caso de um país como Cabo Verde que recebe mais de remessas de emigrantes do que recebe de ajuda ao desenvolvimento. Mas é também a verdade em relação ao Egito, à Tunísia... É verdade em relação a uma multitude de países. Etiópia, etc. Nós temos aqui uma situação em que não é do interesse dos países africanos estancar a migração. Talvez regulá-la. Mas estancá-la não.

Cabo Verde é muitas vezes apontado como um exemplo não só de sucesso de desenvolvimento como de sucesso democrático e já com pelo menos duas décadas de várias alternâncias políticas. É um mito dizer que a democracia é uma exceção em África? Vou dar-lhe uma estatística que talvez seja surpreendente para muitos mas basta fazer a verificação para ver que ela é verdadeira. Nos últimos 26 meses houve 20 mudanças de líder em África. Isto é uma média de quase um líder por cada mês e picos. E é essa a realidade. Hoje em dia, como a média de idades da população no continente é de 19 anos, existe uma pressão muito grande para a alteração da estrutura e distribuição de poder. Nós temos muitos debates sobre o que é de facto a democracia representativa em África. Será que pode ser uma cópia do que se faz na Europa? Parece que não. Porque até a Europa está um pouco em crise. Então qual é a situação real do debate da governação em África? É um debate sobre aquilo que nós poderíamos chamar as características intrínsecas da África que precisam mais de transformação estrutural. Transformação estrutural em si é, digamos, oferecer às pessoas novos meios. Como trabalho decente, novos meios de integrar a modernidade... Estamos a falar de tirar as pessoas de uma agricultura de subsistência que ainda ocupa cerca de 50% dos africanos para maior produtividade que tem que ver com a era industrial, tem que ver com a urbanização. Nós temos um dos processos de urbanização mais rápidos da história. E essa transformação é muitas vezes equivalente não ao momento político que estão a viver as sociedades ocidentais, mas ao momento político que as sociedades ocidentais viveram há umas décadas. E o que é que elas faziam há umas décadas? Tinham políticas protecionistas que agora são muito difíceis em África porque o comércio mundial mudou. Tinham acesso fácil à tecnologia porque a propriedade intelectual não era o que é hoje em termos de regulação. Tinham, é certo, acesso a métodos de financiamento que hoje em dia são proibitivos para África por causa da avaliação de risco, e por aí fora.

África chega mais tarde e está a ter de fazer o que fizeram os europeus mas em condições mais difíceis.
Em condições muito mais difíceis. E para isso não pode ter um sistema político que seja igual àquele que os países ocidentais estão a viver neste momento. Muitas vezes, as pessoas pensam que tem de ser a mesma coisa...

Não pode ser simplesmente um homem um voto, é mais complexo do que isso?
É muito mais complexo do que isso. Eu normalmente capto essa ideia numa frase. Será que nós devemos democratizar África ou africanizar a democracia? Africanizar a democracia é adaptá-la à realidade local que deve ter determinadas características que permitam uma governação compatível com as necessidades do momento.

Está a falar de incluir, por exemplo, tradições locais de governação...
Exatamente. E consenso, muito consenso. Porque o problema principal da África é o síndrome do vencedor que apanha tudo. E para nós podermos respeitar a diversidade, que é fundamental em África por causa da diversidade étnica, por causa das características que têm que ver com a própria chegada tardia à época da modernidade, nós precisamos necessariamente de construção de consensos, construção daquilo que chamaríamos nação, para que as identidades sejam muito mais nacionais e menos étnicas. E para isso não podemos ter um processo

democrático onde há mesmo um voto que pode ser capturado pela identidade étnica. Tem de ser mais sofisticado.

Falou também que a globalização neste momento dificultava de certa forma a governação em África. Nomeadamente umas regras protecionistas que não podem ser feitas. Há uns anos falava-se da competição dos americanos com os franceses em África e hoje são os chineses que se destacam. África consegue ter a capacidade de aproveitar estas rivalidades em seu proveito? Acho que hoje em dia África - e vê-se isso nas estatísticas sobre investimento direto estrangeiro, sobre o aumento brutal das infraestruturas, sobre a diversificação das exportações que ainda é tímido mas que se iniciou - tem uma capacidade negocial maior porque há competição. E essa competição, em grande parte, é o resultado da chegada da China.

A China já esteve muito em África, mas agora volta numa perspetiva mais capitalista. Eu acho que é sempre de se notar, de mencionar, o facto de que, do ponto de vista da presença económica, a Europa continua a ter a posição dominante em África. Tanto em termos de *stock* de investimento como em termos de evolução do investimento, como também em termos de comércio. África tem a Europa dos 28 como o seu primeiro parceiro comercial. Mas, quando se vê em termos de países, é evidente que a Europa se desmembra num conjunto de países e aí então aparece a China como primeiro. Mas é uma ilusão. O que existe, sim, é um aumento acelerado da presença chinesa em termos de infraestruturas, em termos de comércio, e também cada vez mais em termos de investimento. Mas é preciso dar os números para que as pessoas tenham uma ideia daquilo de que estamos a falar.

Sente-se alguma reação adversa em África à chegada dos chineses? Os chineses têm um total de 4% do seu investimento global em África. Isto significa que África não é assim tão importante quanto parece. 4% é relativamente pouco e para um continente inteiro é um investimento que vale a pena porque é de baixo custo. Por exemplo, a marca de telefones que mais se vende na África é a Tecno, uma marca que foi criada pelos chineses só para África. Portanto, há inclusive um *marketing* para África em certos produtos que não existem no resto do mundo. É um terreno de experimentação, é um alargamento do mercado e é sobretudo um potencial mercado de consumo para o futuro. Se nós temos uma população tão jovem, e é aquela que mais cresce, e que daqui a muito pouco tempo, em 2034, chegará a ter uma mão-de-obra superior à China. E que até 2050 terá dois mil milhões de pessoas, vale a pena investir a baixo custo. O equivalente do que África recebe de investimento chinês é o que recebe o Paquistão. Qual seria o melhor negócio? Pelo mesmo montante ter um continente inteiro ou só o Paquistão? O Paquistão é estratégico para a China por causa da Índia, mas mesmo assim. Eu acho que, do ponto de vista geoestratégico, eles fazem, com muito pouco esforço, uma zona de influência muito grande. E a nova rota da seda tem um pouco que ver com isso. É um grande projeto de infraestrutura. Para isso precisava do seu próprio banco porque o sistema de crédito internacional não comportaria tanto investimento em infraestrutura e não necessariamente o faria da forma como os chineses o fazem. E, portanto, precisavam do seu próprio banco, que é o banco de infraestruturas que a China estabeleceu e que tem um capital superior ao banco mundial, isto só para dar um ideia. E África é ponta final dessa rota da seda em termos de via marítima.

A sua perspetiva é que, na relação África-China, os dois lados estão a ganhar? Estão a ganhar porque a China não quer olhar para o Pacífico porque o Pacífico tem os seus concorrentes históricos. O Japão, mais antigo, e os Estados Unidos, e portanto precisam de olhar para o Ocidente e de ocupar uma faixa que do ponto de vista da sua influência económica ainda seja possível ocupar. Já é muito difícil ocupar, por exemplo, na Europa, embora haja investimento chinês em portos mediterrâneos para poder chegar à ponta final da rota da seda, mas é sobretudo a Ásia vista para o Ocidente, não a Ásia do sudeste onde a China já terá dificuldades e a África que são os potenciais mercados para a conquistar.

Falou há pouco dos dois mil milhões de africanos. Isso é visto quase como uma condenação do continente em capacidade de responder a tanta gente. É assim mesmo dramático ou pode ter esse lado positivo de mais mão-de-obra e mais juventude? A transição demográfica em África está a acontecer num período em que o resto do mundo está a envelhecer muito rapidamente. Isto nunca aconteceu antes, historicamente. Portanto, nós não conhecemos muito bem os contornos deste acontecimento demográfico. Porque sempre houve transições demográficas a um determinado momento na história das diferentes regiões. A última grande transição demográfica é a que viveu a China e, neste momento, o movimento está a chegar à Índia e a África. São os dois grandes polos de crescimento demográfico que ainda subsistem no mundo. E o que é que isto tem que ver com a economia futura? É que nós vamos ter um economia que é cada vez mais tecnologicamente intensa. Portanto, gera pouco emprego, e essa intensidade necessita de outro tipo de emprego, não os empregos que temos atualmente disponíveis nas economias mais maduras, mais desenvolvidas. E, infelizmente para a Europa, para o Japão, e para os países que estão em rápido envelhecimento, esse outro tipo de emprego é necessariamente jovem. Porque é para cuidar, muitas vezes, dos mais velhos. A África vai ser uma espécie de reservatório da juventude mundial a tal ponto que uma em cada duas crianças no mundo, a partir de 2040, são africanas. Até para a preservação da própria espécie nós vamos precisar dos africanos, porque vai haver um envelhecimento muito rápido. Existem já no Japão 78 mil pessoas com mais de 100 anos e é o país mais velho do mundo, mas é uma tendência que é generalizada a todos os países ocidentais. Aquilo que parece ser um problema africano tem de ser visto como parte de um pacto mais global, porque suponhamos que nós queremos ter uma grande rentabilidade das novas tecnologias. Telefones inteligentes. Há os que têm a patente, que são países ocidentais. Há os que têm, digamos, o controlo da marca, e são países ocidentais. E aí está a maior parte do valor. Há os que controlam a logística e o financiamento e pode dizer-se que são também países ocidentais. Mas depois temos um problema. Onde é que estão mercado de crescimento do consumo? Vai ser a África e a Índia porque vai haver menos gente ou mais velha, a não ser que se importem pessoas, que se aceite a mobilidade. Se não se aceitar, a população do Japão vai diminuir de 110 milhões para 90 milhões até ao fim do século e há com essa diminuição um grande envelhecimento. O consumo das novas tecnologias está com os jovens. Porque as novas tecnologias são muito difíceis de serem absorvidas completamente pela população mais envelhecida à medida que a inteligência artificial for avançando. Portanto, a África faz parte do conjunto. Para se poder ter a rentabilidade que permite àqueles que controlam a propriedade intelectual, que controlam a marca, tirarem os proveitos que permitem à sua população continuara ter o nível de vida que tem, precisam de um mercado de consumo que será o mercado africano e o mercado indiano em primeiro lugar. Nós temos aqui de construir uma espécie de pacto global que não é muito diferente daquilo que Jean-Jacques Rousseau dizia há 300 anos quando escreveu o contrato social. Ele dizia que temos de exercer uma solidariedade intergeracional que passa do âmbito familiar para o âmbito da comunidade. E que depois passou da nação para a região da União Europeia e que agora tem de passar para o mundo porque os jovens vão estar numa parte do mundo diferente da daqueles que são mais velhos. De uma forma, vá, grosseira, mas que é a grande tendência. Nós vamos preservar o planeta para quem? Para a geração vindoura. Mas preservar o planeta para a geração vindoura é preservar o planeta, em grande parte, para os africanos porque eles é que são a geração vindoura. Porque estes países têm cada vez menos fertilidade e essa fertilidade é tão baixa que ainda não existem estatísticas mas existem já estudos que mostram que mesmo uma parte significativa da população que tem nacionalidade e que tem todas as características para serem considerados cidadãos de origem dos países ocidentais, são muitas vezes crianças adotadas, *in vitro*, etc. Portanto, já não é fertilidade natural. Existe uma tal diminuição da fertilidade que as formas de substituição da fertilidade natural são cada vez mais disseminadas.

Esse contrato social global é uma evidência no sentido de que é impossível travá-lo. Mas percebe-se que haverá forças políticas sobretudo na Europa e nos Estados Unidos que vão tentar travar isso a todos os níveis. Vão tentar travar a africanização do mundo. Pois, por exemplo. Mas isso não é muito diferente, digamos, do ponto de vista filosófico do que as ideias de Rousseau provocaram na época. Quando ele dizia "não, nós não podemos só cuidar da família, temos de ter estruturas políticas que cuidam da comunidade e depois da nação", isso também não era pacífico. Houve muitas lutas, houve gente que desistiu e depois foi uma transição política para uma governação mais sofisticada e mais inclusiva. Nós estamos nesse momento de inclusividade que é imparável, mas também há forças que vão ter reações muito negativas em relação a isso. Acho que o fenómeno Trump, o fenómeno Bolsonaro, esse tipo de fenómenos populistas têm já que ver com isto. É a recusa de discutir demografia porque também há um problema demográfico sério no Brasil. A transição demográfica no

Brasil já terminou, portanto vai começar a envelhecer a população e vai começar a diminuir também. Nós temos essa reação quase natural daqueles que têm os privilégios se darem conta de que há um desmantelamento do Estado providência e das prestações sociais do Estado. E esse desmantelamento tem que ver como facto de que o número de contribuintes diminui e o numero de beneficiários aumenta. E o número de beneficiários aumenta e os custos para manter os beneficiários também aumenta porque a medicina progrediu, há acesso a muito mais possibilidades de tratamentos e exige muito mais dinheiro. Não menos, mas mais dinheiro. Porque dantes era só penicilina e nós estamos agora numa outra fase em que os custos sociais são muito mais elevados do que distribuir penicilina. Isto significa que nós temos de ir buscar os rendimentos que permitem manter o Estado social em algum lugar.

Os portugueses têm aquela ideia de que conhecem muito bem África e se calhar conhecem bem a África lusófona. Mas perceberão como está a mudar rapidamente?

As pessoas têm de perceber que a África de hoje tem um nível de sofisticação maior do que aquele que tinha há uns 15 anos, é uma África que cresce. Tem seis dos dez países que mais crescem no mundo, tem dez dos 20 países que mais crescem no mundo, é uma África que é o segundo destino de investimento em termos de crescimento mundial. Tudo isto parte de uma base muito fraca e baixa, mas, digamos, as tendências são essas.

Publicado originalmente a 12 de outubro de 2019

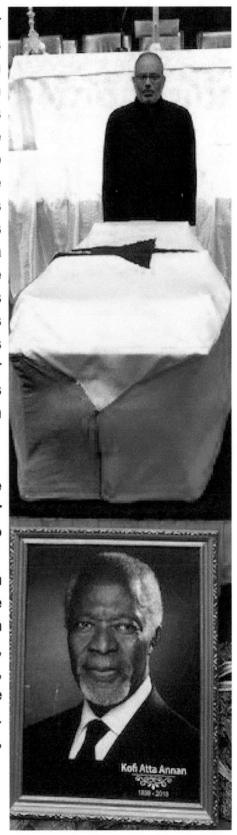

Índice Global da Fome 2020

- ■ Muito grave | 35,0 – 49,9
- ■ Grave | 20,0 – 34,9
- ■ Moderado | 10,0 – 19,9
- ■ Baixo | ≤ 9,9
- □ Não registrado / não classificado

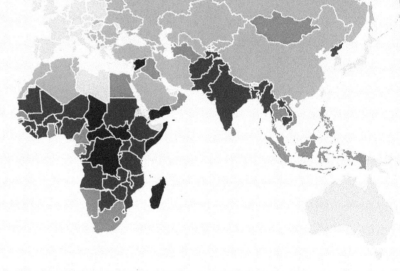

 Fonte: Deutsche Welthungerhilfe e.V.

Há cinco anos, a Organização das Nações Unidas (ONU) definiu como uma de suas metas erradicar a fome no mundo até 2030. Ou seja: todo ser humano, mesmo nos países mais pobres, deveria ter uma alimentação adequada. Mas e hoje, qual é a situação mundial? E será que estamos no caminho certo para atingir esse objetivo?

Em 2015, isso parecia algo ambicioso, mas alcançável. Afinal, a situação alimentar global melhorou muito em apenas alguns anos. Em 2000, o Índice Global da Fome (GHI, na sigla em inglês) atribuiu a todo o planeta uma pontuação de 28,2, o que significa que a situação era grave. Hoje, com uma pontuação de 18,2, a fome é vista como apenas moderada – zero, neste caso, significaria fome nenhuma, enquanto 100 seria a pior pontuação possível.

O GHI é calculado com base em quatro indicadores componentes da fome:

• Desnutrição (parcela da população com ingestão calórica insuficiente)

• Emaciação infantil (proporção de crianças menores de 5 anos que têm baixo peso em relação à altura – um reflexo de subnutrição aguda)

• Baixa estatura infantil (proporção de crianças menores de 5 anos que têm baixa estatura para a idade – evidência de desnutrição crônica)

• Mortalidade infantil (taxa de mortalidade entre crianças menores de 5 anos)

Fracasso moral

Apesar do progresso, as estatísticas recentes ainda são assustadoras: quase 690 milhões de pessoas no mundo todo sofrem de desnutrição; 144 milhões de crianças têm distúrbio de crescimento; 47 milhões de crianças apresentam emagrecimento extremo e, em 2018, 5,3 milhões de crianças morreram antes de seu quinto aniversário, frequentemente devido à desnutrição.

Em seu último relatório, a organização humanitária alemã Welthungerhilfe se refere à fome no mundo como "o maior fracasso moral e ético da nossa geração". Mesmo que a média mundial tenha melhorado, as diferenças entre regiões e países são enormes. A África Subsaariana (27,8) e o sul da Ásia (26,0) são as regiões com os piores índices de fome do mundo.

O que está impedindo o progresso no combate a esse problema? Simone Pott, porta-voz da Welthungerhilfe, cita "crises e conflitos, junto com pobreza, desigualdade, sistemas de saúde ruins e as repercussões das mudanças climáticas" como os principais fatores nesta equação.

Ela dá o exemplo de Madagascar: "O GHI é maior hoje do que em 2012. Entre os problemas do país, está o aumento da pobreza e da instabilidade política, bem como as consequências das mudanças climáticas." Mas o Congo e a República Centro-Africana são os lanternas do relatório, diz ela, com "conflitos violentos e eventos climáticos extremos retardando qualquer desenvolvimento positivo".

Os acertos do Nepal

Mas também existem exemplos positivos. Em 2000, a situação em dois países – Camarões e Nepal – era categorizada como "muito grave", mas hoje ambos estão entre as nações com índices moderados de fome.

Nos Camarões, a produção econômica per capita mais que dobrou entre 2000 e 2018, passando de 650 para 1.534 dólares, de acordo com dados do Banco Mundial.

No caso do Nepal, Simone Pott explica as razões do progresso: "Os investimentos em desenvolvimento econômico reduziram a pobreza. As intervenções no setor de saúde levaram a uma menor taxa de mortalidade infantil e a uma melhor saúde em geral. Mais investimentos na agricultura resultaram em mais segurança alimentar", diz ela.

Angola, Etiópia e Serra Leoa também tiveram grandes melhorias desde 2000, e suas pontuações no GHI caíram mais de 25 pontos. Em 2000, os três países ainda estavam na categoria "muito grave", principalmente por causa das guerras civis, que são uma das principais causas da fome e da desnutrição.

Remédio pior que a doença?

Agora uma grande incógnita entrou na equação: a covid-19 e suas consequências. Nada disso é levado em conta no relatório. Crises econômicas levam a quedas de receita. Para muitos países, isso significa que terão que importar menos alimentos. Segundo estimativas da Organização das Nações Unidas para Agricultura e Alimentação (FAO), isso poderia levar a desnutrição de até 80 milhões de pessoas a mais só nos países com importação líquida de alimentos.

Mathias Mogge, secretário-geral da Welthungerhilfe, tem receios semelhantes. "A pandemia e suas consequências econômicas têm o potencial de duplicar o número de pessoas afetadas por crises alimentares agudas", avalia.

Mesmo nos países ocidentais, muitas vezes surge a pergunta se as consequências econômicas das medidas adotadas para conter a propagação do coronavírus não seriam piores do que os problemas de saúde causados pelo próprio vírus – ou seja, se o remédio não seria pior do que a doença.

Pott acredita que esse é o caso de muitos países do Hemisfério Sul. "O lockdown teve consequências terríveis, especialmente para as milhões de pessoas que trabalham no setor informal", afirma. "De um dia para o outro, elas perderam seus rendimentos, os mercados locais tiveram que fechar, e os pequenos agricultores não puderam mais cultivar seus campos." Não é fácil, portanto, calcular o que é pior em cada país de maneira individual.

No que diz respeito à erradicação da fome no mundo até 2030, Pott também não se mostra otimista. "Infelizmente, não estamos no caminho certo", diz ela. "A tendência geral é positiva, mas o progresso é muito lento. Se a situação alimentar se desenvolver da maneira que tem sido observado até agora, 37 países provavelmente não atingirão um nível baixo de fome na escala GHI em 2030. Cerca de 840 milhões de pessoas poderão estar desnutridas – e os efeitos da pandemia de coronavírus ainda não entraram neste cálculo."

© Getty Images/AFP/P. U. Ek

ACABAREMOS COM A FOME?

2030 | 2040 | 2050 | 2060| 2070 | 2080 | 2090 | 2100 | 2110 | 2120 | 2130...
Do jeito que temos agido como humanidade
nem em 1000 anos acabaremos com a fome.

Podemos acabar rapidamente com a fome, se:
- Deixarmos de alimentar conflitos armados;
- Pararmos a maldita fabricação de armas;
- Repararmos todos os malefícios feito a África como a Escravatura e a Colonização:
- Trocarmos a dominação aos povos por AUXÍLIO;
- Descolonizar se MENTALMENTE a África;
- Investirmos no Terceiro Mundo e em África;
- Eliminarmos todas as causas da pobreza.

Celso Salles
O Autor

Quando dou comida aos pobres, me chamam de santo. Quando pergunto porque eles são pobres, chamam-me de comunista.

Dom Hélder Câmara

A fome nada mais é que o resultado de uma série de erros de centenas de anos, que nossa humanidade vem cometendo. Basta adotarmos novos valores onde o respeito à vida e o amor ao próximo sejam evidenciados, que acabaremos com a fome da face da terra.

Celso Salles
O Autor

NOVO PENSAMENTO

Para que eu seja ainda mais rico, tenho que tornar o pobre rico. ELIMINAR DE VEZ A POBREZA. Com isso vou triplicar a minha riqueza. Manter a pobreza é eliminar a riqueza a longo prazo. Qualidade de Vida para todos, absolutamente todos.

Celso Salles
O Autor

A FOME NADA MAIS É QUE O SALÁRIO DA POBREZA - Celso Salles

ACABAR COM A FOME EM ÁFRICA
Em 100 ou 1.000 ANOS?
REFLEXÕES IMPORTANTES

Como a Diáspora Africana pode contribuir e muito para ACABAR COM FOME EM ÁFRICA nos próximos 100 anos?

É uma pergunta muito pertinente, pois a diáspora africana, com raras exceções, está ainda muito longe do poder financeiro e mesmo do poder político. Basicamente, 100% de seu tempo é dedicado a sua própria sobrevivência em seu país de nascimento ou de escolha.

Se formos pensar em o que não temos ou quem não somos, chegaremos muito rapidamente à conclusão de que nada poderemos fazer nem em mil anos, quanto mais em cem.

No entanto, temos muitas qualidades e recursos que, uma vez somados podemos sim ajudar e muito na eliminação da fome em África nos próximos 100 anos. Existem ações espetaculares, mediáticas, ligadas aos EFEITOS DA OME que de fato estão bem distantes dos afro-descendentes. No entanto, pequenas ações podemos e devemos fazer, sabendo que muito dificilmente teremos os holofotes da imprensa, Prêmios Nobel e reconhecimentos gerais, mas que uma vez multiplicadas trarão significativas mudanças.

Uma vez livres de todo e qualquer tipo de vaidade é hora de iniciarmos ações práticas que visem o RESGATE DA AFRICANIDADE em nós, nos grupos que se reúnem e partirmos para pesquisas pela internet que nos mostrem a África de hoje, a mais próxima da realidade possível.

O trabalho que venho fazendo desde julho de 2007 no Canal Educasat do Youtube: www.youtube.com/educasat visa exatamente não guardar comigo todas e quaisquer percepções que eu possa registrar em território africano, visto que acabo tendo uma condição ultra especial de estar em território africano. Aliás um planejamento iniciado bem antes de pisar em solo africano como conto no livro de minha autobiografia.

Na minha visão de como contribuir e muito para acabar com a fome em África, sinto que tenho que me multiplicar, dentro e fora do continente africano A COLEÇÃO ÁFRICA mesmo, está sendo escrita exatamente para isso. Despertar NOVO Celso Salles, muito melhores, muito mais bem preparados que possam continuar e ampliar essa e novas linhas de pensamentos e de ações.

No meu convívio com pessoas de várias partes do mundo, onde pude estar presente, percebo sempre o seguinte pensamento: assim que eu ficar rico vou ajudar os pobres. Infelizmente, a maioria, tão logo melhora de vida, a primeira coisa que esquece é exatamente deste pensamento e rapidamente, boa parte, achando-se verdadeiros eleitos começa a fazer exatamente o contrário.

Quando falamos em fome, embora ela exista em proporções diferentes em todo o mundo, pelo que já pudemos ver nas páginas anteriores deste livro, a África é o EPICENTRO DA FOME NO MUNDO, por isso mesmo as reflexões nestas páginas estarão focadas em África.

A GRANDE CONEXÃO ÁFRICA E DIÁSPORA AFRICANA

Ao meu ver o grande ponto de partida é exatamente esta conexão. Como pude colocar no livro Cultura Africana O RETORNO, tenho utilizado a CULTURA, mais propriamente a MÚSICA para aproximar mais a África e sua Diáspora. Inegavelmente quem nasceu em África e mora na Diáspora tem uma melhor visão da África atual. Já quem nasceu fora de África e nunca esteve em África, acaba tendo uma visão bem longe da realidade, pois depende de informações da imprensa que além de poucas, são muito estereotipadas / tendenciosas, mostrando somente a pobreza em África, o que acaba afastando os investidores em geral.

A pobreza em África, bem como o não desenvolvimento ainda é grande interesse

de boa parte do mundo ocidental como pode ser visto no vídeo:
A RESPOSTA DE ÁFRICA É PERDÃO, AMOR E AÇÃO, CONFIRAM:

https://youtu.be/QXpjtO3tbzQ

COMBATER AS CAUSAS DA POBREZA

É um combate duro e que precisa ser travado em várias frentes. O tempo para que isso aconteça vai depender exatamente do grau de união das forças em todo o mundo.

Você que está lendo este texto deve estar pensando, " SÓ POR UM MILAGRE ISSO PODERÁ ACONTECER."

Lembro, no entanto, que nem sempre fomos assim e que todo grande incêndio começa com uma pequena fagulha.

Cada um de nós precisa colocar em sua mente que fazemos parte deste grande combate. "ISSO TAMBÉM É COMIGO". Abandonarmos a postura de vítimas e assumirmos a função de agentes da mudança, estando onde estivermos é o grande caminho a seguir.
O primeiro a mudar tenho que ser eu, depois passar a ideia a frente e deixar que ela como uma semente brote nos corações das pessoas.
As lutas entre pessoas de cores e credos diferentes precisam ser eliminadas da

face da terra.

Um novo regime político vai emergir neste novo momento que muito bem pode ser chamado de REGIME POLÍTICO DA SOLIDARIEDADE.

Não é porque herdamos o mundo como ele está que temos que continuar assim. Se já estamos sofrendo as consequências dos erros do passado, cabe-nos cuidar do futuro e fazermos história como uma nova e importante geração humana na terra.

Quem planta TÂMARAS Não Colhe TÂMARAS

Celso Salles

Existe um ditado que diz: "Quem planta tâmaras não colhe tâmaras" isso porque as tamareiras levam de 80 a 90 anos para darem os primeiros frutos. Certa vez um jovem encontrou um senhor de idade plantando tâmaras e logo perguntou: porque o senhor planta tâmaras, se o senhor não vai colher? O senhor respondeu: se todos pensassem como você, ninguém comeria tâmaras. Cultive, construa e plante ações que não sejam apenas para você, mas que sirvam para todos. Nossas ações hoje refletem o futuro. Se não é tempo de colher, é tempo de semear. Nascemos sem trazer nada, morremos sem levar nada.

E, no meio do intervalo entre a vida e a morte, brigamos por aquilo que não trouxemos e não levaremos. Pense nisso: Viva mais, ame mais, perdoe sempre e seja mais feliz. | Autor desconhecido.

E assim tem sido escrita a Coleção África. Iniciei este livro número quatro da coleção, que tem este título, exatamente porque ele reflete, em muito, o trabalho que venho fazendo e que ao ler este e outros livros que já escrevi ou mesmo que virei a escrever, fica muito claro que, a maioria do que tenho plantado, dificilmente irei colher.

Quando se chega aos 61 anos, minha idade em 27 de Janeiro de 2021, data em que iniciei a escrita deste livro, tem-se a visão de que, por mais que não queiramos, nossa hora está chegando e o "nascemos sem trazer nada, morremos sem levar nada", talvez possa ser incrementado com o "morremos, mas deixamos aquilo que plantamos. E porque é tão importante assim deixarmos nosso plantio, principalmente quando ele é um bom plantio?

Dentro do foco África, principalmente, a visão da necessidade de se plantar algo que pode não colher em vida é fundamental. A visão do curto prazo, dentro do estilo capitalista de viver, é muito forte. Poucas pessoas têm o privilégio de pensar a médio e longo prazo.

E é muito disso que a África precisa, pois as centenas de anos que viveu e ainda vive sob o comando dos colonizadores que procuram se aperfeiçoar mentalmente e com ações estruturais, no sentido de manter uma África cativa e a deriva de seus interesses, faz-se fundamental pensar e traçar ações de curto, médio e longo prazo rumo a uma NOVA DESCOLONIZAÇÃO DE ÁFRICA.

Dentro dos objetivos traçados pela ONU de acabar com a fome em 2030, vemos que estamos muito longe disso, como pude detalhar no livro A Importância da Diáspora Africana na NOVA DESCOLONIZAÇÃO DA ÁFRICA.

A fome nada mais é que o salário da Pobreza, uma pobreza plantada não só em África, mas em várias partes do mundo. Acabar com a fome é basicamente acabar com a pobreza.

É IMPOSSÍVEL?

De forma alguma. Apenas temos que encarar as raízes da pobreza. Se não tivermos a coragem e a inteligência de mudarmos, vamos conviver com este ESCÂNDALO MUNDIAL por muito tempo. Por várias gerações.

O acabar com a pobreza e consequentemente com a fome começa ao PENSAR NO OUTRO EM PRIMEIRO LUGAR, em todos os níveis, pessoal e governamental.

Ir contra inúmeros interesses que alimentam alguns grupos com milhões de dólares, que nunca se importam se esses dólares são oriundos de guerras plantadas e armas vendidas ou mesmo de qualquer outro tipo de ação nociva aos seres humanos.

Como um primeiro tópico, vamos ver uma das estruturas mais bem organizadas do mundo. A UNIÃO EUROPÉIA. Através da Plataforma Digital, com foco para a European External Action Service - EEAS: eeas.europa.eu, um serviço que completou em 01 de Janeiro de 2021, exatos 10 anos de existência.

EEAS - European External Action Service: É o serviço diplomático da União Europeia. Ajuda o chefe dos negócios estrangeiros da UE - o Alto Representante para os Negócios Estrangeiros e a Política de Segurança - a levar a cabo a Política Externa e de Segurança Comum da União.

Um aspecto fundamental do trabalho do SEAE é a sua capacidade de trabalhar em estreita colaboração com os ministérios dos Negócios Estrangeiros e da Defesa dos Estados-Membros da UE e de outras instituições da UE, como a Comissão Europeia, o Conselho e o Parlamento. Ele também tem um forte relacionamento de trabalho com as Nações Unidas e outras organizações internacionais.

Com sede em Bruxelas, mas contando com uma ampla rede de presença diplomática da UE em todo o mundo, o SEAE reúne funcionários europeus, diplomatas dos serviços estrangeiros dos Estados-Membros da UE e funcionários locais em países de todo o mundo.

Quartel general
O SEAE é chefiado pelo Alto Representante da UE para os Negócios Estrangeiros e a Política de Segurança / Vice-Presidente da Comissão Europeia (AR / VP) Josep Borrell.

A maior parte do trabalho diário na sede do SEAE é supervisionado pelo Secretário-Geral, coadjuvado pelos Vice-Secretários-Gerais.

O EEAS está dividido em direções geográficas e temáticas:

Cinco grandes departamentos cobrem diferentes áreas do mundo - Ásia-Pacífico, África, Europa e Ásia Central, Grande Oriente Médio e Américas.

Departamentos separados cobrem questões globais e multilaterais que incluem, por exemplo, direitos humanos, apoio à democracia, migração, desenvolvimento, resposta a crises e questões administrativas e financeiras.

O EEAS também possui importantes departamentos de planejamento e resposta a crises no âmbito da Política Comum de Segurança e Defesa (PCSD). O Estado-Maior da UE é a fonte da perícia militar coletiva no SEAE e também aconselha o Alto Representante / Vice-Presidente em questões militares e de segurança.

Conheça o EEAS do seu país e FAÇA CONTACTO.
A ÁFRICA PRECISA APROVEITAR AS SINERGIAS POSITIVAS DAS DELEGAÇÕES EEAS.

O MARKETING E A DIVULGAÇÃO

Ainda no Brasil em 2012, quando realizava as palestras BRAND ÁFRICA, era notório o desconhecimento da existência da African Union pela maioria dos presentes, se não pela totalidade. Uma percepção da African Union, que mesmo em África ainda é pequena pela maioria dos africanos. Falta de fato MARKETING E DIVULGAÇÃO SISTEMÁTICA DA AFRICAN UNION, dentro e fora do continente africano.

https://youtu.be/MOlyr8PyZWw

A IMPORTÂNCIA DO LADO SOCIAL

O lado social, principalmente em África, ganha uma importância muito grande, pois ele está ligado à maioria dos africanos.

DESAFIOS SOCIAIS:
• Distribuição de medicamentos;
• - Geração de empregos;

- Combate à fome;
- Campanhas de atendimento médico;
- Campanhas de combate ao analfabetismo;
- Merenda escolar;
- Valorização e ensino das línguas nacionais nas escolas;
- Obras de saneamento básico;
- Agricultura de subsistência;
- Oficinas de profissões;
- Transporte;
- Moradias de baixo custo.

Com o neoliberalismo privatizando tudo e o capitalismo financeiro cada vez mais voraz, os Estados enfraquecidos, resta-nos uma pergunta: Quem irá responder pelo lado social ao longo dos próximos anos?

Talvez tenhamos que criar o LUCRO SOCIAL, com bolsa de valores e tudo. A verdade é que estamos inseridos em uma ordem econômica avassaladora e o PENSAR NOVO dentro desta ordem econômica é um grande desafio. Porém é o que temos que fazer. Esse é um desafio que não podemos deixar para a próxima geração, pois pode ser tarde.

Os valores que se dedicam a título de RESPONSABILIDADE SOCIAL podem ser considerados PRÓXIMOS DE ZERO, se considerarmos o volume das necessidades sociais no mundo todo e principalmente em África.

A RIQUEZA PESSOAL OU RIQUEZA SOCIAL ?

Crescemos dentro do sonho: PRECISO FICAR RICO. E para ficar rico VALE TUDO. O vale tudo traz a LEI DO MAIS FORTE. É como se somente um pequeno percentual da humanidade tivesse o direito a tudo o que tem de melhor. Todas as vozes e pensamentos contrários são tidos como inimigos mortais.

A NOVA DESCOLONIZAÇÃO DE ÁFRICA

Como isso é possível se o PENSAMENTO que rege o mundo é todo ele na vertente do PODER, da DOMINAÇÃO DO MAIS FORTE, DO SALVE-SE QUEM PUDER. Entre nós afro-brasileiros costumamos dizer que quem emprestou sua civilização para o continente sul americano foram os africanos e não os europeus que na realidade saquearam tudo.

Nos 10 anos em que tenho a oportunidade de conviver no continente africano, próximo de inúmeras culturas, posso afirmar categoricamente que a cultura africana é muito mais civilizada e socializada que as culturas que aqui estiveram e ainda continuam, dominando mentalmente boa parte das lideranças africanas.

Esse pensamento tradicional africano é o que fez com que o continente resistisse aos séculos de dominação e continuasse existindo com muita força nos kimbos, nas aldeias e nos seios familiares.

A FORMA AFRICANA DE PENSAR está muito mais ligada a um EQUILÍBRIO HOMEM NATUREZA do que a do resto do mundo.

O complexo de superioridade dos povos de outros continentes que impuseram um complexo de inferioridade aos povos africanos é algo que precisa ser eliminado com urgência, pois no longo prazo, as probabilidades de continuidade da espécie humana em África são muito maiores.

Isso me permite dizer que a NOVA DESCOLONIZAÇÃO DE ÁFRICA pode ser algo benéfico não somente para a África como para todo o mundo que pode rever muitos dos conceitos que têm impostos como verdades únicas. O que não aconteceu no passado, ou seja, a convivência das culturas e dos pensamentos diferentes acena para o que devemos buscar nos anos vindouros.

O PERIGO DE UMA ÚNICA HISTÓRIA
Escritora Chimamanda Adichie

Nossas vidas, nossas culturas são compostas de muitas histórias sobrepostas. A escritora Chimamanda Adichie conta a história de como ela encontrou sua autêntica voz cultural - adverte-nos que se ouvirmos somente uma única história sobre uma outra pessoa ou país, corremos o risco de gerar grandes mal-entendidos.

Eu sou uma contadora de histórias e gostaria de contar a vocês algumas histórias pessoais sobre o que eu gosto de chamar "o perigo de uma história única." Eu cresci num campus universitário no leste da Nigéria. Minha mãe diz que eu comecei a ler com 2 anos, mas eu acho que 4 é provavelmente mais próximo da verdade. Então, eu fui uma leitora precoce. E o que eu lia eram livros infantis britânicos e americanos.

Eu fui também uma escritora precoce. E quando comecei a escrever, por volta dos

7 anos, histórias com ilustrações em giz de cera, que minha pobre mãe era obrigada a ler, eu escrevia exatamente os tipos de histórias que eu lia. Todos os meus personagens eram brancos de olhos azuis. Eles brincavam na neve. Comiam maçãs. (Risos) E eles falavam muito sobre o tempo, em como era maravilhoso o sol ter aparecido. (Risos) Agora, apesar do fato que eu morava na Nigéria. Eu nunca havia estado fora da Nigéria. Nós não tínhamos neve, nós comíamos mangas. E nós nunca falávamos sobre o tempo porque não era necessário.

Meus personagens também bebiam muita cerveja de gengibre porque as personagens dos livros britânicos que eu lia bebiam cerveja de gengibre. Não importava que eu não tinha a mínima ideia do que era cerveja de gengibre. (Risos) E por muitos anos depois, eu desejei desesperadamente experimentar cerveja de gengibre. Mas isso é uma outra história.

A meu ver, o que isso demonstra é como nós somos impressionáveis e vulneráveis face a uma história, principalmente quando somos crianças. Porque tudo que eu havia lido eram livros nos quais as personagens eram estrangeiras, eu convenci-me de que os livros, por sua própria natureza, tinham que ter estrangeiros e tinham que ser sobre coisas com as quais eu não podia me identificar. Bem, as coisas mudaram quando eu descobri os livros africanos. Não havia muitos disponíveis e eles não eram tão fáceis de encontrar quanto os livros estrangeiros,

mas devido a escritores como Chinua Achebe e Camara Laye eu passei por uma mudança mental em minha percepção da literatura. Eu percebi que pessoas como eu, meninas com a pele da cor de chocolate, cujos cabelos crespos não poderiam formar rabos-de-cavalo, também podiam existir na literatura. Eu comecei a escrever sobre coisas que eu reconhecia.

Bem, eu amava aqueles livros americanos e britânicos que eu lia. Eles mexiam com a minha imaginação, me abriam novos mundos. Mas a consequência inesperada foi que eu não sabia que pessoas como eu podiam existir na literatura.

Então o que a descoberta dos escritores africanos fez por mim foi: salvou-me de ter uma única história sobre o que os livros são.

Eu venho de uma família nigeriana convencional, de classe média. Meu pai era professor. Minha mãe, administradora. Então nós tínhamos, como era normal, empregada doméstica, que frequentemente vinha das aldeias rurais próximas. Então, quando eu fiz 8 anos, arranjamos um novo menino para a casa. Seu nome era Fide. A única coisa que minha mãe nos disse sobre ele foi que sua família era muito pobre. Minha mãe enviava inhames, arroz e nossas roupas usadas para sua família. E quando eu não comia tudo no jantar, minha mãe dizia: "Termine sua comida! Você não sabe que pessoas como a família de Fide não tem nada?" Então eu sentia uma enorme pena da família de Fide.

Então, um sábado, nós fomos visitar a sua aldeia e sua mãe nos mostrou um cesto com um padrão lindo, feito de ráfia seca por seu irmão. Eu fiquei atônita! Nunca havia pensado que alguém em sua família pudesse realmente criar alguma coisa. Tudo que eu tinha ouvido sobre eles era como eram pobres, assim havia se tornado impossível pra mim vê-los como alguma coisa além de pobres. Sua pobreza era minha história única sobre eles.

Anos mais tarde, pensei nisso quando deixei a Nigéria para cursar universidade nos Estados Unidos. I tinha 19 anos. Minha colega de quarto americana ficou chocada comigo. Ela perguntou onde eu tinha aprendido a falar inglês tão bem e ficou confusa quando eu disse que, por acaso, a Nigéria tinha o inglês como sua língua oficial. Ela perguntou se podia ouvir o que ela chamou de minha "música tribal" e, consequentemente, ficou muito desapontada quando eu toquei minha fita da Mariah Carey. (Risos) Ela presumiu que eu não sabia como usar um fogão.

O que me impressionou foi que: ela sentiu pena de mim antes mesmo de ter me visto. Sua posição padrão para comigo, como uma africana, era um tipo de arrogância bem intencionada, piedade. Minha colega de quarto tinha uma única história sobre a África. Uma única história de catástrofe. Nessa única história não havia possibilidade de os africanos serem iguais a ela, de jeito nenhum. Nenhuma possibilidade de sentimentos mais complexos do que piedade. Nenhuma possibilidade de uma conexão como humanos iguais.

Eu devo dizer que antes de ir para os Estados Unidos, eu não me identificava, conscientemente, como uma africana. Mas nos EUA, sempre que o tema África surgia, as pessoas recorriam a mim. Não importava que eu não sabia nada sobre lugares como a Namíbia. Mas eu acabei por abraçar essa nova identidade. E, de muitas maneiras, agora eu penso em mim mesma como uma africana. Entretanto, ainda fico um pouco irritada quando referem-se à África como um país. O exemplo mais recente foi meu maravilhoso voo dos Lagos 2 dias atrás, não fosse um anúncio de um voo da Virgin sobre o trabalho de caridade na "Índia, África e outros países." (Risos)

Então, após ter passado vários anos nos EUA como uma africana, eu comecei a entender a reação de minha colega para comigo. Se eu não tivesse crescido na Nigéria e se tudo que eu conhecesse sobre a África viesse das imagens populares, eu também pensaria que a África era um lugar de lindas paisagens, lindos animais e pessoas incompreensíveis, lutando guerras sem sentido, morrendo de pobreza e AIDS, incapazes de falar por eles mesmos, e esperando serem salvos por um estrangeiro branco e gentil. Eu veria os africanos do mesmo jeito que eu, quando criança, havia visto a família de Fide.

Eu acho que essa única história da África vem da literatura ocidental. Então, aqui temos uma citação de um mercador londrino chamado John Lok, que navegou até o oeste da África em 1561 e manteve um fascinante relato de sua viagem. Após referir-se aos negros africanos como "bestas que não tem casas", ele escreve: "Eles também são pessoas sem cabeças, que têm sua boca e olhos em seus seios."

Eu rio toda vez que leio isso, e alguém deve admirar a imaginação de John Lok. Mas o que é importante sobre sua escrita é que ela representa o início de uma tradição de contar histórias africanas no Ocidente. Uma tradição da África subsaariana como um lugar negativo, de diferenças, de escuridão, de pessoas que, nas palavras do maravilhoso poeta, Rudyard Kipling, são "metade demônio, metade criança".

E então eu comecei a perceber que minha colega de quarto americana deve ter, por toda sua vida, visto e ouvido diferentes versões de uma única história. Como um professor, que uma vez me disse que meu romance não era "autenticamente africano". Bem, eu estava completamente disposta a afirmar que havia uma série de coisas erradas com o romance, que ele havia falhado em vários lugares. Mas eu nunca teria imaginado que ele havia falhado em alcançar alguma coisa chamada autenticidade africana. Na verdade, eu não sabia o que era "autenticidade africana". O professor me disse que minhas personagens pareciam-se muito com ele, um homem educado de classe média. Minhas personagens dirigiam carros, elas não estavam famintas. Por isso elas não eram autenticamente africanos.

Mas eu devo rapidamente acrescentar que eu também sou culpada na questão da única história. Alguns anos atrás, eu visitei o México saindo dos EUA. O clima político nos EUA àquela época era tenso. E havia debates sobre imigração. E, como frequentemente acontece na América, imigração tornou-se sinônimo de mexicanos. Havia histórias infindáveis de mexicanos como pessoas que estavam espoliando o sistema de saúde, passando às escondidas pela fronteira, sendo presos na fronteira, esse tipo de coisa.

Eu me lembro de andar no meu primeiro dia por Guadalajara, vendo as pessoas indo trabalhar, enrolando tortilhas no supermercado, fumando, rindo. Eu me lembro que meu primeiro sentimento foi surpesa. E então eu fiquei oprimida pela vergonha. Eu percebi que eu havia estado tão imersa na cobertura da mída sobre os mexicanos que eles haviam se tornado uma coisa em minha mente: o imigrante abjeto. Eu tinha assimilado a única história sobre os mexicanos e eu não podia estar mais envergonhada de mim mesma. Então, é assim que se cria uma única história: mostre um povo como uma coisa, como somente uma coisa, repetidamente, e será o que eles se tornarão.

É impossível falar sobre única história sem falar sobre poder. Há uma palavra, uma palavra da tribo Igbo, que eu lembro sempre que penso sobre as estruturas de poder do mundo, e a palavra é "nkali". É um substantivo que livremente se traduz: "ser maior do que o outro." Como nossos mundos econômico e político, histórias também são definidas pelo princípio do "nkali". Como são contadas, quem as conta, quando e quantas histórias são contadas, tudo realmente depende do poder.

Poder é a habilidade de não só contar a história de uma outra pessoa, mas de fazê-la a história definitiva daquela pessoa. O poeta palestino Mourid Barghouti escreve que se você quer destituir uma pessoa, o jeito mais simples é contar sua história, e começar com "em segundo lugar". Comece uma história com as flechas dos nativos americanos, e não com a chegada dos britânicos, e você tem uma história totalmente diferente. Comece a história com o fracasso do estado africano e não com a criação colonial do estado africano e você tem uma história totalmente diferente.

Recentemente, eu palestrei numa universidade onde um estudante disse-me que era uma vergonha que homens nigerianos fossem agressores físicos como a personagem do pai no meu romance. Eu disse a ele que eu havia terminado de ler um romance chamado "Psicopata Americano" - (Risos) - e que era uma grande pena que jovens americanos fossem assassinos em série. (Risos) (Aplausos) É óbvio que eu disse isso num leve ataque de irritação. (Risos)

Nunca havia me ocorrido pensar que só porque eu havia lido um romance no qual uma personagem era um assassino em série, que isso era, de alguma forma, representativo de todos os americanos. E agora, isso não é porque eu sou uma pessoa melhor do que aquele estudante, mas, devido ao poder cultural e econômico da América, eu tinha muitas histórias sobre a América. Eu havia lido Tyler, Updike, Steinbeck e Gaitskill. Eu não tinha uma única história sobre a América.

Quando eu soube, alguns anos atrás, que escritores deveriam ter tido infâncias realmente infelizes para ter sucesso, eu comecei a pensar sobre como eu poderia inventar coisas horríveis que meus pais teriam feito comigo. (Risos) Mas a verdade é que eu tive uma infância muito feliz, cheia de risos e amor, em uma família muito unida.

Mas também tive avós que morreram em campos de refugiados. Meu primo Polle morreu porque não teve assistência médica adequada. Um dos meus amigos mais próximos, Okoloma, morreu num acidente aéreo porque nossos caminhões de bombeiros não tinham água. Eu cresci sob governos militares repressivos que desvalorizavam a educação, então, por vezes, meus pais não recebiam seus salários. E então, ainda criança, eu vi a geleia desaparecer do café-da-manhã, depois a margarina desapareceu, depois o pão tornou-se muito caro, depois o leite ficou racionado. E acima de tudo, um tipo de medo político normalizado invadiu nossas vidas.

Todas essas histórias fazem-me quem eu sou. Mas insistir somente nessas histórias negativas é superficializar minha experiência e negligenciar as muitas outras histórias que formaram-me. A única história cria estereótipos. E o problema com estereótipos não é que eles sejam mentira, mas que eles sejam incompletos. Eles fazem um história tornar-se a única história.

Claro, África é um continente repleto de catástrofes. Há as enormes, como as terríveis violações no Congo. E há as depressivas, como o fato de 5.000 pessoas candidatarem-se a uma vaga de emprego na Nigéria. Mas há outras histórias que não são sobre catástrofes. E é muito importante, é igualmente importante, falar sobre elas.

Eu sempre achei que era impossível relacionar-me adequadamente com um lugar ou uma pessoa sem relacionar-me com todas as histórias daquele lugar ou pessoa. A consequência de uma única história é essa: ela rouba das pessoas sua dignidade. Faz o reconhecimento de nossa humanidade compartilhada difícil. Enfatiza como nós somos diferentes ao invés de como somos semelhantes.

E se antes de minha viagem ao México eu tivesse acompanhado os debates sobre imigração de ambos os lados, dos Estados Unidos e do México? E se minha mãe nos tivesse contado que a família de Fide era pobre E trabalhadora? E se nós tivéssemos uma rede televisiva africana que transmitisse diversas histórias africanas para todo o mundo? O que o escritor nigeriano Chinua Achebe chama "um equilíbrio de histórias."

E se minha colega de quarto soubesse do meu editor nigeriano, Mukta Bakaray, um homem notável que deixou seu trabalho em um banco para seguir seu sonho e começar uma editora? Bem, a sabedoria popular era que nigerianos não gostam de literatura. Ele discordava. Ele sentiu que pessoas que podiam ler, leriam se a literatura se tornasse acessível e disponível para eles.

Logo após ele publicar meu primeiro romance, eu fui a uma estação de TV em Lagos para uma entrevista. E uma mulher que trabalhava lá como mensageira veio a mim e disse: "Eu realmente gostei do seu romance, mas não gostei do final. Agora você tem que escrever uma sequência, e isso é o que vai acontecer..." (Risos) E continuou a me dizer o que escrever na sequência. Agora eu não estava apenas encantada, eu estava comovida. Ali estava uma mulher, parte das massas comuns de nigerianos, que não se supunham ser leitores. Ela não tinha só lido o livro, mas ela havia se apossado dele e sentia-se no direito de me dizer o que escrever na sequência.

Agora, e se minha colega de quarto soubesse de minha amiga Fumi Onda, uma mulher destemida que apresenta um show de TV em Lagos, e que está determinada a contar as histórias que nós preferimos esquecer? E se minha colega de quarto soubesse sobre a cirurgia cardíaca que foi realizada no hospital de Lagos na semana passada? E se minha colega de quarto soubesse sobre a música nigeriana contemporânea? Pessoas talentosas cantando em inglês e Pidgin, e Igbo e Yoruba e Ijo, misturando influências de Jay-Z a Fela, de Bob Marley a seus avós. E se minha colega de quarto soubesse sobre a advogada que recentemente foi ao tribunal na Nigéria para desafiar uma lei ridícula que exigia que as mulheres tivessem o consentimento de seus maridos antes de renovarem seus passaportes? E se minha colega de quarto soubesse sobre Nollywood, cheia de pessoas inovadoras fazendo filmes apesar de grandes questões técnicas? Filmes tão populares que são realmente os melhores exemplos de que nigerianos consomem o que produzem. E se minha colega de quarto soubesse da minha maravilhosamente ambiciosa trançadora de cabelos, que acabou de começar seu próprio negócio de vendas de extensões de cabelos? Ou sobre os milhões de outros nigerianos que começam negócios e às vezes fracassam, mas continuam a fomentar ambição?

Toda vez que estou em casa, sou confrontada com as fontes comuns de irritação da maioria dos nigerianos: nossa infraestrutura fracassada, nosso governo falho. Mas também pela incrível resistência do povo que prospera apesar do governo, ao invés de devido a ele. Eu ensino em workshops de escrita em Lagos todo verão. E é extraordinário pra mim ver quantas pessoas se inscrevem, quantas pessoas estão ansiosas por escrever, por contar histórias.

Meu editor nigeriano e eu começamos uma ONG chamada Farafina Trust. E nós temos grandes sonhos de construir bibliotecas e recuperar bibliotecas que já existem e fornecer livros para escolas estaduais que não tem nada em suas bibliotecas, e também organizar muitos e muitos workshops, de leitura e escrita para todas as pessoas que estão ansiosas para contar nossas muitas histórias. Histórias importam. Muitas histórias importam. Histórias tem sido usadas para expropriar e tornar malígno. Mas histórias podem também ser usadas para capacitar e humanizar. Histórias podem destruir a dignidade de um povo, mas histórias também podem reparar essa dignidade perdida.

A escritora americana Alice Walker escreveu isso sobre seus parentes do sul que haviam se mudado para o norte. Ela os apresentou a um livro sobre a vida sulista que eles tinham deixado para trás. "Eles sentaram-se em volta, lendo o livro por si próprios, ouvindo-me ler o livro e um tipo de paraíso foi reconquistado." Eu gostaria de finalizar com esse pensamento: Quando nós rejeitamos uma única história, quando percebemos que nunca há apenas uma história sobre nenhum lugar, nós reconquistamos um tipo de paraíso. Obrigada. (Aplausos)

De fato, verdades únicas têm sido contadas ao longo de centenas de anos e, precisamos desconstruir esse tipo de coisa. Ainda hoje, verdades que atendem diversos interesses são contadas, sem levar em conta outras verdades existentes. A somatória das verdades é fundamental para que possamos ter uma visão mais real.

A expressão "tem um fundo de verdade" talvez seja o mais apropriado, já levando em conta outras importantes visões.

Se pensarmos em REALIDADE, podemos contemplar inúmeras verdades. Se utilizarmos o termo VISÃO, podemos inclusive melhorar a VERDADE, que pode ser composta por várias visões.

VALOR AGREGADO DE PESSOAS E ESTRUTURAS

Tenho utilizado há anos este termo VALOR AGREGADO para analisar vários contactos que diariamente acabam chegando. Nisso, o Google ajuda bastante, pois ao colocar o nome da pessoa ou mesmo da Organização na pesquisa Google, pode-se ter acesso a boa parte das realizações destes contactos. Com as informações coletadas pode-se separar o joio do trigo com muito mais facilidade. Fazer a comparação do que se faz com o que se fala que faz.

A IMPORTÂNCIA DA CONSTRUÇÃO DAS MEMÓRIAS

Todos os que puderem, devem escrever suas memórias. Por mais que possam parecer simples ou mesmo sem grande interesse, são fundamentais para a realização de inúmeras análises e acabam servindo como importante base para a construção de inúmeras verdades.

Nem sempre aquilo que é midiático é o que mais importa. Famosos e mais famosos caíram no esquecimento ao longo do tempo, exatamente porque se encantaram com o barulho da mídia e se esqueceram de escrever suas memórias, biografias e visões.

Outro impedimento que acaba influindo muito para que poucas pessoas escrevam suas verdades é o famoso: ISSO NÃO DÁ DINHEIRO. Pronto, mais uma vez a visão capitalista limitando tudo.

Eu me lembro muito bem, quando do surgimento da Televisão, muitos visionários diziam que a Rádio iria acabar. Esses visionários, muitos já morreram e o Rádio continua mais vivo do que nunca.

O mesmo se dizia da comunicação escrita, livros, jornais e revistas. Iam todos morrer com o advento da Internet. Também não morreram e nem vão morrer. Os meios físicos para se acessar a internet ainda podem ser considerados elitizados em boa parte do mundo.

Em muitos salões de beleza podemos ver revistas de 3 e até 5 anos atrás sendo utilizadas como distração enquanto o cliente aguarda a sua vez para ser atendido.

Os livros demoram, mas chegam. E quando chegam possuem um grande poder de transformação. Nem sempre a velocidade da comunicação é o mais importante no médio e longo prazo.

A NOVA DESCOLONIZAÇÃO DE ÁFRICA passa necessariamente pela escrita das VERDADES AFRICANAS ou mesmo de verdades À PARTIR DAS VISÕES AFRICANAS.

Foto de Fatima Garnacho-Engelke

DEIXEM AS
POETIZAS
FALAREM

Amanda Gorman
Estados Unidos
22 anos em 2021

Uracila Francisco
Angola
16 anos em 2021

Uracila Stela Francisco, nascida em Luanda, Angola, aos 27 de Julho de 2004, tem 16 anos de idade, no dia em que escrevo esta página do livro (03/02/2021). Mora no Distrito de Maianga. Viveu a metade de sua vida em Cacuaco e outra em Viana. É estudante do ensino médio. Estuda Mecatrônica no IMIL - Instituto Médio Industrial de Luanda. É apaixonada por todo tipo de artes, mas a que ela mais se identifica e pratica, é a literatura. Começou a escrever com 7 anos de idade, quando fazia apenas fábulas. Com 111 anos escreveu o seu primeiro poema, obrigada pelo professor de Língua Portuguesa, juntamente com mais dois amigos formaram um trio e o poema foi o melhor da turma, o tema foi "amor à primeira vista".

Dedicou-se à escrita de poemas por um tempo, mas depois parou e passou a escrever histórias. Ficou 2 anos sem escrever poemas.
Agora escreve poemas e estórias.
Fazia apenas poesia clássica, agora também faz spoken word.

Nunca tinha declamado antes, a sua primeira vez foi no concurso Muhatu Spoken, onde passou na final apenas.
Atuou na exposição de fotos do fotógrafo Leonardo Tomás.

Em países diferentes, em realidades diferentes, cada uma delas fala dos momentos em que vivem e, a poesia, principalmente quando colocada a serviço do ATIVISMO SOCIAL, ganha uma importância ímpar.

Os diversos mecanismos existentes precisam se esforçar no sentido de dar vozes aos poetas. Dar visibilidade para suas poesias. E foi o que aconteceu no dia 20 de Janeiro de 2021, quando o mundo foi pego de surpresa com a poetisa Armanda Gorman.

NOVA YORK - Aos 22 anos, a poetisa Amanda Gorman, escolhida para ler na posse do presidente eleito Joe Biden, já tem um histórico de escrita para ocasiões oficiais.

"Eu meio que tropecei nesse gênero. É algo em que encontro muitas recompensas emocionais, escrever algo que faça as pessoas se sentirem tocadas, mesmo que seja apenas por uma noite ", diz Gorman.

O residente de Los Angeles escreveu para tudo, desde uma celebração de 4 de julho com a Boston Pops Orchestra à inauguração na Universidade de Harvard, sua alma mater, do presidente da escola Larry Bacow.

Quando ela ler na próxima quarta-feira, ela estará dando continuidade a uma tradição - para presidentes democratas - que inclui poetas famosos como Robert Frost e Maya Angelou. O último "On the Pulse of Morning", escrito para a posse do presidente Bill Clinton em 1993, vendeu mais de 1 milhão de cópias quando publicado em forma de livro. Entre os leitores recentes estão os poetas Elizabeth Alexander e Richard Blanco, com quem Gorman manteve contato.

"Nós três estamos juntos em mente, corpo e espírito", diz ela.

Gorman é o poeta inaugural mais jovem de que há memória, e ela já foi notícia antes. Em 2014, ela foi nomeada a primeira Poeta Laureada Jovem de Los Angeles e, três anos depois, ela se tornou a primeira Poetisa Laureada Nacional Jovem do país. Ela apareceu na MTV; escreveu uma homenagem aos atletas negros para a Nike; e tem um contrato de dois livros com a Viking Children's Books. O primeiro trabalho, o livro de imagens "Change Sings", será lançado ainda este ano.

Gorman diz que ela foi contatada no final do mês passado pelo comitê inaugural de Biden. Ela conheceu várias figuras públicas, incluindo a ex-secretária de Estado Hillary Rodham Clinton e a ex-primeira-dama Michelle Obama, mas diz que vai se encontrar com os Bidens pela primeira vez. Os Bidens, aparentemente, estão cientes dela: Gorman diz que os oficiais inaugurais lhe disseram que ela foi recomendada pela primeira-dama que estava entrando, Jill Biden.

Ela está chamando seu poema inaugural de "The Hill We Climb", embora se recuse a visualizar qualquer linha. Gorman diz que não recebeu instruções específicas sobre o que escrever, mas foi encorajada a enfatizar a unidade e a esperança ao invés de "denegrir alguém" ou declarar "ding, dong, a bruxa está morta" sobre a saída do presidente Donald Trump.

O cerco ao Capitólio dos EUA na semana passada por partidários de Trump que buscam derrubar a eleição foi um desafio para manter um tom positivo, mas também uma inspiração. Gorman diz que teve 5 minutos para ler, e antes do que ela descreveu durante uma entrevista como "a insurreição confederada" de 6 de janeiro, ela havia escrito apenas cerca de 3 a 1-2 minutos.

A duração final é de cerca de 6 minutos.

"Aquele dia me deu uma segunda onda de energia para terminar o poema", diz Gorman, acrescentando que ela não se referirá diretamente a 6 de janeiro, mas "tocará" nele. Ela disse que os eventos da semana passada não mudaram o poema em que ela estava trabalhando porque não a surpreenderam.

"O poema não é cego", diz ela. "Não é dar as costas às evidências de discórdia e divisão."

Em outros escritos, Gorman homenageou seus ancestrais negros, reconheceu e revelou sua própria vulnerabilidade ("Gloriosa em minha fragmentação", escreveu ela) e enfrentou questões sociais. Seu poema "In This Place (An American Lyric)", escrito para a leitura inaugural de 2017 da poetisa Laureate Tracy K. Smith, condena a marcha racista em Charlottesville, Virgínia ("tiki tocches string a ring of flame") e levanta sua forma de arte como uma força para a democracia:

Os tiranos temem o poeta.
Agora que sabemos
não podemos estragar tudo.
Nós devemos isso
para mostrar isso
não desacelere

Gorman tem um raro status de poeta e sonha com outras cerimônias. Ela adoraria ler nas Olimpíadas de 2028, programadas para serem realizadas em Los Angeles, e em 2037 não se importaria de se encontrar em uma posição ainda mais especial na posse presidencial - como a nova executiva-chefe.

"Vou dizer a Biden que voltarei", disse ela com uma risada.

A ex-poetisa jovem nacional norte-americana, laureada, Amanda Gorman deixou o mundo sem palavras com seu poema na posse do presidente Joe Biden e da vice-presidente Kamala Harris na quarta-feira (20 de janeiro de 2021). Para mim, foi o ponto alto de toda a cerimônia. Com uma POESIA, Ms AMANDA GORMAN fez um verdadeiro TRATADO DE UMA NOVA GERAÇÃO E UMA NOVA HUMANIDADE. Não podemos deixar de igualmente elogiar QUEM A COLOCOU NO EVENTO para dar este VERDADEIRO SHOW de palavras e de SABEDORIA. A ÁFRICA E A DIÁSPORA AFRICANA EM TODO MUNDO COMEMORA. A primeira-dama Jill Biden escolheu a poetisa de 22 anos de Los Angeles e graduada em Harvard para recitar seu poema original "The Hill We Climb", sobre a nação retornando à cura, esperança e harmonia.
Celso Salles
Educasat World.

https://youtu.be/hJfb13mkuBE

THE HILL WE CLIMB

When day comes we ask ourselves, where can we find light in this never-ending shade? The loss we carry, a sea we must wade. We've braved the belly of the beast, We've learned that quiet isn't always peace, and the norms and notions of what just is isn't always just-ice. And yet the dawn is ours before we knew it. Somehow we do it. Somehow we've weathered and witnessed a nation that isn't broken, but simply unfinished. We the successors of a country and a time where a skinny Black girl descended from slaves and raised by a single mother can dream of becoming president only to find herself reciting for one. And yes we are far from polished. Far from pristine. But that doesn't mean we are striving to form a union that is perfect. We are striving to forge a union with purpose, to compose a country committed to all cultures, colors, characters and conditions of man. And so we lift our gazes not to what stands between us, but what stands before us. We close the divide because we know, to put our future first, we must first put our differences aside. We lay down our arms so we can reach out our arms to one another. We seek harm to none and harmony for all. Let the globe, if nothing else, say this is true, that even as we grieved, we grew, that even as we hurt, we hoped, that even as we tired, we tried, that we'll forever be tied together, victorious. Not because we will never again know defeat, but because we will never again sow division. Scripture tells us to envision that everyone shall sit under their own vine and fig tree and no one shall make them afraid. If we're to live up to our own time, then victory won't lie in the blade. But in all the bridges we've made, that is the promise to glade, the hill we climb. If only we dare. It's because being American is more than a pride we inherit, it's the past we step into and how we repair it. We've seen a force that would shatter our nation rather than share it. Would destroy our country if it meant delaying democracy. And this effort very nearly succeeded. But while democracy can be periodically delayed, it can never be permanently defeated. In this truth, in this faith we trust. For while we have our eyes on the future, history has its eyes on us. This is the era of just redemption we feared at its inception. We did not feel prepared to be the heirs of such a terrifying hour but within it we found the power to author a new chapter. To offer hope and laughter to ourselves. So while once we asked, how could we possibly prevail over catastrophe? Now we assert, How could catastrophe possibly prevail over us? We will not march back to what was, but move to what shall be. A country that is bruised but whole, benevolent but bold, fierce and free. We will not be turned around or interrupted by intimidation, because we know our inaction and inertia will be the inheritance of the next generation. Our blunders become their burdens. But one thing is certain, If we merge mercy with might, and might with right, then love becomes our legacy, and change our children's birthright. So let us leave behind a country better than the one we were left with. Every breath from my bronze-pounded chest, we will raise this wounded world into a wondrous one. We will rise from the gold-limbed hills of the west. We will rise from the windswept northeast, where our forefathers first realized revolution. We will rise from the lake-rimmed cities of the midwestern states. We will rise from the sunbaked south. We will rebuild, reconcile and recover. And every known nook of our nation and every corner called our country, our people diverse and beautiful will emerge, battered and beautiful. When day comes we step out of the shade, aflame and unafraid, the new dawn blooms as we free it. For there is always light, if only we're brave enough to see it. If only we're brave enough to be it.

A COLINA QUE ESCALAMOS

Quando chega o dia, nos perguntamos, onde podemos encontrar luz nesta sombra sem fim? A perda que carregamos, um mar que devemos navegar. Nós enfrentamos a barriga da besta. Aprendemos que o silêncio nem sempre é paz. E as normas e noções do que é justo, Nem sempre é justiça. E, ainda assim, o amanhecer é nosso antes de sabermos disso. De alguma forma nós fazemos isso. De alguma forma, nós resistimos e testemunhamos uma nação que não está quebrada mas simplesmente inacabada, Nós, os sucessores de um país e de uma época, Onde uma garota negra magra, descendente de escravos e criada por uma mãe solteira pode sonhar em se tornar presidente apenas para se descobrir recitando para um. E sim, estamos longe de ser polidos longe de sermos intocados mas isso não significa que estamos nos esforçando para formar uma união perfeita. Estamos nos esforçando para formar uma união com um propósito Para compor um país comprometido com todas as culturas, cores, personagens e condições do homem. E, então, levantamos nossos olhares não para o que está entre nós mas para o que está diante de nós. Fechamos a divisão porque sabemos que, para colocar nosso futuro em primeiro lugar, devemos primeiro colocar nossas diferenças de lado. Abaixamos nossas armas para que possamos estender nossos braços uns para os outros. Não queremos o mal a ninguém e queremos a harmonia para todos Deixe o mundo se disserem que isso não é verdade: Que mesmo enquanto sofríamos, crescíamos. Que mesmo sofrendo, esperávamos Que mesmo cansados, tentávamos Que estaremos para sempre ligados, vitoriosos. Não porque nunca mais conheceremos a derrota mas porque nunca mais semearemos a separação. A Escritura nos diz para imaginar que todos se sentarão sob sua própria videira e figueira. E ninguém os assustará Se quisermos viver de acordo com nosso próprio tempo. Então a vitória não estará na lâmina. Mas em todas as pontes que fizemos Essa é a promessa da clareira. A montanha que escalamos Se apenas ousássemos É porque ser americano é mais do que um orgulho que herdamos, é um passado em que entramos e como consertamos. Vimos uma força que destruiria nossa nação em vez de compartilhá-la. Iria destruir nosso país se isso significasse atrasar a democracia. E esse esforço quase teve sucesso. Mas, embora a democracia possa ser periodicamente adiada. Ela nunca poderá ser permanentemente anulada Nesta verdade nesta fé nós confiamos. Enquanto temos nossos olhos no futuro a história tem seus olhos em nós. Esta é a era da redenção justa. Temíamos desde o início. Não nos sentíamos preparados para ser os herdeiros de um momento tão aterrorizante mas dentro dele encontramos o poder para escrever um novo capítulo Para oferecer esperança e alegria a nós mesmos. Então, embora tivéssemos nos perguntado como poderíamos prevalecer diante da catástrofe? Agora nós afirmamos. Como a catástrofe poderia prevalecer sobre nós? Não marcharemos de volta para o que era mas nos moveremos para o que será. Um país ferido, mas inteiro benevolente, mas ousado feroz e livre. Não seremos desviados ou interrompidos por intimidação porque sabemos que nossa inação e inércia serão a herança da próxima geração. Nossos erros tornam-se seus fardos. Mas uma coisa é certa: Se fundirmos misericórdia com força e força com direito, então o amor se torna nosso legado e muda o direito de nascença de nossos filhos. Então, vamos deixar para trás um país melhor do que aquele no qual fomos deixados. Cada respiração do meu peito de bronze nós transformaremos este mundo ferido a maravilhoso. Nós nos ergueremos das colinas com ramos dourados do oeste, nos ergueremos do nordeste varrido pelo vento onde nossos antepassados realizaram a revolução. Vamos nos erguer das cidades rodeadas por lagos dos estados do meio-oeste. Nós nos levantaremos do sul queimado de sol. Nós reconstruiremos, reconciliaremos e recuperaremos e cada canto conhecido de nossa nação e e cada canto chamado de nosso país, nosso povo diverso e belo surgirá, danificado e belo. Quando chega o dia, saímos da sombra, em chamas e sem medo. O novo amanhecer floresce à medida que o libertamos. Pois sempre há luz, se apenas formos corajosos o suficiente para ver isso. Se apenas formos corajosos o suficiente para sermos isso.

SE ESFORÇAR EM MANTER A RAÇA NEGRA FORA DA RIQUEZA É UMA BURRICE DE SÉCULOS.

Enriquecer a raça negra é ficar ainda mais rico. É a raça que mais se reproduz e com a maior quantidade de indivíduos economicamente ativos. EMPODERAR A RAÇA NEGRA É FICAR AINDA MAIS PODEROSO.

Utilizando o Brasil como exemplo, cujas forças dominantes fazem de tudo para impedir a evolução da raça negra, são burros. Falta-lhes inteligência. Se a maioria no Brasil é negra, criar mecanismos para que esta maioria se desenvolva é DESENVOLVER O BRASIL na velocidade da luz. O mesmo vale para o resto do mundo no tocante a África. Criar mecanismos corruptos para obter vantagens que não seriam obtidas de forma correta, também é muita burrice. Não tem inteligência nisso. DESENVOLVER AS POTENCIALIDADES EM ÁFRICA é INTELIGÊNCIA.

Um Exército
de Ideias
e Pensamentos

Celso Salles

AFRICANO DE ALMA - AFRICAN SOUL

educasat

Editora

Ainda não defini o conteúdo do livro 6, da coleção África, no entanto, posso afirmar com certeza que o conteúdo que estarei disponibilizando neste livro 5, AFRICANO DE ALMA - Um Exército de Ideias e Pensamentos irá deixar um imenso contributo, tâmaras deliciosas a serem colhidas no próximo século. O mundo como tal hoje, no ano de 2021 foi literalmente virado de pernas para o ar, em virtude da Pandemia do Covid 19, suas variações e a necessidade de se ter ações e atitudes conjuntas, pois não basta erradicar o vírus no meu país. Temos que erradicar no mundo todo. Se enxergarmos a POBREZA como um vírus e tomarmos medidas iguais, vamos igualmente erradicar a fome da face da Terra. Em África, como muito bem disse a angolana Luzolo Lungoji em sua Palestra AFRICANO DE ALMA que estaremos disponibilizando neste livro, se os governos ao longo do tempo tivessem tomado iguais medidas no combate e malária, ela já teria sido eliminada da face da terra. Tudo o que mata pobre e preto precisa ser absorvido como prioridade número um por esta nova legião de AFRICANOS DE ALMA, cuja semente foi lançada em Angola no dia 28 de Maio de 2021, mas que, com a internet e mesmo este livro irá CONTAMINAR O MUNDO. À partir do momento que eu, super branco, de olhos verdes ou azuis me vejo como um AFRICANO DE ALMA, muitos pensamentos plantados por anos de dominação começam a serem extinguidos e a raiz do racismo que me foi plantada começa a secar. À partir do momento que eu afro descendente entendo que a pele escura, o cabelo carapinha não me dá nenhuma legitimidade africana, também irei me transformar em um AFRICANO DE ALMA e com gestos concretos irei trabalhar em prol do povo negro, dentro e fora da África. Em minhas andanças por países em África observo a sede de muitos jovens africanos em viver fora de África, o que muito de longe, lhes tira a ALMA AFRICANA. Permanecer em África, estudar, se preparar e transformar o seu continente em um continente próspero e com muita qualidade de vida é o desafio que permeia essa nova geração de Luzolos, Andrés, Elizandras...

Vamos direto ao assunto, sem rodeios e, iniciar nossos trabalhos com importantes textos do livro A NOVA DESCOLONIZAÇÃO DE ÁFRICA do autor angolano Bitombokele Lei Gomes Lunguani.

Esta obra, escrita por Bitombokele Lei Gomes Lunguani inaugura um novo e importante período na História da Humanidade, que segundo o próprio autor coloca de forma muito bem clara, irá ser concretizado nos próximos 100 anos, que será a NOVA DESCOLONIZAÇÃO DE ÁFRICA, a ser construída em bases sólidas (mandombe), espirituais e científicas à partir dos cem anos do início das obras de Simon Kimbangu, o protagonista do RENASCIMENTO AFRICANO MODERNO. Valorosos RENASCENTISTAS estarão sendo forjados ainda nos ventres de suas mães, com as almas 100% africanas, livres dos grilhões impostos por séculos de escravidão e colonização, desprogramados mentalmente para pensarem, agirem, criarem e conduzirem a humanidade como um todo, rumo a compreensão e amor ao próximo, baseando-se no trinômio, AMOR, MANDAMENTO E TRABALHO, atuando finalmente com maior profundidade no UNIVERSO METAFÍSICO, conduzidos pelas novas e importantes revelações de Papá Simon Kimbangu. Prefácio - Celso Salles.

O livro apresenta 6 capítulos distribuídos em 180 páginas e pode ser adquirido na www.amazon.com - Basta digitar no campo PROCURA o nome Bitombokele que o livro já irá aparecer. No AFRICANO DE ALMA estarei com a autorização do autor, trazendo algumas páginas que considero de fundamental importância para o conhecimento dos milhares e milhares de AFRICANOS DE ALMA em todo o mundo. Para entendermos o atual momento em que vivemos, os pensamentos que nos foram plantados por dezenas de séculos é fundamental que conheçamos esses pensamentos que nos foram impregnados e traçamos um planejamento para NOVAS IDEIAS, COM NOVOS PENSAMENTOS sendo implantados no Espírito AFRICANO DE ALMA.

ENQUADRAMENTO DO CONCEITO RACIAL E DO RACISMO

Numa das suas palestras de motivação e desenvolvimento pessoal, o Professor Bob Proctor, colocava a um dos seus estudantes afro americano uma questão embaraçosa e aparentemente ridícula: Qual é a sua cor? e qual é a minha cor?

Perante a hesitação do estudante que se deparava diante de uma questão tão sensível e complexa, Bob respondia: ele próprio nesses termos: « ... Obviamente, sei que vai me dizer que o senhor é Negro e eu sou Branco. Mas, a verdade é que nem eu sou Branco, nem o senhor é Negro...a pele da pessoa pode ser escura mas não é Negra; pode ser clara, mas não é Branco. Pois se porventura aparecer cá uma pessoa branca, provavelmente gostaríamos e sairemos daqui correndo. ».

Segundo o Professor, o ser humano é controlado por um programa mental que determina exclusivamente toda sua atividade vital habitual. Esse programa mental é chamado de paradigma. E a nossa percepção ou a nossa maneira de ver é influenciada pelo nosso paradigma..

Desenvolvendo a sua filosofia, o Professor Proctor, nos levou a observar que o ser humano tem um problema sério de percepção; ele não vê com os seus próprios olhos, ele vê através dos seus olhos. Mas enxerga com células de reconhecimentos do seu cérebro. E essa problemática de percepção tem uma influência (negativa ou positiva) considerável e pertinente na sua maneira de pensar e fazer as coisas. Na mesma linha de pensamento, é sem dúvida evidente que quando se muda a perspectiva de ver algo, esse algo se transforma.

No quadro da nossa campanha da luta contra o racismo relativamente ao principio da percepção que acabamos de abordar, a seguinte dedução: mereceria ser esboçada: se porventura a cor da pele for o elemento fulcral que alimenta os sentimentos da discriminação racial, isso implica que o racismo é um fenómeno social baseado numa realidade sem fundamento racional. Pois, de facto, a Raça Branca não existe tal como a raça Negra também não existe; certamente e racionalmente há apenas uma raça que é a Raça Humana. Gostaríamos aproveitar para enaltecer algumas considerações sobre a raça e o racismo nessa obra.

GENERALIDADE SOBRE A POBREZA
E A OPRESSÃO DOS AFRICANOS

Durante 17 anos de pesquisas, descobrimos quatro tipos de pobreza que atuam na vida de um ser humano africano principalmente o Negro:
pobreza espiritual, pobreza intelectual, pobreza moral, pobreza social.

Pobreza espiritual
É a falta de um modelo de espiritualidade humanista adequada e genuinamente africano que pode garantir a proteção, o desenvolvimento da personalidade espiritual e sócio-científico do continente africano.

Pobreza moral

É a depravação da ética positiva da cultura africana que não permite praticar boas ações na sociedade. A pobreza moral em outras palavras é uma perversão da substância cultural universal que tem provocado desvios sociais e vergonha na sociedade africana. Neste caso, pode se mencionar actos tais como: defecar ou urinar na rua, deitar o lixo nos lugares impróprios, vício de (álcool, tabaco, droga), a imitação da libertinagem sexual ocidental, homo sexualidade, nudismo e trages indecentes das mulheres pela influência negativa da Civilização ocidental.

Pobreza intelectual

É uma crise epistemológica que revela a incapacidade de criatividade intelectual, para contextualizar e codificar os conhecimentos universais numa linguagem apropriada à cultura ou linguagem genuinamente africana a fim de preconizar o bem-estar social dos africanos e afrodescendentes. A pobreza intelectual é a demostração da incapacidade inventiva ou infertilidade epistemológica que o Negro tem demostrado.

Pobreza social

É o somatório da pobreza espiritual, moral e intelectual que justifica o estado de crise geral na qual a África se encontra enraizada. Num contexto geral, é óbvio admitir que existe pobreza em todos países. Existe pobreza, em escalas diversificadas de modos maiores ou menores. Mas África é o continente onde existe mais pobreza em todos os aspectos.

Os fatores que contribuem para esse cenário são os seguintes: o baixo desenvolvimento económico, elevadas taxas de analfabetismo e mortalidade infantil, além de doenças como a AIDS e a malária.

GENERALIDADE SOBRE A OPRESSÃO AFRICANA

Segundo o quadro cronológico evolutivo da Humanidade e do mundo Negro em particular, publicado pelo Egiptólogo Cheik Anta Diop[20], é plausível observar que do ano 525 A.C, até 639 D.C, é o período caracterizado pelo declino e obscurantismo do mundo Negro, depois de uma sucessão de quatro invasões da antiga famosa Civilização Egípcia faraónica.

Ano - 525 conquista do Egipto pelo Cambyse II

Ano - 302 conquista do Egipto pelo Alexandre o grande

Ano - 31 conquista do Egito pelos Romanos

Ano 639 chegaram dos árabes.

Assim, a desintegração social e as migrações dos egípcios negros para o sul do continente tinham originado várias consequências dentro das quais pode-se mencionar o flagelo, o mais fatal e o mais vergonhoso da história da África. Trata-se da opressão absoluta do ser africano.

Ainda, o Padre Bimbweny Kwech[21] fala de uma tripla agressão:

- Agressão ontológica
- Agressão epistemológica
- Agressão teológica

BREVE ABORDAGEM SOBRE A AGRESSÃO

Definição
Agressão é um ato em que um indivíduo prejudica ou lesa outro(s) de sua própria espécie intencionalmente. O comportamento agressivo em humanos pode ser definido como um comportamento anti-social ou hostil que consiste em infligir danos ou causar prejuízo a uma pessoa ou grupo.

Manifestação do comportamento agressivo
Há quatro tipos de formas de manifestação do comportamento agressivo:
agressão directa, agressão indirecta, agressão impulsiva ou reactiva e agressão instrumental ou proactiva.

Agressão directa
É o comportamento físico ou verbal manifestado diretamente com a intenção activa de causar danos a alguém. Nessa categoria, podem, ainda, ser incluídos os crimes de ódio, sadismo ou agressão sociopática (é uma doença relacionada à perturbação de personalidade anti-social).

A agressão policial que levou à morte o Afro-descendente americano, George Floyd é uma ilustração da perturbação de personalidade anti-social do policial americano que o asfixiou.

Agressão indirecta
É um comportamento que visa a causar prejuízo às relações sociais de um indivíduo ou grupo sem portanto que o causador se implique diretamente .

Agressão Impulsiva ou Reactiva
A agressão impulsiva é um acto hostil em resposta a um estímulo percebido como ameaçador. Este tipo de agressão é, geralmente, associado à raiva. Podemos citar o caso da reacção dos Negros à morte do George Floyd em resposta à agressão racial estrutural da policia norte americana.
No Brasil, a morte de João Alberto por dois seguranças brancos do Supermercado Carrefour suscitou uma onda de manifestação de protesto contra o racismo estrutural ou sistêmico. Essas manifestações tiveram características de agressão impulsiva associadas à raiva da frustração,da humilhação e dos homicídios do comércio de escravos.

Agressão instrumental ou Proactiva
É um acto hostil organizado que visa a um objecto tendo por finalidade de conseguir algo, independentemente do dano que possa causar. Este comportamento agressivo é planejado e premeditado. É um padrão comportamental programado e organizado deliberadamente para atingir uma meta. Podemos apontar, como exemplo de agressão instrumental, o comércio de escravos e a colonização: ocorreram crimes contra a Raça Negra no decurso dessas tragédias desumanas, mas

não foi esse o objetivo. O seu fim era conseguir o dinheiro ou riqueza mesmo a custo das ações sangrentas.

ESTUDO DA TRIPLA AGRESSÃO DE ÁFRICA

Agressão ontológica

É uma ação hostil organizada e planejada pelo sistema imperialista ocidental ou europeu que destruiu a personalidade do africano não respeitando o seu Estatuto do Ser Humano. Nessa condição, o Negro podia ser castigado, vendido ou morto como se tratasse de uma simples galinha, sem nenhuma reivindicação em nome do respeito dos direitos humanos.

O comércio de escravos, a colonização, a descriminação racial e o neocolonialismo são exemplos de maltrato a que os africanos foram submetidos. O curioso é o justificativo filosófico que sustentou intelectualmente essas agressões. Analisando minuciosamente o comportamento agressivo dos Brancos da época do comércio de escravos, da colonização e da neo-colonização, não seria ofensiva qualificá-los de vítimas de uma atitude sociopata que em 1904, o Dr Emil Kraepelin tratou de Perturbação de Personalidade Anti-social(PPA).

Agressão epistemológica

É o facto ligado à incompetência do desenvolvimento das faculdades intelectuais dos africanos.

Agressão teológica

É o facto ligado à perda da personalidade espiritual do africano. No domínio da religião, o africano foi considerado como o símbolo da maldição e do diabo. Isto pode ser justificado observando a arte, a literatura e o comportamento da igreja no período da colonização. Isto pode ser justificado observando a arte, a literatura e o comportamento da Igreja no período da colonização. É assim que o africano foi mentalizado que nada de bom podia sair dele e nunca o Espírito Santo podia manifestar-se através de um africano.

No dia 08 de Janeiro 1454, o Papa Nicolau V autorizou oficialmente a prática do Comércio de escravos. Na sua bula papal "Romanus Pontifex", O Vaticano declarou a Guerra Santa contra a África. Com esta bula, o Papa Nicolau V concedeu ao Rei de Portugal Afonso V e ao Príncipe Henrique, bem como a todos os seus sucessores, a legitimidade de todas as conquistas em África, reduzindo em servitude perpétua todas as pessoas, consideradas infiéis e inimigas de Cristo, e apropriando-se de todos os seus bens e reinos.
Uma bula papal é um documento por meio do qual o Papa realiza um importante acto jurídico.

Sinteticamente, esta é a infeliz situação que tem caracterizado a vida do africano e principalmente do Negro. Sintetizando o estado de pobreza e de agressão já referido, o Padre Bimweny usa o conceito da Pobreza Antropológica que representa o estado de perda absoluta (a sua intimidade como ser humano lhe foi retirada) em que o africano está envolvido. Por isso, a auto-afirmação do Ser africano ou Afro descendente é uma necessidade imperiosa e legítima. E esta afirmação passa necessariamente pela restauração integral que vai garantir o seu renascimento efectivo.

Não seria leal fechar esse capítulo sem, portanto manifestar a nossa preocupação sobre a essência da Civilização Ocidental predominada pela PPA ou Perturbação da Personalidade Anti-social que é um vírus pernicioso que poderá levar essa Civilização à queda progressiva. É preciso que haja reformas ideológicas no seio do sistema de pensamento da Civilização grego-romana enquanto que a África está no seu processo de revitalização progressiva para o Renascimento. Pois, a opressão de um povo acaba sempre por fortalecer a emergência de uma Nação renascida e gigante. O Renascimento de África é incontornável para formalizar a sua auto-restauração espiritual, epistemológica e social; por conhecer a amargura da pobreza e da opressão, o fundamento da restauração social do povo africano basear-se-á certamente no equilíbrio humanitário real e não na vingança.

LEI UNIVERSAL DO PROCESSO DE RESTAURAÇÃO SOCIAL

Noção geral para a restauração social

O desenvolvimento das sociedades atuais é resultado de várias revoluções ocorridas ao longo da evolução histórica da humanidade. É preciso aperceber que estas revoluções têm tido fundamentos ou elementos profundos antes de serem substancializadas ou concretizadas.

Nesta perspectiva, a obra do historiador Dias Kanombo[27] intitulada: O Exemplo americano, mostra os princípios que regulam o processo de uma restauração social.

Princípio Nº 1

Qualquer restauração é sempre antecedida por fundamentos como sustentáculos, para isso, é necessário que certas condições estejam preestabelecidas.

Esta fase consiste em criar condições de estudo integral da sociedade em causa, como objecto de estudo e ter bases capazes de sustentar a restauração, antes de se engajar numa determinada iniciativa.

Princípio Nº 2

Este princípio consiste em elaborar um processo que poderá inverter o processo pelo qual a sociedade perdeu a sua posição ou o seu estado original. É a fase da concepção ideológica que exige elaborar uma estrutura mental que vai nortear os integrantes do programa ou processo.

Princípio Nº 3

O terceiro princípio é a fase de aplicabilidade do processo elaborado. É a materialização da estrutura mental concebida no segundo princípio.

São esses três principais princípios que consolidam a lei universal de qualquer restauração (espiritual, social e familiar).

Duas opções para a restauração social integral

Há duas opções que fundamentam a elaboração do processo que inverte a ideologia pela qual a sociedade perdeu o seu estado original:

Opção do sistema social

Opção da civilização

Abordagem sobre o sistema social

Segundo o sociólogo francês, Jean La Pierre citado pelo professor Massamba N´ kanziangani, a consolidação de qualquer sistema social digno, caracteriza-se por três aspectos:

Sistema ideológico

É a componente mental do sistema social. Em outras palavras, o sistema ideológico é o sistema de pensamento de uma sociedade onde estão definidas as políticas do sistema econômico, filosófico, linguístico e religioso. Na perspectiva epistemológica, o sistema ideológica é o Paradigma

Sistema organizacional

É o conjunto de metodologias administrativas que se optam para executar, cumprir e coordenar os elementos normativos que constituem o sistema ideológico do sistema social.

Sistema tecnológico

É o conjunto dos elementos que determinam a filosofia das invenções, das descobertas científicas e tecnológicas. Sabendo que qualquer sistema de desenvolvimento de um povo sem capacidade de produção de conhecimento e de criação inventiva é considerado sistema fraco, limitado e sujeito a uma invasão de subordinação cultural e intelectual.

Abordagem sobre a Civilização

Baseando-se na experiência da história, os historiadores afirmam que a consolidação de qualquer civilização requer cinco critérios: religião, sistema político, calendário, escritura e tecnologia.

Religião

É a instância que determina o esquema espiritual adequado para a sustentabilidade metafísica do sucesso do desenvolvimento social da civilização.

Sistema político

É o conjunto das ideias que determinam o esquema e a estrutura da boa gestão de coisa pública.

Calendário

É o que define o sistema de medição de tempo, que o divide em períodos regulares (anos, meses, semanas e dias), a partir de critérios fundamentalmente astrológicos.

Escritura

É o conjunto dos sinais que codificam os sons e tons da língua oficial da civilização.

Tecnologia

É o conjunto de todos os elementos que determinam a filosofia das invenções e inovações.

Qualquer sociedade que esteja no estado de crise, deve necessariamente cumprir a lógica do esquema da restauração acima mencionado independentemente do nível ou do tamanho da estrutura social que se pretende restaurar (micro-comunidade ou macro-comunidade).

Restauração social da China como exemplo

Com registros escritos que datam de 4.000 anos, a China é reconhecida como uma dos quatro grandes civilizações antigas do mundo, juntamente com o antigo Egipto, Babilónia e Índia. Além disso, é a única civilização antiga, que continua até os dias de hoje, depois de ter resistido às influências de assimilação e de desculturação da Alma Chinesa.

A China é um Estado da Ásia oriental com uma demografia de 1.151.300.000 habitantes numa superfície de 9.600.000 Km².

Na sua memória de 600 páginas sobre a China publicada depois da sua visita diplomática na China, Alain Peyrefitte sustenta que a China teve « quarenta séculos de Civilização gloriosa e um século de humilhação.»[30] Foi uma Civilização fortalecida pelos cinco critérios que fundamentam uma Civilização:

-Religião: Budismo e o Taoísmo

-Sistema político: Sistema de Monarquia. Uma aristocracia feudal de sacerdotes

-Calendário: calendário Han (206 AEC – 220 EC)

-Escrita: Escrita chinesa

-Sistema tecnológico: Perícia dos procedimentos da tecnologia da China

Queda e humilhação da China

Depois da sua supremacia fabulosa de quarenta séculos, a China tornou-se, entre o século XIX e XX, um dos países mais pobres do mundo. Em 1949, a Organização das Nações Unidas revela que a renda média anual foi estabelecida à 554 usd para os Estados Unidos da América e 29 usd para a China.

Perante essa horrível situação social, a China deveria encontrar soluções procurando implementar um paradigma apropriado e adequado para garantir uma restauração social chinesa fluorescente.

Os três paradigmas envolvidos na restauração chinesa

As pesquisas realizadas sobre a evolução e o desenvolvimento da China, nos levou a perceber três paradigmas que se sucederam no processo da sua restauração social: o paradigma tradicional chines, o paradigma da ocidentalização da China e o paradigma de Mao.

Nesta perspectiva, Alain Peryefitte presume que a evolução da China, nos meados do Século XX, foi de um país que viveu sucessivamente o insucesso de várias fórmulas ensaiadas, até o dia em que todas

as condições estavam reunidas para que a única fórmula que tinha ficado desse definitivamente certo.

Tendência tradicionalista chinesa

É a tendência conservadora que defendia a tradição ou a cultura chinesa sendo o fundamento, a essência e a única condição imperativa para o desenvolvimento da sociedade chinesa.

Em 1925, Sun Yat-Sen sustenta o seguinte: « A civilização da Europa e da América é inteiramente material. Nada mais grosseiro, mais brutal, mais malvado. Nós, chineses, chamamos isso de barbárie. Nossa inferioridade como potência vem do fato de que sempre desprezamos e negligenciamos esse gênero. O jeito chinês é o da Humanidade e da moral. Nossos anciãos livres chamam esse sistema do caminho real.»

Tendência ocidentalista chinesa

É a tendência dedicada à desintegração do sistema tradicional chinês e a integração na civilização industrial ocidental. O diplomata francês, Alain na página 312 do seu livro escreve: « Isolada de suas fontes, encurralada a sua inferioridade militar, económica e social, a China hesita entre duas esperanças: o redobramento feroz em si mesma ou, caso contrário, a integração na civilização industrial ocidental.»

Perante o quadro sócio político melancólico que se verificava no meio da sociedade chinesa, os chineses que se formaram no sistema educativo Ocidental ou que apenas estudaram a história européia e americana sentem intensamente o dramático subdesenvolvimento de seu país e a desintegração total que o ameaçava.

Logo, a ocidentalização da China parecia ser a única alternativa para a evolução e revitalização desta antiga civilização. Assim, pronto para se lançar no limiar do desespero, surge uma nova alternativa, a terceira tendência: a Tendência Maoísta.

Tendência Maoista

É uma tendência concebida e moldada por Mao Tse-Tung instituindo a terceira via, que permitiria à China escapar-se do dilema ideológico, e descobrir a nova perspectiva de renascimento e restauração social.

Essa tendência aposta que é desnecessário copiar um único detalhe da civilização ocidental. Seria perigoso imitá-la inteiramente. «A China deve repensar o conjunto da sua organização económica, política e mental»

O grande segredo da supremacia actual da China

O grande segredo da supremacia atual da China é a capacidade e a coragem de decidir e apostar na mudança do sistema de pensamento. É preciso saber que o desenvolvimento da China é antes de tudo um desenvolvimento mental ou ideológico baseado no sistema de pensamento de Mao Tsé-Tung. O sistema de pensamento de Mao foi concebido, estruturado e inserido no sistema educativo popular chines. Pela primeira vez no dia 1º de Outubro de 1968, Lin Piao anuncia a criação dos Cursos de Estudo do Pensamento de Mao Tse-Tung.

A partir daquele momento, o pensamento de Mao Tsé-Tung tinha se tornado um suporte ideológico oficial, como se fosse uma bomba atômica espiritual que desencadeou a Revolução Cultural chinesa de 1966 a 1970.

Em última análise, a China conseguiu finalmente construir e erguer um novo sistema social na civilização chinesa, compreendendo um sistema ideológico, organizacional e tecnológico que responde perfeitamente à realidade das realidades sócio-culturais chinesas. este sistema é agora o orgulho, a dignidade e o respeito do povo chinês por ter sido projectado por e para si mesmo.

Nesse sentido, Alain acha que o modelo chinês é um modelo projetado para os chineses. Um modelo vivo, que reúne os chineses de todas as províncias e de todas as condições, os examina em cadinho perpétuo. Modelo que respeita a tradição e ao mesmo tempo a brisa: modelo sempre remodelado, pelo qual Mao se empenha em descobrir novas soluções para problemas que não têm precedentes reais.

Hoje em dia, a China está estremecendo o mundo, postulando conquistar a supremacia da primeira potência mundial. **Qual é a opção que a África deve seguir para enfrentar o futuro, tal como a China fez, sabendo que a China teve uma situação pior em relação à nossa?**

As investigações empreendidas sobre a China representam um grande espelho para o povo africano e os Afrodescendentes do mundo.

O milagre africano é possível. Tudo depende do grau da elevação da consciência, sabendo identificar e institucionalizar a estrutura mental apropriada que possa servir de ferramenta inteligível para que os africanos possam auto-descolonizar-se. Em outras palavras, a mudança só será possível se houver mudança de PARADIGMA, apostando num novo programa mental que vai definir e estruturar o novo sistema de pensamento africano.

O que Napoleon Hill chama de Estado da Mente.

PARADIGMA DA DOMINAÇÃO DO POVO AFRICANO

Generalidade sobre o paradigma

A pertinência do capítulo sobre o paradigma da dominação do povo africano nos levou em seguir a via metodológica dedutiva, empreendendo antes de tudo um estudo sobre o conceito paradigma. O que é um paradigma? Qual é o seu objectivo? Como funciona um paradigma? Sinteticamente, vamos analisar de uma maneira simples e clara essas questões.

Definição do paradigma

Etimologicamente, a palavra paradigma vem do grego παράδειγμα (paradeigma) que significa modelo ou padrão.

Em outras palavras, o paradigma é um modelo ou padrão correspondendo a algo que vai servir de exemplo de amostra a ser seguido em determinada situação.

Num contexto geral, o paradigma é um conjunto de normas orientadoras de um grupo que estabelecem limites e que determinam como um indivíduo deve agir dentro desses limites. No ponto de vista epistemológico o conceito de paradigma vai muito além de uma simples padronização. Nesse sentido, o filósofo Thomas Kuhn na sua obra

Intitulada A Estrutura das Revoluções[36], deu origem a uma nova abordagem de estudos que situam o paradigma numa visão mais profunda.

Assim, Kuhn acha que o paradigma é uma estrutura mental composta por teorias, experiências e métodos que serve para organizar a realidade e seus eventos no pensamento humano.

Observando as duas definições constatamos que o paradigma na realidade não deixa de ser um padrão. Mas, a profundidade do padrão que o filósofo Kuhn apresenta é mais complexa.

Baseando-se na visão do Dr. Kuhn, podemos afirmar que o paradigma na sua essência é uma ferramenta mental que determina o funcionamento do sistema de pensamento influenciando o comportamento humano.

Objectivos

O paradigma consiste em conceber um programa mental que controla quase exclusivamente o comportamento do ser humano.

Por outro lado, o paradigma tem o objectivo de criar um modelo padrão que serve de base para estabelecerem normas que determinam como um indivíduo deve agir dentro desses princípios.

Importância

O paradigma é muito importante na formatação ou na programação de um ser humano para uma determinada missão.

O serviço militar é um paradigma que foi concebido para formatar ou programar um grupo de seres humanos para defender mesmo a custo de sangue a sua própria pátria se for necessário. Um militar só se disponibiliza pronto para se sacrificar até às últimas consequências, quando o seu paradigma estiver bem concebido e bem definido.

Quando o paradigma de uma Nação for concebido para formar um povo patriota e valente, os resultados são correspondentes ao tipo de programa definido pelos idealizadores ou pensólogos.

O paradigma é fundamental para programar ou reprogramar a estrutura mental de um indivíduo, um povo, ou de um continente.

A questão fundamental reside nas intenções dos conceptores de paradigmas. Se porventura, os iniciadores tiverem intenções perversas ou negativas, o paradigma será naturalmente concebido para controlar e orientar o comportamento da população alvo na perversão e negatividade previstas nos objectivos predefinidos.

O economista americano, Paul Zanne Plazer quando trouxe um novo paradigma económico, ele criou a alquimia económica na qual demonstra

que os nossos recursos não são limitados, pois é a engenhosidade da mente criativa humana que determina a quantidade de riqueza que dispomos. Essa visão realista revolucionou o sistema de pensamento econômico moderno ultrapassando o antigo paradigma econômico de Adam Smith que determinou durante séculos o comportamento da humanidade formatada segundo o paradigma da economia dos recursos limitados.

O evangelho de Jesus Cristo é um paradigma religioso que tomou proporções mundiais e universais por causa do seu fundamento baseado em três princípios fundamentais:
- Amor à Deus e ao nosso próximo como base do poder do ser humano.
- Abundância espiritual como essência da fonte da abundância material (João 10:10)
- Renascimento espiritual como fundamento do desenvolvimento (João 3:3).

Natureza do paradigma

O paradigma sendo um programa mental que controla o comportamento de um ser humano, podemos distinguir uma dupla natureza de paradigma: Paradigma individual e Paradigma colectivo.

Paradigma individual

O paradigma individual é uma estrutura mental composta por teorias, experiências e métodos que serve para programar a mente subconsciente de uma pessoa.

Os estudos empreendidos pelo Dr. Bruce Lipton[42] nos revelam que se porventura implementamos um programa específico nos sete primeiros anos da vida de uma criança, 96% dos resultados da vida deste ser humano virão deste programa.

O Dr. Lipton defende que o paradigma sendo um programa mental funciona na mente humana através do subconsciente. É o subconsciente que armazena todos ficheiros do programa concebido e instalado na estrutura mental para definir e controlar o comportamento de um indivíduo desde a sua infância. O subconsciente é o piloto automático comportamental de um indivíduo.

O Ser Humano na sua psicologia tem dois compartimentos funcionais: a mente consciente e a mente subconsciente.

A mente consciente é parte criativa e pensante da mente que está envolvida na imaginação criativa.

Quando se dirige o carro, mãos no volante com os seus desejos e sua vontade, é a nossa mente consciente que controla a situação. E de repente surge-lhe um pensamento que exige que a sua mente lhe dê um tratamento, nesse momento, a mente consciente já não estará ciente das ocorrências ao seu redor. Naturalmente ou automaticamente a mente subconsciente assume o controle e se torna piloto automático.

Quem é responsável pelo paradigma que nos controla?
O professor Bruce Lipton revela que a frequência diária em que a nossa mente subconsciente assume o controle da nossa vida por hábito é de 95%. E quando o nosso piloto automático estiver no comando, ele executa os programas instalados na subconsciência. Assim, o comportamento de cada um de nós depende dos programas instalados na nossa mente desde o último trimestre de gravidez até a idade de 7 anos.

Neste período, a nossa mente virgem infantil descarrega todos os programas disponíveis que estiverem no ambiente do nosso crescimento. Isso quer dizer que a entidade responsável pelos programas ou paradigma que vão definir o conteúdo comportamental da nossa personalidade no futuro, é a nossa sociedade ou a nossa comunidade.

Em outras palavras, o subconsciente é o gestor do paradigma ou dos programas mentais que determinam as ações de um ser humano durante 95% do seu tempo ao longo do dia.

Paradigma colectivo
O paradigma colectivo é uma estrutura mental composta por teorias, experiências e métodos que servem para programar a mente subconsciente de uma comunidade ou uma nação no sentido de atingir um objetivo bem específico.
Nas nossas pesquisas, o exemplo chinês foi uma referência fulgurante na qualidade de ser um sucesso em termos de mudança de paradigma. Antes de 1963, a situação social, económica da China era penosa, crítica e vergonhosa. Ela se encontrava numa realidade indecisa na qual o destino dependia da escolha de dois paradigmas: O paradigma da ocidentalização ou o paradigma da conservação da tradição Chinesa enfraquecida pela pressão da dominação ocidental.

Em 1963, O líder Mao Tse-Tung desencadeou a Revolução Cultural Chinesa que repôs a soberania, a dignidade e a supremacia da China. Em 1974, o Ministro das Relações Exteriores da França, Alain Peyrefitte, visitou a China em plena Revolução. De regresso na França, ele escreveu um grande livro intitulado: Quando a China se despertar, o mundo estremecerá...

Na sua obra, o diplomata francês revela que o Líder Chinês desprogramava e reprogramava a subconsciência do povo chinês na base das teorias, métodos e experiências do seu paradigma que levou hoje a China no patamar das Grandes Potências Mundiais 57 anos depois da sua Revolução Cultural.

Quais são as estruturas básicas da sociedade responsáveis pela formatação da mente subconsciente de um indivíduo?

São três estruturas fundamentais que representam o ecossistema ambiental da sociedade no processo da formatação de um indivíduo nos seus primeiros 7 anos: Família, Escola e Religião.
Isso quer dizer que 95% dos programas mentais que o nosso subconsciente executa não foram instalados por nós próprios.

A mente subconsciente é o regulador do hábito relativamente ao paradigma que esteve na base da sua formatação. Isso quer dizer que o nosso comportamento e o tipo de vida que levamos representam a impressão dos programas que nos foram instalados desde a nossa infância.

No seu livro intitulado: Os segredos da mente milionaria, Harv Eker[1] sustenta que o fracasso de muitas pessoas se encontra no seguinte conceito: se o modelo financeiro que existe no seu subconsciente não estiver programado para o sucesso, nada que você aprenda, saiba ou faça terá grande importância.
É plausível dizer que o subconsciente é a parte da nossa mente que controla e determina as nossas ações relativamente às informações adquiridas e gravadas desde a nossa infância. Isso quer dizer que nós agimos de acordo aos programas instalados no nosso subconsciente que chamamos de Paradigmas.

Se porventura o nosso subconsciente for programado para a pobreza ou a servitude, nunca as nossas ações irão corresponder aos resultados de sucesso que pretendemos, até que se tome consciência de reconsiderar e mudar a essência do nosso paradigma.
Um dos métodos que permite reconsiderar, reprogramar e mudar um paradigma é a prática permanente ou a repetição de programas que pretendemos mudar no nosso subconsciente.

Diferentes tipos de paradigmas
Há vários tipos de paradigmas. Destacamos alguns neste capítulo.

Paradigma educacional: é o conjunto de teorias, experiências e métodos que serve para organizar o sistema educativo padrão ou o ideal.

Paradigma cognitivo: é o conjunto de teorias, experiências e métodos que serve para orientar a educação no desenvolvimento de habilidades de aprendizagem.

Paradigma de pesquisa: é o conjunto de teorias, experiências e métodos que serve para orientar e organizar um grupo de atividade investigativa.

Paradigma comportamental: é o conjunto de teorias, experiências e métodos que serve para orientar ou reorientar o comportamento de um indivíduo que pretende melhorar a sua maneira de fazer ou de ser.

Paradigma geoestratégia: é uma estrutura mental composta de teorias, experiências e métodos que serve para salvaguardar os interesses de um território ou uma comunidade.

Paradigma económico: é o conjunto de teorias, experiências e métodos que serve para instituir um padrão ou modelo de um sistema económico no meio de uma comunidade.

Paradigma religioso: é o conjunto de teorias, experiências e métodos que serve para instituir um padrão ou modelo de um sistema de crença no meio de uma comunidade.

Paradigma político: é o conjunto de teorias, experiências e métodos que serve para instituir um padrão ou modelo de um sistema de gestão da coisa pública.

Paradigma cultural: é o conjunto de teorias, experiências e métodos que serve para organizar e padronizar o sistema de hábitos e costumes de um povo ou uma nação.

Paradigma da Escravatura

Definição da escravatura ou comércio de escravos
A escravatura é a prática social em que um ser humano assume direitos de propriedade sobre outro designado por escravo, imposta por meio da força.

O comércio de escravos do século XVI foi um negócio de seres humanos Negros capturados em África pelos comerciantes ocidentais brancos com o objectivos de vendê-los nas Américas e torná-los escravos nas plantações americanas. Segundo o blog História Licenciatura, cerca de 20 milhões de escravos foram entregues no território das duas Américas. Essa prática humilhou vergonhosamente a Raça Humana durante trezentos anos entre os séculos XVI e XIX. O africano era considerado como o ouro preto vivo tal como é vendido hoje o ouro preto líquido.

Importa sublinhar que esse processo de "exportação" da grande parte da população africana para as Américas, trouxe consequências nefastas, tanto para o continente africano, como para os descendentes dos escravizados, que perduram até hoje. A essência e a sustentabilidade desta atividade horrível foi o seu paradigma que vamos analisar neste capítulo.

Funcionamento do paradigma da Escravatura
O paradigma da escravatura é um programa mental de caça, venda e compra de escravos que foi concebido pelos europeus que tiveram a iniciativa do comércio de escravos para controlar quase exclusivamente o comportamento dos caçadores, vendedores, compradores e principalmente do

próprio escravo.

É importante anotar que o paradigma da escravatura foi um grande sucesso por que até ao dia de hoje , apesar da abolição do comércio de escravos, a Raça Branca ficou presa na estrutura mental de escravizar os outros e a Raça Negra ficou presa na estrutura mental de obediência à tudo que a Raça Branca lhe submete.

Essa problemática é mental, e nunca houve sistemas educativos para desprogramar esse paradigma venenoso da escravatura, e reprogramar um novo paradigma que irá promover a cultura do Equilíbrio Racial mental do Ser Humano.

É nesse sentido que o Paradigma da Escravatura transitou no tempo e no espaço sob forma de cultura da dominação dos povos se contextualizando e se adaptando de acordo com as circunstâncias (Colonização, neo-colonização...). As teorias, métodos e experiências do Paradigma da Escravatura podem se resumir em três documentos fundamentais e universalmente reconhecidos:
- Bula Papal
- Código Negro
- Carta de Willi Lynch
- Bula papal[46]
No dia 08 de Janeiro 1454 "Romanus Pontifex", declarou-se a Guerra Santa contra a África. Com esta bula, o Papa Nicolau V concedeu ao Rei de Portugal Afonso V e ao Príncipe Henrique, bem como a todos os seus sucessores, a legitimidade de todas as conquistas em África, reduzindo em servidão perpétua todas as pessoas, consideradas infiéis e inimigas de Cristo, e apropriando-se de todos os seus bens e reinos.

- Código Negro
É uma espécie de regulamento de gestão de escravos. o Codigo Negro britânico, por exemplo, intitulado de:« Barbados Act for the better ordering and governing of Negroes», tinha sido elaborado em 1661 pela Assembleia local em resposta ao crescimento das tensões escravistas nas ilhas antilhanas. Penalizava: a "fuga, roubo de valores elevado, incêndio culposo, estupro e assassinato, delitos considerados crimes capitais, envolvendo quase sempre a execução do escravo com indemnização do proprietário pelo Estado....»[47]
- Carta de Willy Lynch[48]
Willie Lynch foi um proprietário de escravos no Caribe (Caraíbas) conhecido por manter os seus escravos disciplinados e submissos. Acredita-se que o termo "linchar" (to lynch, lynching: em inglês), se deriva do nome dele. Enquanto que a maioria dos europeus se confrontava com problemas como fugas e revoltas de escravos, Willie Lynch mantinha um controle e ordem absoluta sobre os seus serventes negros. Esse poder despertou o interesse dos fazendeiros da América do Norte. Em meados de 1712, Willie Lynch faz uma longa viagem do Caribe para a América do Norte.

Sistema de pensamento de Willie Lynch sobre o controlo mental dos escravos

« Verifiquei que entre os escravos existem uma série de diferenças. Eu tiro partido destas diferenças, aumentando-as. Eu uso o medo, a desconfiança e a inveja para mantê-los debaixo do meu controle. Eu vos asseguro que a desconfiança é mais forte que a confiança e a inveja mais forte que a concórdia, respeito ou admiração.

Deves usar os escravos mais velhos contra os escravos mais jovens e os mais jovens contra os mais velhos. Deves usar os escravos mais escuros contra os mais claros e os mais claros contra os mais escuros. Deves usar as fêmeas contra os machos e os machos contra as fêmeas. Deves usar os vossos capatazes para semear a desunião entre os negros, mas é necessário que eles confiem e dependam apenas de nós.

Meus senhores, estas ferramentas são a vossa chave para o domínio, usem-nas. Nunca percam uma oportunidade. Se fizerdes intensamente uso delas por um ano, o escravo permanecerá completamente dominado. O escravo depois de doutrinado desta maneira permanecerá nesta mentalidade passando-a de geração em geração ...".

Willie Lynch, o Pai do paradigma da dominação da Raça Negra. Qualquer povo que pretende escravizar ou dominar uma comunidade africana ou afrodescendente, ele se serve das metodologias da escratura mental que Willie Lynch usou na sua época.O programa mental de controlo dos escravos Negros que ele concebeu desde 1712 ainda funciona porque os Negros ainda não encontraram um paradigma de libertação mais sofisticado que possa desprogramar o do Willie e reprogramar o novo na mente dos escravos modernos Negros.

Paradigma do colonialismo em África

Definição da colonização do continente africano

Na segunda metade do século XIX, as potências europeias viviam o seu apogeu na colonização da África e Ásia. Apoiando-se na política do imperialismo e no pretexto da difusão da cultura europeia, considerada superior pelos europeus, o Reino Unido, França, Bélgica, Itália e Alemanha passaram a explorar estes dois continentes de forma mais aguda.

Além de obter matérias-primas (recursos minerais e vegetais) e mão de obra barata, os europeus também utilizaram essas regiões para ampliar seus mercados consumidores. Assim, a colonização pode ser definida como um novo procedimento de escravatura que os ocidentais utilizaram depois do fim do comércio de escravos para ocupar os territórios contidos no continente africano e Ásia a fim de garantir a exploração barata de matéria-prima e dominar os seus respectivos povos.

É importante assinalar que essa nova metodologia de apropriarem-se dos territórios alheios foi legalizada ou legitimada na conferência de Berlim em 1885 onde as potências coloniais europeias se distribuíram as diferentes regiões de África que tornaram-se actuais países depois das independências políticas entre 1951 até 1960 para a maioria dos países de África.

Funcionamento do paradigma da colonização africana

O paradigma da colonização africana funciona como um programa mental de dominação bem estruturado e concebido pela civilização europeia a fim de controlar e manipular exclusivamente o comportamento dos povos africanos em admitir a submissão, a ocupação e a exploração das riquezas pelo sistema colonial. O melhor entendimento desse fenômeno fica mais esclarecido através do Tratado do imperialismo que é a coluna vertebral do sistema colonial que substituiu e modernizou o Código Negro. O aspecto desumano e cruel do documento indignou e suscitou várias manifestações no seio das comunidades africanas da diáspora. Uma petição pública tinha sido lançada nas redes sociais para denunciar o pensamento plasmado no mesmo pacto. (www.petitionpublique.fr). Pois, os efeitos ou as consequências nefastas desses acordos são ainda tangíveis e perniciosos apesar do estado soberano dos países africanos independentes. Por razões de pesquisas e de contributo no processo de incriminar e desencorajar os meandros desse projecto, assumimos a responsabilidade perante a História de transcrever a integralidade do texto.

"... elaborada em Washington durante o "comércio de escravos", depois negociada discretamente na "Conferência de Berlim em 1885", enquanto os Poderes Ocidentais compartilhavam a África; renegociada secretamente em Yalta no momento da divisão do mundo em dois blocos após a Segunda Guerra Mundial e durante a criação da "Organização das Nações Unidas. Em Fevereiro de 1945 . Fonte: "Museu Tervuren

I. DISPOSIÇÃO GERAL

Artigo 1:
Lema do imperialismo:
Governar o mundo e controlar as riquezas do planeta; Do lema ; Nossa política é de dividir para melhor reinar, dominar, explorar e saquear para encher os nossos bancos e torná-los os mais poderosos do mundo.

Artigo 2:
Nenhum país do Terceiro Mundo constitui um Estado soberano e independente.

Artigo 3:
Todo poder nos países do terceiro mundo emana de nós que o exercemos pela pressão sobre os líderes que são apenas nossos fantoches. Nenhum órgão do Terceiro Mundo pode atribuir-se o exercício do mesmo poder.

Fonte: http://mediaafrik.com/la-charte-de-limperialisme-voici-le-document-exclusif-elabore-a-washington-en-pleine-traite-negriere-et-negocie-a-la-conference-de-berlin-en-1885/ acessado aos 18/09/2018

Artigo 4:
Todos os países do Terceiro Mundo são divisíveis e suas fronteiras deslocáveis de acordo com a

nossa vontade. O respeito pela integridade territorial não existe para o Terceiro Mundo.

Artigo 5:

Todos os ditadores devem colocar suas fortunas em nossos bancos para a segurança de nossos interesses. Essa fortuna será usada para doações e créditos concedidos por nós como assistência e ajuda ao desenvolvimento para países do Terceiro Mundo.

II. O REGIME POLÍTICO

Artigo 6:

Qualquer poder e governo estabelecido por nós é legal, legítimo e democrático. Mas qualquer outro poder ou governo que não emane de nós é ilegal, ilegítimo e ditatorial, independentemente de sua forma e legitimidade.

Artigo 7:

Qualquer poder que oponha a mínima resistência às nossas injunções perde pelo mesmo fato a sua legalidade, sua legitimidade e sua credibilidade. E ele deve desaparecer.

III. TRATADOS E ACORDOS

Artigo 8:

Nós não negociamos acordos e contratos com países do terceiro mundo, nós impomos o que queremos e eles se submetem à nossa vontade.

Artigo 9:

Qualquer acordo celebrado com outro país ou negociação sem a nossa aprovação é nulo e sem efeito.

IV. DIREITOS FUNDAMENTAIS

Artigo 10:

Onde houver os nossos interesses, os países do Terceiro Mundo não têm direito, nos países do Sul, os nossos interesses são prioritários em relação à lei e o direito internacional.

Artigo 11:

A liberdade de expressão, a liberdade de associação e os direitos humanos só têm sentido nos países onde os líderes se opõem à nossa vontade.

Artigo 12:

Os povos do Terceiro Mundo não têm opinião ou direito, eles são submetidos à nossa lei e ao nosso direito.

Artigo 13:

Os países do Terceiro Mundo não têm cultura nem civilização sem se referir à civilização ocidental.

Artigo 14:

Não há menção de genocídio, massacre ou " crimes de guerra " ou " crimes contra a humanidade " em países onde nossos interesses são garantidos. Mesmo que o número de vítimas seja muito importante.

V. FINANÇAS PÚBLICAS

Artigo 15:

Nos países do Terceiro Mundo, ninguém tem o direito de colocar em seus bancos um teto de dinheiro fixado por nós. Quando a fortuna excede o teto, ela é depositada em um dos nossos bancos para que os lucros retornem na forma de empréstimos ou ajuda ao desenvolvimento econômico em dinheiro ou em espécie.

Artigo 16:

Só terão direito à ajuda acima referida , os países cujos líderes mostram submissão total a nós, como nossos fantoches e nossos manobristas.

Artigo 17:

Nossa assistência deve ser acompanhada de fortes recomendações que impeçam e quebrem qualquer ação de desenvolvimento dos países do Terceiro Mundo.

VI. TRATADOS MILITARES

Artigo 18:

Nossos exércitos devem ser sempre mais fortes e mais poderosos que os exércitos do Terceiro Mundo. A limitação e a proibição de armas de destruição em massa não nos dizem respeito, mas sim as outras.

Artigo 19:

Nossos exércitos devem ajudar uns aos outros e se unir na guerra contra o exército de um país fraco para mostrar nossa supremacia e ser temidos pelos países do Terceiro Mundo.

Artigo 20:

Toda intervenção militar visa proteger nossos interesses e os de nossos manobristas.

Artigo 21:

Qualquer operação de evacuação dos nacionais dos países ocidentais esconde a nossa verdadeira missão, que é a de proteger os nossos interesses e os dos nossos manobristas.

VII. ACORDOS INTERNACIONAIS

Artigo 22:

A ONU é o nosso instrumento, devemos usá-lo contra nossos inimigos e países do Terceiro Mundo para proteger nossos interesses.

Artigo 23:

Nosso objetivo é desestabilizar e destruir os regimes que nos são hostis e instalar nossos fantoches sob a proteção de nossos soldados sob a cobertura dos mandatos das forças da ONU .

Artigo 24:

As resoluções da ONU " são textos que nos dão o direito e os meios para atacar, matar e destruir países cujos líderes e povos que se recusam a submeter-se às nossas injunções sob a capa das resoluções de segurança do Conselho das " Nações Unidas ".

Artigo 25:

Nosso dever é manter a África e outros países do mundo no subdesenvolvimento, construir, divisão, guerra, caos para tanto dominar, explorar e saquear através das " Missões"de `` Nações Unidas ".

Artigo 26:

Nossa regra de ouro é a liquidação física dos líderes e líderes nacionalistas do Terceiro Mundo.

Artigo 27:

As leis, resoluções, tribunais e tribunais das " Nações Unidas " são nossas ferramentas de pressão contra os líderes e líderes dos países que defendem os interesses de seus povos.

Artigo 28:

Os líderes das potências ocidentais não podem ser processados, presos ou encarcerados pelos tribunais e tribunais da " ONU ", mesmo que cometam " crimes de guerra ", " genocídio " ou " crimes contra humanidade ".

É de salientar que a versão deste documento foi encontrada em Tervuren no " Museu Real da África Central ", Tervuren (anteriormente Tervuren e também em francês) é um município localizado na região belga da província de Brabante Flamengo.

Funcionamento do paradigma da neo-colonização

O Paradigma da neo-colonização é um programa mental de manipulação e controle implícito da gestão dos seus recursos, o seu sistema de defesa nacional, as suas políticas públicas, a doutrina do seu sistema do ensino e a sua cultura.

O programa mental da nova colonização de África é um fenômeno geopolítico muito complexo devido aos acordos secretos assinados entre os ex-colonizadores e os países africanos, principalmente a África Negra.

São três(3) estruturas principais que sustentam o mecanismo da neo-colonização:
a Escola,
a Religião
e a Língua.

Escola é a ferramenta de formatação intelectual para ocidentalizar a elite dos países africanos através dos sistemas escolares ou educativos orientados para cultivar o espírito da dependência aos ex-colonizadores.
SARTRE, Jean-Paul. Colonialismo e Neocolonialismo (Situações, V). Rio de Janeiro: Tempo Brasileiro, 1968.
Religião é o veículo da formatação espiritual para manter o estado da consciência espiritual africana adormecida. A religião colonial continua a ser prestigiada.
Língua oficial colonial é a arma destruidora da cultura africana. A herança jurídica colonial sobre o desprezo das línguas africanas ainda é expressiva nas ex-colónias africanas.

Em 1921, o Governador de Angola, Norton de Matos tinha promulgado o decreto Nº77 que estipulava o seguinte:

Ponto 3: É obrigatório, em qualquer missão, ensinar a Língua Portuguesa.

Ponto 4: "É vedado o ensino de qualquer língua estrangeira".

Nos artigos 2 e 3, do mesmo Decreto : ``Não é permitido ensinar nas escolas de missão, línguas indígenas; o uso de língua indígena só é permitido falar na catequese".

Cem anos depois da promulgação do decreto de Norton de Matos a África continua a depender das línguas coloniais para a comunicação inter-africana. E são as mesmas línguas, ditas oficiais, que representam a cultura africana a nível internacional.

A estrutura mental da neo-colonização do continente africano está enraizada nos acordos secretos das independências que justificam a atitude humilhante dos líderes africanos perante certas questões sensíveis que representam a dignidade e a soberania do continente berço.

Podemos focar, a título ilustrativo, os onze acordos secretos assinados entre a França e os países negros, publicados na plataforma digital coupsfrancs:(www.coupsfrancs.com/les-11-accords-secrets-signes-entre-la-france-et-les-pays-noirs/)

Por outro lado, achamos indispensável evocarmos um facto insólito que justifica o aspecto sistêmico da neo-colonização. Um seminário estratégico de alto nível reuniu especialistas, académicos, economistas... com a finalidade de apresentar modelos económicos estratégicos para manter o sistema de desigualdade entre o Ocidente e a África.

O preletor na sua apresentação revela opiniões desumanas em nome do sistema econômico capitalista baseado no sentimento do MEDO.

Na sua locução, o palestrante afirmou o seguinte: «... A África subsaariana tem sido fundamental para a prosperidade dos países desenvolvidos. E a África tem um papel fundamental a desempenhar como fornecedor de suas matérias-primas.

Não permitiremos que os africanos escapem dela. Estamos fazendo de tudo para manter a África subsaariana no seu estado atual de pobreza.

É absolutamente vital para nossa sobrevivência como Ocidentais...

E todas as estruturas e organizações internacionais, todas as instituições académicas e todos os ensinamentos econômicos são todos concebidos para manter os africanos na sua situação actual...»

https://youtu.be/QXpjtO3tbzQ ,

https://app.livestorm.co/p/584063b2-5cfc-456c-9655-82e9d7ef4d24

28/05

Lançamento EM ÂNGOLA

Um NOVO DESPERTAR
DA ALMA AFRICANA
presente em todos nós.

Colégio 18 de Novembro
à partir das 09H00

https://fb.me/e/Ar4v55Xt

Hoje, 28 de Maio de 2021, é um dia muito especial, quando estou completando 62 anos de idade e, iniciando um projecto, que é um projecto de vida. Está sendo batizado de AFRICANO DE ALMA. Estou aqui no Colégio 18 de Novembro, em conjunto com a ACHAMA, que é a Associação Carácter, Habilidade e Atitude Motiva Angola, cuja presidenta é minha filha Luzolo Lungoji, que juntamente com toda a Equipa, estarão ministrando uma série muito grande de palestras, denominadas AFRICANO DE ALMA. O que é ser um AFRICANO DE ALMA? Neste livro estamos com o apoio já de um africano de alma. Em cada palestra um livro deste irá circular entre os alunos. A ideia básica é chamarmos a atenção para a importância de todos nós sermos AFRICANOS DE ALMA. Não basta eu ter apenas um cabelo crespo, uma cor negra. Isso não significa que eu sou um AFRICANO DE ALMA. O AdA é acima de tudo aquele que busca ajudar as pessoas. Aquele que busca favorecer as camadas desfavorecidas e, dentro da alma africana, que foi tão grandemente aviltada durante séculos de escravatura e colonização. Buscar o retorno à Comunidade de Cristo, a Comunidade de ajuda mútua. Quis Simon Kimbangu, neste projecto que foi inspirado por Ele, que se iniciasse aqui na Escola que fica no Complexo Kimbangu. Quero desejar a vocês este meu grande e inesquecível presente de aniversário de 62 anos. Que seja uma data de uma grande mudança em prol, não só da raça negra, mas da raça humana, em prol de todos os desfavorecidos. Celso Salles.

Assim como eu fui escolhido para estar em África e fazer o trabalho que venho fazendo, todo ele reportado nos livros que já escrevi e certamente nos que ainda irei escrever, até quando Deus assim o permitir. Da mesma forma, quando vemos esta foto família das páginas anteriores, flui em nossa imaginação que, nesta foto, poderão estar futuros líderes angolanos, africanos e mundiais. Muitos quando saíram de casa no dia 28 de Maio de 2021 e foram para a escola não imaginavam que iriam receber um conteúdo tão importante quanto o que Luzolo Lungoji, com 19 anos de idade, porém com sabedoria de 91 anos transmitiu. Somado ao conhecimento que Luzolo vem adquirindo ao longo de sua vida, com importantes leituras, estudos e influências, ela utilizou como base o conteúdo que coloquei no livro A IMPORTÂNCIA DA DIÁSPORA AFRICANA NA NOVA DESCOLONIZAÇÃO DE ÁFRICA e no livro A NOVA DESCOLONIZAÇÃO DE ÁFRICA do escritor Bitombokele Lei Gomes Lunguani, que, ao chegar nesta página do livro, você já teve contacto e poderá identificar parte dos ensinamentos do Bitombokele nas palavras de Luzolo.

É fundamental salientar que todo o roteiro da palestra de Luzolo foi preparado por ela mesma, sem nenhuma interferência direta externa, o que dá uma riqueza imensa em todo o processo. É a mesma geração ou muito próxima transmitindo o conteúdo, as novas ideias, os conhecimentos. Para quem recebe, a distância entre si e o palestrante é praticamente nenhuma. DESPERTAR NOVAS E BOAS LIDERANÇAS é fundamental.

https://youtu.be/E3Dly91AuEk

OS ANGOLANOS QUE LIBERTARAM MANDELA
Orlando Victor Muhongo
Escritor

A história da África como um todo é repleta de Paradigmas, a maioria, se não a totalidade, muito nociva aos africanos. No trabalho do Escritor Victor Muhongo pode-se conhecer com riqueza de detalhes o verdadeiro Paradigma do Apartheid.

168

"O ANC mandou jovens para Angola para receber treinamento militar. Isto foi realmente muito importante e foi um ponto de viragem na história da África do Sul. O progresso que fizemos na nossa luta foi em grande parte devido a Angola. Angola permitiu que pudéssemos ter uma base, permitiu a fixação de acampamentos e proporcionou alguma formação para os nossos soldados, transmitindo valores e a disciplina necessária. Isto permitiu-nos melhorar a qualidade da formação e tudo resultou no rápido desenvolvimento da nossa luta."
Nelson Mandela

São angolanos os heróis que, no Triângulo do Tumpo, se imolaram em defesa da África do Sul e, cujo sangue e suor, derrubaram o regime do apartheid e libertaram Nelson Mandela.
... Durante décadas, se fez vincar um "Paradigma Histórico ", que se esforçou por retirar Angola da narrativa tornada oficial sobre os apoios determinantes prestados à luta dos sul-africanos e namibianos, bem como sobre o derrube de um sistema político e social dos mais hediondos que o mundo e África conheceram - o regime do Apartheid. Confrontando a realidade e os factos, fazendo recurso a uma analogia científica, consideramos as incongruências existentes entre a realidade histórica e a versão defendida pelo referido paradigma como "Obstáculo Epistemológico". ... Sem a mínima pretensão de colocar em causa o respeito que é devido a Nelson Mandela, enquanto figura relevante para a nação sul-africana, em prol da retransmissão da História para as novas gerações e do reavivar de memórias embaçadas por divergências políticas ou pelas agruras do tempo, o presente Ensaio Político assume-se como uma "Ruptura Epistemológica", que visa devolver à luz o papel crucial desempenhado pelos angolanos na libertação da África Austral.

Tenho procurado neste período em que estou tendo a graça de Deus de estar no continente africano, ler o máximo de livros possível, com o intuito de captar importantes informações que em geral a mídia mundial não noticia. Um dos livros que destaco é o "OS ANGOLANOS QUE LIBERTARAM MANDELA" do escritor angolano Orlando Victor Muhongo, nascido na Província do Uige em 1982, licenciado em Relações Internacionais e mestre em Relações Interculturais. São angolanos os heróis que, no Triângulo do Tumpo, se imolaram em defesa da África Austral e, cujo sangue e suor, derrubaram o regime do apartheid e libertaram Nelson Mandela."Celso Salles"

Este livro AFRICANO DE ALMA já nasce como um NOVO PARADIGMA. Ao trazer os estudos do professor e teólogo Bitombokele Lei Gomes Lunguani, com várias e importantes páginas de seu livro "A NOVA DESCOLONIZAÇÃO DE ÁFRICA" e, na sequência enfatizar a obra do escritor angolano "OS ANGOLANOS QUE LIBERTARAM MANDELA, a desconstrução de um mito" fica muito clara a proposta do novo paradigma AFRICANO DE ALMA. Trata-se de um paradigma de imensa ousadia, pois quer enfrentar séculos de pensamentos, alimentados e que alimentam muito ódio e destruição. Quem tiver curiosidade ou mesmo a oportunidade de ler os livros já escritos da coleção África verá uma continuidade daquilo que já venho escrevendo.

O AFRICANO DE ALMA nasce advogando que temos que mudar os pensamentos. De nada adianta mudarmos cor ou raças que tenham o mesmo pensamento. Temos sempre vários pontos de vista para analisarmos qualquer que seja a questão. Por isso precisamos pensar de forma múltipla. Vejo que, como humanidade, estamos em um caminho rumo à destruição. A voracidade do capitalismo e todas as suas variantes que precisam se alimentar o tempo todo e, com forte raiz no egoísmo, faz da lei do mais forte uma única verdade. Uma verdade que não importam os meios, desde que se atinjam os fins.

Tenho acompanhado em várias partes do mundo pessoas e famílias que fizeram do acúmulo de riquezas um oásis de felicidade, sem felicidade. E temos seguido esses exemplos do mundo capitalista, pois é o que move as economias em geral.

Mas como pensar diferente no meio dessa confusão? A priori parece realmente impossível, visto que a medição do sucesso ou do fracasso é muito clara. Quanto mais dinheiro, mais sucesso. Quanto menos dinheiro, mais fracasso.

E aí vemos políticos e governantes vendendo seu próprio povo, comprando judiciário, escondendo dinheiro ilícito, raxadinhas e não param de inventar novas falcatruas.

A mídia, por sua vez, cada vez mais refém do capital financeiro, escolhe e dá o tom da verdade.

Sem medo de errar. Chegamos em um momento onde PENSAR NOVO é fundamental. Criar novos e importantes paradigmas que possam iluminar esse nosso mundo cansado e desorientado.

O paradigma AFRICANO DE ALMA tem essa ousadia. E ao nascer em África, o continente mais sofrido do planeta Terra, sua proposta é ainda mais ousada. Um paradigma que começa a se materializar no seio de uma NOVA GERAÇÃO, como muito bem pudemos mostrar neste livro.

AFRICANO DE ALMA X RENASCIMENTO AFRICANO MODERNO

Está tudo muito ligado e tem uma mesma fonte de inspiração: Papá Simon Kimbangu. Tudo o que está ligado a Simon Kimbangu tem um mesmo DNA: ÁFRICA.

Para não tomar muitas linhas deste livro, vou deixar a URL do vídeo documentário para você que nunca ouviu falar ou mesmo tem suas dúvidas:

Foram 30 anos de prisão, inúmeros milagres e profecias.

Como que ao criar o Paradigma AFRICANO DE ALMA eu sei que foi inspiração de Simon Kimbangu?

A certeza vem da amplitude da criação, pessoas envolvidas, resultados obtidos. Seria humanamente impossível tudo isso acontecer se não houvesse uma entidade muito maior cuidando de tudo. Os erros cometidos no meio do caminho são facilmente identificados pois tudo para. Uma vez corrigidos, tudo volta a andar e na velocidade da luz.

Tenho percebido a grande dificuldade da maioria dos africanos em aceitar o lado divino de Simon Kimbangu. Em particular, eu já sonhava com algo assim e quando em 2015, tive o conhecimento, na hora comecei a trabalhar e a materializar minhas inspirações, como essas linhas que estou a escrever.

No Salão de Artes do RENASCIMENTO AFRICANO MODERNO, protagonizado pela Jotraken Investment, liderada pelo angolano kimbanguista João Missidi Neto, logo que cheguei no Complexo Kimbanguista do Golfo, fui recebido pelo maestro da Orquestra Sinfônica Kimbanguista, Marcelo Ntuntu, com tratamento de celebridade. Depois, um a um, os membros da Orquestra vão chegando e é notório o carinho e amor que sentem pela presença dos irmãos em geral.

Em linhas gerais e por conta das inspirações e escolhas feitas por Simon Kimbangu, percebe-se uma NOVA ÁFRICA a caminho, vinda de inúmeras direções em prol de toda a humanidade.

Sinto que temos que fazer a nossa parte.

As Obras e os resultados falam por si.

Em um mesmo território, temos uma África pobre e sem vida, enquanto que no lado kimbanguista ainda em território africano, temos uma África NOVA, cheia de vida e prosperidade.

Por quê não ser uma só África NOVA? O que ainda impede a África de crescer, se modernizar e se libertar definitivamente das amarras que ainda hoje lhe prendem?

Muitas respostas você pode encontrar no livro "A NOVA DESCOLONIZAÇÃO DE ÁFRICA" de Bitombokele Lei Gomes Lunguani.

Também na Mandombe Universty, poderá obter inúmeros conhecimentos: http://mandombeuniversity.online

Dentro de minha vertente pesquisadora, o que me chama muito a atenção na forma de vida dos kimbanguistas é exatamente a UNIÃO. O trabalho em conjunto.

A LINHAGEM que Simon Kimbangu lhes deixou, possui um lado espiritual muito acima da maioria das religiões.

AMOR, MANDAMENTO E TRABALHO, orientam todos os kimbanguistas rumo ao crescimento coletivo.

Tendo a mesma fonte inspiradora, tenho certeza que igualmente o Paradigma AFRICANO DE ALMA deva se alicerçar neste trinômio, buscando força e inspiração para o seu mais legítimo crescimento.

O grau de pobreza no território africano ainda é muito elevado e, tenho certeza absoluta que, para zerá-lo, faz-se necessário a união de muitas forças que, isoladamente, dificilmente obterão sucesso. O papel da diáspora africana em todo esse processo é considerável, pois, de posse de muitos conhecimentos, podem encurtar muitos caminhos que visem a auto-suficiência alimentar e independência económica.

Visões como as do palestrante na página 86 deste livro, precisam ser eliminadas da face da terra. Na sequência de sua fala que não foi filmada, mas que podemos imaginar, ele na certa fornece uma grande lista de procedimentos para manter a África longe do crescimento e eternamente fornecedora de matéria prima a troco de armas ou mesmo alimentos que a África pode muito bem produzir.

No livro A IMPORTÂNCIA DA DIÁSPORA AFRICANA NA NOVA DESCOLONIZAÇÃO DE ÁFRICA, coloquei a lista completa das unidades EMBRAPA - Empresa Brasileira de Pesquisa Agropecuária, onde africanos de todos os países poderão se cadastrar e obter preciosas informações no que chamei no mesmo livro de AGROVIDA.

Tenho procurado, nestes anos em África, conhecer todos os sítios e constatar as principais necessidades do povo africano. Na palestra da Luzolo, realizada no dia 28 de Maio de 2021, pude mencionar que a maior doença do século é a INDIFERENÇA.

Indiferença interna e externa. Não precisamos ver crianças pegarem comida no lixo, diante de tanta riqueza. Podemos criar áreas de alimentação para pessoas em situação de risco. Se quem tem o poder para isso continuar a fazer de conta que nada disso existe, milhões de pessoas continuarão a morrer de fome.

Como AFRICANOS DE ALMA, não podemos permitir que isso continue a ocorrer.

O que alimenta muito a minha ALMA AFRICANA é poder trabalhar com inúmeras pessoas e organizações que, mesmo com muitas dificuldades, fazem muito pelo próximo. Dedicam seu tempo. Criam projetos. Não vou mencionar estas pessoas e Organizações pois com certeza poderei esquecer algumas.

A RESPONSABILIDADE SOCIAL precisa ter verbas e importâncias maiores nas empresas em geral. Precisa de gestores com a ALMA AFRICANA voltados para os desvalidos. INCANSÁVEIS. Que não fiquem esperando projetos chegarem, mas que vão ao encontro deles. Por mais que façamos, sempre tem muito mais por fazer.

55

Motivos para Investir em África!

Celso Salles

O conteúdo deste livro é de imensa importância. Ele quase pode ser considerado como um Catálogo de África. São poucas as obras que se dedicam a este conteúdo, exatamente pela quantidade de informações, quando o assunto é África. É muito fácil se perder dentro de um grande universo de informações históricas.

Outra dificuldade em se ver claramente esta África Potencial contida neste livro é o foco que se tem dado à fauna em África na mídia em geral e aos conflitos armados, corrupções, fome, pobreza... Essas informações, divulgadas sistematicamente no mundo todo, jogam um papel bem destruidor quanto ao planejamento das empresas e organizações em todo o mundo quando se pensa em investir em África.

Em Setembro de 2021 completo 10 anos em território africano, no início com idas e vindas ao Brasil, porém, desde 2016, quando recebi o visto para permanência em Angola dado pelo Ministério da Ciência e Tecnologia na época, vi o quanto era importante estar em território africano. Estando em Angola, tive passagens rápidas pelo Zimbabwe, Congo Democrático, Congo Brazaville e África do Sul. Com toda certeza, em razão do trabalho que venho fazendo, minha meta é estar presencialmente se não em todos os demais 50 países que ainda me faltam conhecer, pelo menos, na maioria deles, pois acredito muito na força e na importância deste trabalho.

Uma vez afrodescendente, acabo sendo um entre milhões, se não bilhões da diáspora africana, com este foco em específico.

Com este livro, outras importantes personalidades poderão igualmente se motivarem a realizar idêntico ou superior trabalho em prol de África. Se eu consigo, milhares também podem conseguir.

Nas páginas que se seguem procurei colocar, em minha ótica, informações pontuais de cada país focando em suas potencialidades, variando o corpo da fonte Arial, conforme a quantidade de informações.

Lembro que TODO TIPO DE INVESTIMENTO é bem vindo. Temos mundo afora, inteligências humanas de alto valor, onde muitas delas, depois de se realizarem, podem muito bem passar dias, semanas, meses ou anos no Continente Africano, transmitindo os seus conhecimentos.
Por parte dos 55 governos africanos, cabe criarem condições para além de atraírem estas mentes, proporcionarem instalações seguras e de qualidade de vida para receberem estas bênçãos em forma de seres humanos.

Meus livros à venda pela amazon.com, estão sendo lidos em várias partes do mundo. Quero deixar aqui o MEU APELO a estas mentes prodigiosas, para que venham a África. A África PRECISA DOS SEUS CONHECIMENTOS. Não só quero, como posso ajudá-los: educasat@hotmail.com.

República da África do Sul

Considerado uma economia de renda média alta pelo Banco Mundial, o país é considerado um mercado emergente. A economia sul-africana é a segunda maior do continente (atrás apenas da Nigéria) e a 25ª maior do mundo (PPC). Multiétnico, o país possui as maiores comunidades de europeus, indianos e mestiços da África. Apesar de 70% da população sul-africana ser composta por negros, este grupo é bastante diversificado e abrange várias etnias que falam línguas bantas, um dos idiomas que têm estatuto oficial. No entanto, cerca de um quarto da população está desempregada e vive com menos de 1,25 dólar por dia.

A África do Sul é uma democracia constitucional, na forma de uma república parlamentar; ao contrário da maioria das repúblicas parlamentares, os cargos de chefe de Estado e chefe de governo são mesclados em um presidente dependente do parlamento. É um dos poucos países africanos que nunca passaram por um golpe de Estado ou entraram em uma guerra civil depois do processo de descolonização, além de ter eleições regulares sendo realizadas por quase um século. A grande maioria dos negros sul-africanos, no entanto, foram completamente emancipados apenas depois de 1994, após o fim do regime do apartheid. Durante o século XX, a maioria negra lutou para recuperar os seus direitos, que foram suprimidos durante décadas pela minoria branca, dominante política e economicamente, uma luta que teve um grande papel na história e recente do país.

República de Angola

O governo liderado por Sua Excelência Presidente João Manuel Gonçalves Lourenço, é a favor de uma política externa que encoraja relações culturais, económicas e comerciais mais fortes com outros países e pretende ser um membro ativo da comunidade internacional.

No cenário internacional, Angola vem dando forte apoio a iniciativas que promovam a paz e a resolução de disputas regionais, privilegiando a via diplomática na prevenção de conflitos e a promoção dos direitos humanos.

O Executivo Angolano tem adoptado todas as medidas necessárias para que os investidores tenham confiança e certeza de que estão a entrar num cenário competitivo, de sã concorrência e aberto.

A estabilidade e a segurança são condições prévias necessárias para o desenvolvimento social e econômico de qualquer País. E o Executivo Angolano apoia o desenvolvimento e o crescimento da economia nacional, por via da geração de emprego e do incremento da produção interna.

Angola convida-o a realizar o seu investimento, nacional ou internacional, na Zona Económica Especial, contribuindo, assim, para o desenvolvimento, a competitividade e o empreendedorismo.

República Argelina Democrática e Popular

A Argélia é tida como uma potência regional e média. O país fornece grandes quantidades de gás natural para a Europa, e as exportações de energia são um dos principais contribuintes na economia argelina. De acordo com a Organização dos Países Exportadores de Petróleo (OPEP), a Argélia tem a 17ª maior reserva de petróleo do mundo e a segunda maior da África, ao mesmo tempo que tem a 9ª maior reserva de gás natural no mundo. Sonatrach, a empresa nacional de petróleo, é a maior empresa na África. A Argélia tem uma das maiores forças armadas na África e um dos maiores orçamentos de defesa no continente.

O país é membro da Organização das Nações Unidas (ONU), da União Africana (UA) e da Liga Árabe praticamente depois de sua independência, em 1962, e integra a Organização dos Países Exportadores de Petróleo (OPEP) desde 1969. Em fevereiro de 1989, a Argélia participou com os outros estados magrebinos, para a criação da União do Maghreb Árabe. A Constituição argelina define "o islã, os árabes e os berberes" como "componentes fundamentais" da identidade do povo argelino, e o país como "terra do islã, parte integrante do Grande Magreb, do Mediterrâneo e da África".

República do Benin

O Governo do Benin tomou medidas rápidas para melhorar o clima de negócios, criando uma estrutura mais saudável para o investimento e facilitando as parcerias público-privadas. Novas reformas de apoio ao investimento foram planejadas em paralelo com a implementação dos projetos do Programa "Benin Revelado". Entre as medidas implementadas, podemos citar em particular:

- Quadro regulatório unificado para parcerias público-privadas;
- Medidas fiscais a favor do investimento privado;
- Estabelecimento de um balcão único;
- Modernização do sistema de compras públicas;
- Revisão dos preços de venda do domínio privado do Estado;
- Regime tributário simplificado e vantajoso para micro e pequenas empresas (Imposto Profissional Sintético);
- Medidas a favor da autossuficiência energética;
- Outras medidas estão em preparação, em paralelo com os projetos do programa "Benin Révélé":
- Flexibilização das disposições do código do trabalho para introduzir mais flexibilidade e encorajar a criação de empregos;
- Criação de zonas econômicas especiais com vantagens de incentivo para investidores nacionais e estrangeiros;
- Regime especial para constituição de sociedades holding de instituições financeiras internacionais.

República do Botswana

1) Botswana é estável, pacífico e transparente.

- Está em paz desde o seu nascimento como nação independente e soberana em 1966;

- Tem tolerância zero para a corrupção e orgulha-se de um sistema jurídico sólido e de adesão ao Estado de Direito;

- É consistentemente classificado como o país menos corrupto da África pela Transparency International.

2) Botswana está comprometida com uma política fiscal sólida, liberdade econômica e tem uma taxa de crescimento constante e dramática.

- Tem a classificação de crédito soberana mais alta da África de acordo com a classificação da Standard and Poor's e Moddy's com perspectiva positiva correspondente;

- Botswana ocupa o segundo lugar como a economia mais livre da África;

- O PIB de Botswana em 2016 foi de US $ 15,6 bilhões com PIB per capita de US $ 6,972 com um crescimento de 4,3% em relação ao nível de 2015;

- Tem uma das taxas de crescimento econômico mais rápidas do mundo, com projeção de crescimento da economia de 4,7% e 5,3% em 2017 e 2018, respectivamente.

3) Botswana abre as portas para um mercado massivo.

- Oferece aos investidores acesso preferencial ao mercado da Comunidade de Desenvolvimento da África Austral (SADC), mercado inteiro - mais de 293 milhões de pessoas em 14 países, com um PIB combinado de mais de US $ 700 bilhões;

Burkina Faso

- O Burkina Faso é membro da União Económica e Monetária da África Ocidental, que garante a estabilidade do franco CFA (livremente convertível em EUR a uma taxa fixa)

os sistemas jurídicos, regulatórios e contábeis do país são transparentes e consistentes com as normas internacionais

- O principal produtor de algodão da África

- país exportador de ouro (5º maior produtor da África)

- baixa taxa de desemprego (4,94% em 2020 de acordo com o Banco Mundial), força de trabalho abundante e população jovem

- o país é apoiado pela comunidade financeira internacional (como demonstrado pelo fato de que Burkina Faso foi um dos primeiros países a se beneficiar da iniciativa HIPC)

- o país se beneficia da estabilidade política e institucional

- o código de investimento do país garante aos investidores estrangeiros o direito de transferência para o exterior de quaisquer fundos associados a um investimento, incluindo dividendos, receitas de liquidação, ativos e salários.

- Medidas governamentais para motivar ou restringir o FDIO governo de Burkina Faso está procurando ativamente promover investimentos estrangeiros. Algumas das medidas tomadas incluem incentivos fiscais e incentivos para atrair investidores estrangeiros. Existem também isenções de imposto de valor agregado sobre certos equipamentos; regime tributário e aduaneiro especial para acordos de investimentos firmados pelo Estado com grandes investidores.

República do Burundi

- Estabilidade política e de segurança;
- Uma localização geográfica estratégica que permite o acesso direto a vários países vizinhos;
- Um ambiente de negócios em constante melhoria (Doing Business Report 2015 Burundi foi classificado em 18º no registro de indicadores de negócios);
- Liberdade de liquidação e investimento;
- Burundi é membro do Mercado Comum da EAC e da Área de Livre Comércio do COMESA;
- Mão de obra relativamente barata em comparação com os países da sub-região;
- O Burundi é elegível para o "Tudo Menos Armas" da União Europeia e o AGOA (Lei de Oportunidades de Crescimento para a África);
- Código de Investimento não discriminatório e atraente, garantindo a proteção de investidores e investimentos;
- One-Stop-Shop que permite começar um negócio em um dia por 40.000 BIF (cerca de US $ 25);
- Outros três One-Stop-Shop operacionais: um para obtenção de alvará de construção, outro para transferência de propriedade e one-stop-shop para ligação à electricidade.

República de Cabo Verde

No coração do Atlântico, um país no centro das rotas de todos os mundos, Cabo Verde tem vários atrativos para o investimento externo. Seguem-se 10 ordens de razão para apostar na nação.

1.º Cabo Verde, dez ilhas no meio do Atlântico na encruzilhada de três continentes, é a terra de sol, mar, montanhas, de "Pão e Fonema" (Corsino Fortes, poeta e político) e de homens e mulheres dignos, resilientes e resistentes que "as cabras ensinaram a comer pedras" (Ovídio Martins, escritor e jornalista) e que "pensa pelas suas próprias cabeças" (Amílcar Cabral, político e teórico) com uma cultura rica e viva que tem como sua rainha a diva dos pés descalços – Cesária Évora.

2.º É uma nação democrática, pacífica, tolerante e bem governada. Na África, é o país mais estável política, civil, social e economicamente. O Estado de Direito Democrático é uma realidade consolidada. As instituições são sólidas e funcionam, conferindo credibilidade ao país.

3.º A boa governação de Cabo Verde é reconhecida por todos os países e instituições internacionais que se preocupam com estas matérias, sendo fonte de credibilidade interna e externa. Como exemplo destaca-se ter sido o único país do mundo a beneficiar de um 2.º Compacto do Millennium Challenge Corporation por ter preenchido todos os requisitos necessários para a elegibilidade a estes fundos. A qualidade da democracia e da boa governação é reconhecida nos principais rankings mundiais, designadamente das liberdades, da democracia e de competitividade:
- É país de primeira categoria em termos de liberdade civil e política, sendo o mais livre de África (Freedom House).
- É a 31.ª democracia mundial e 1.ª da lusofonia (Index of Democracy).

República dos Camarões

O que considerar para você investir nos Camarões

- Um longo período de estabilidade política sob o regime em vigor;
- Mão de obra de baixo custo;
- Recursos naturais abundantes (agrícolas, petróleo e mineração);
- Uma economia de exportação diversificada (petróleo, mineração, agricultura, etc.);
- Muitos projetos de modernização de infraestrutura em andamento apoiados por empréstimos do FMI;
- Estabilidade monetária devido à sua adesão à zona do Franco CFA;
- O impacto positivo da política anticorrupção;
- Regulamento de participação acionária, permitindo que estrangeiros detenham 100% de uma empresa;
- Camarões também tem zonas de livre comércio nas quais todas as empresas exportadoras podem ser estabelecidas. As zonas francas destinam-se apenas a empresas produtoras de bens e prestadoras de serviços exclusivamente destinados à exportação. As vantagens para essas empresas são inúmeras: isenção de todas as licenças, autorização ou limitação de cotas tanto para exportação quanto para importação, possibilidade de abertura de conta em moeda estrangeira, ausência de restrições às operações de venda, compra de moeda estrangeira, direito de transferência de lucros no exterior (25% deve ser reinvestido em Camarões), isenção de impostos e taxas por um período de 10 anos a partir do início das operações e tributação à alíquota geral de 15% sobre os lucros a partir do 11º ano.

República do Chade

Entre os setores que oferecem o melhor mercado para as empresas estão hidrocarbonetos, infraestrutura, mineração, agricultura, pecuária, turismo, transporte e telecomunicações. Chade constitui um mercado de primeira ordem para uma série de serviços empresariais que vão desde a construção de administração comercial , educação, saúde, ciência da computação, tecnologia da informação para serviços financeiros.

Possíveis oportunidades de negócios Parceiros da ANCL Ambiente de negócios, paz, segurança e estabilidade têm sido o compromisso político e a realização do governo chadiano nos últimos anos. Hoje, como isso é perceptível, o Chade se posiciona novamente como um centro econômico regional e um destino atraente de investimentos estrangeiros diretos. Tanto as empresas chadianas quanto as estrangeiras coexistem em uma economia reformada que favorece joint ventures de alianças comerciais, fluxo de capital e repatriação de receitas.

Como um estado membro dos 37 milhões de habitantes da Comunidade Económica e Monetária da África Central (CEMAC), o Chade compartilha uma moeda comum, chamada CFA. O franco CFA inclui cinco outros Estados (Camarões, República Centro-Africana, República do Congo, Gabão e Guiné Equatorial), que do ponto de vista empresarial reduz muitos riscos financeiros e facilita as transações entre empresas localizadas na Comunidade.

União dos Comores

Comores, uma terra de oportunidades.

A União das Comores é essencialmente vista como um local seguro e tranquilo para viver e trabalhar. As Comores são um refúgio de paz. Habitantes acolhedores e honestos e uma sensação de segurança real tornam as Comores um lugar excepcional para viver e trabalhar. Para todos os amantes da natureza, a União das Comores é um dos destinos mais exóticos do mundo pela sua fauna e flora excepcional e diversificada. A lista de atividades divertidas que podem ser realizadas nas ilhas, seja à beira-mar ou na floresta, é longa e variada. Os comores são muito abertos aos estrangeiros e sempre querem que se sintam confortáveis desde o primeiro dia nas Comores. Os atrativos naturais do país são numerosos e não se limitam às praias. O vulcão Karthala na Grande Comore, cuja cratera é a maior do mundo, ainda está ativo e é a atração turística mais famosa do arquipélago. As ilhas, e especialmente Moheli, possuem uma riqueza subaquática única (marcada pela presença do celacanto, um peixe endêmico com várias centenas de milhões de anos e ameaçado de extinção, mas também tartarugas e dugongos). A lagoa salgada localizada no norte da Grande Comore, também atrai muitos visitantes. A cultura comoriana é rica em artesanato (bordados, talha, joias tradicionais de ouro e prata) com uma mistura única de gastronomia. Por outro lado, o património histórico do país inclui muitos monumentos e sítios arqueológicos que datam do século XII.

República da Costa do Marfim

Visão Geral Econômica: A economia da Costa do Marfim depende principalmente da agricultura. É o maior produtor e exportador mundial de grãos de cacau e um importante produtor e exportador de café e óleo de palma. É também um dos três maiores produtores e exportadores de caju. Estima-se que a agricultura contribua com cerca de 20% do PIB e emprega cerca de 48% da força de trabalho do país. A Costa do Marfim também é rica em recursos minerais com abundantes depósitos de hidrocarbonetos, minérios (ouro, cobre, ferro, manganês, bauxita). Recentemente, tem havido um aumento das atividades no setor de petróleo e algumas atividades de mineração, em particular de minerais preciosos, como ouro e diamantes, mas também outros como o níquel. O PIB real cresceu 6,8% e 6,9% em 2018 e 2019 resp, tendo registado um crescimento composto anual do PIB de 8,1% nos últimos 5 anos. As perspectivas de crescimento da Costa do Marfim permanecem positivas. Em 2019, Costa do Marfim e Gana (62% da produção mundial de cacau) assinaram um acordo para aumentar o preço do grão do cacau. A moeda da Costa do Marfim é o franco CFA indexado ao euro. As principais exportações incluem café, cacau, algodão, óleo de palma, madeira, petróleo, banana, abacaxi, etc. As principais importações incluem combustível, alimentos e equipamentos de capital.

República do Djibuti

Oportunidades de investimento

Por que é importante investir no Djibouti?

É difícil ignorar a localização estratégica e a importância de Djibouti. Fazendo fronteira com o Golfo de Aden e o Mar Vermelho e situado entre a Eritreia e a Somália, Djibouti é a rota para o mar de países africanos como o Sudão do Sul e a Etiópia. As importações e exportações da Etiópia representam mais de 70% da atividade portuária no terminal de contêineres de Djibouti. Da perspectiva do "Ocidente", este é um país estratégico no meio do instável Chifre da África. É o lar da única base militar dos EUA na África Subsaariana e a maior base militar francesa estrangeira. Os japoneses abriram uma base nos últimos anos para ajudar no combate à pirataria no mar. Do ponto de vista do investidor, Djibouti é um país jovem que apresenta oportunidades inexploradas. Aqui estão 10 razões para investir no Djibouti:

1) Está localizado na 2ª rota marítima do mundo, por onde transitam 60% do tráfego mundial;

2) O país está estrategicamente posicionado na região, para servir de hub para países sem litoral;

3) Goza de estabilidade política;

4) Tanto os nacionais como os estrangeiros gozam dos mesmos direitos;

5) Sua moeda está atrelada ao dólar norte-americano e é livremente conversível, com uma taxa de inflação fraca;

6) Possui um sistema financeiro, livre de controle de câmbio, que permite a transferência de moeda totalmente gratuita.

7) Sua economia é voltada para o desenvolvimento e em plena atividade (com grandes projetos de infraestrutura).

República Árabe do Egito

Zonas de Investimento

É um regime de investimento que visa a implementação de um mecanismo simples e fácil de emitir todas as aprovações, licenças e autorizações necessárias ao estabelecimento e operação de projetos através do Conselho de Administração da Zona de Investimento e da Diretoria Executiva (Um Único Regulador), sem tratar com as instituições governamentais o Estado de acordo com o disposto no Capítulo II da Parte III da Lei nº 72 de 2017.

Ao abrigo deste regime de investimento, o investidor assume os custos e o trabalho de desenvolvimento de todas as infraestruturas, serviços e implementação de utilidades necessárias na zona.

As empresas estabelecidas em zonas de investimento estão isentas do imposto de selo e da documentação, pelo prazo de cinco anos, a contar da data do registro da empresa no Registro Comercial. Os contratos de registro de terras também estão isentos.

O conselho de administração da Autoridade Geral para Zonas Livres de Investimento (GAFI) aprovou em novembro de 2017 o estabelecimento de uma zona de investimento em Qalyubia, dedicada a Pequenas e Médias Empresas (PMEs), com mais de 36 acres, em Arab Oliqat, Al-Khanka. Ele também visa as indústrias de manufatura de alimentos e bebidas.

Em setembro de 2017, o GAFI assinou um Memorando de Entendimento (MoU) com o Grupo de Engenharia e Contratação de Cingapura (SECC) de Cingapura para desenvolver zonas de investimento nas províncias de Qena, Kafr el-Sheikh e Qaliubya

Estado da Eritreia

A Eritreia historicamente tem lutado para atrair grandes investimentos devido ao seu clima de negócios desfavorável.

Apesar disso, os recursos minerais da Eritreia atraíram muitos investidores, incluindo a China - o maior investidor, credor e parceiro comercial do país.

O influxo de IED para a Eritreia aumentou nos últimos cinco anos a uma taxa composta de crescimento anual de 6%, de US $ 41 milhões para US $52 milhões. Os recursos minerais impulsionam esse influxo.

Várias empresas americanas e europeias consideram investir em turismo, cimento, mineração e petróleo em 2017.

Uma joint venture entre uma empresa canadense (NEVSUN) e o governo da Eritreia criou a Bisha Mining Company. É um dos maiores conglomerados de mineração do país e extrai ouro, cobre e zinco.

Houve apenas um investimento greenfield na Eritreia em 2017 na mineração.

A maioria dos investimentos estrangeiros não mineiros da Eritreia são investimentos de capital privado, com uma pequena percentagem de lucros reinvestidos.

Alemanha, Estados Unidos e Canadá são os maiores investidores na Eritreia.

O fluxo de IED dos Estados Unidos para a Eritreia tem diminuído desde 2003, mas mais países do Oriente Médio e da Ásia começaram a investir na Eritreia.

República Democrática Federal da Etiópia

A Etiópia é o país independente mais antigo da África e está entre os países mais estáveis da região. A transição pacífica do poder para um novo primeiro-ministro em 2012, e novamente em 2018, provou a estabilidade do sistema político da Etiópia e da forma parlamentar de governo. Depois que o PM Abiy Ahmed assumiu o poder em abril de 2018, a Etiópia passou por reformas políticas e econômicas radicais sem precedentes.

- Reforma política;
- Democracia e Estado de Direito;
- Perdoando presos políticos;
- Permitindo que grupos políticos no exílio voltem para casa;
- Levantando o estado de emergência imposto;
- Proibições levantadas em sites e outras mídias;
- Construindo a paz na região;
- Paz com sucesso com a Eritreia;
- Mediação de acordos de paz no Sudão;
- Reforma económica;
- Privatização total e parcial de empresas estatais;
- Liberalização das indústrias de aviação, logística e telecomunicações;
- Introdução e implementação da reforma econômica cultivada em casa.

República Gabonesa

- Uma abundância de recursos naturais;
- Localização estratégica do país ao longo do Golfo da Guiné;
- Estabilidade política;
- Sua filiação ao CEMAC e várias outras organizações internacionais;
- Plano do governo para diversificar a economia (Plano Estratégico Emergente do Gabão);
- O fato de o Gabão ser o quinto produtor de petróleo da África Subsaariana; O segundo maior produtor de madeira da África, com um plano para se tornar o maior produtor mundial de manganês;
- Sem restrições ou limitações para investidores estrangeiros em relação à conversão, transferência ou repatriação de fundos associados a um investimento no Gabão;
- Livre conversibilidade de sua moeda com moedas estrangeiras por fazer parte da zona do franco.

República da Gâmbia

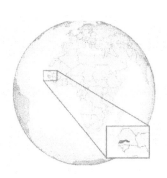

Embora o investimento doméstico e estrangeiro seja encorajado em virtualmente todos os setores da economia gambiana, o Governo está dando as mais altas oportunidades e prioridade, e está especialmente ansioso por um maior fluxo de investimento em certas áreas.

Agricultura, especialmente em horticultura, floricultura, pecuária, processamento de frutas / vegetais e conservas; Pesca e exploração florestal; Turismo e viagens; Fabricação e montagem leves; Energia (eletricidade); Exploração e exploração mineral, especialmente no potencial de hidrocarbonetos do país; Comunicação e serviços face às novas políticas nacionais de desregulamentação, desinvestimento e abertura deste subsector.

- Sem restrições:

Apesar dos desejos do Governo de influenciar a localização do investimento, o investimento e outras políticas do Governo não têm quaisquer restrições sobre a gama de atividades comerciais em que os investidores podem se envolver. O governo está mantendo sua política de portas abertas não discriminatórias de garantir que nenhum investidor estrangeiro esteja sujeito a restrições que não sejam aplicáveis aos investidores nacionais e vice-versa. A política também busca estimular a participação acionária de investidores estrangeiros como forma de ampliar a difusão e transferência de tecnologia, competências técnicas, gerenciais e empresariais.

República do Gana

A riqueza de recursos de Gana, o sistema político democrático e a economia dinâmica, o torna, sem dúvida, uma das principais luzes da África. Ganhar a confiança do mundo com uma transição política pacífica e um compromisso firme e fundamentado com a democracia ajudou a acelerar o crescimento de Gana em investimento estrangeiro direto (IED) nos últimos anos.

Gana tem atraído a atenção de empresas internacionais de renome, que investem em todos os setores da sua economia. Todos esses investidores vieram para Gana porque sabem que tem um ambiente social, político e econômico maravilhoso e propício, no qual podem investir, crescer e ter sucesso.

Com base em recursos naturais significativos, Gana está comprometida em melhorar sua infraestrutura física. Além disso, Gana embarcou recentemente em um programa de reforma ambicioso, mas viável, para melhorar o clima de investimento para investidores locais e internacionais. Esses esforços foram extremamente compensadores, com Gana sendo reconhecida pelo Relatório Doing Business 2014 do Banco Mundial como o "Melhor lugar para fazer negócios na região da CEDEAO".

República da Guiné

É um país em desenvolvimento ricamente dotado de recursos naturais, principalmente minerais, possui mais de 25 bilhões de toneladas (Mt) de bauxita, acredita-se que contenha metade das reservas mundiais. Além disso, o país também possui mais de 4 bilhões de toneladas de minério de ferro de alta qualidade, o ouro tem uma presença significativa, e também há reservas de diamantes, reservas indeterminadas de urânio e campos potenciais de petróleo. Graças ao clima e geografia favoráveis, a Guiné tem um potencial considerável de crescimento na agricultura e na pesca. São crescentes os projetos de investimento em hidrelétricas, de fato, as fortes chuvas e abundantes hidrovias têm um forte potencial para gerar eletricidade suficiente para abastecer todo o país e até mesmo demais países do entorno.

O processo técnico de abertura de uma empresa na Guiné é teoricamente simples. De acordo com o regulamento da Guiné, o processo está centralizado na Agência de Promoção do Investimento Privado (APIP), a central de registo de empresas. No entanto, os maiores investimentos começaram recentemente diretamente por meio do Gabinete do Presidente. O novo governo está ansioso para atrair investimentos estrangeiros e tem feito esforços para melhorar o processo, certamente projetos bem-sucedidos tendem a ser aqueles que estabelecem relacionamentos fortes com potenciais parceiros locais.

República da Guiné-Bissau

Visão Geral da Economia: A economia da Guiné-Bissau depende principalmente da agricultura de subsistência (exportação de castanha de caju) e da assistência externa, que normalmente representa cerca de 80% do seu orçamento. A castanha de caju é responsável por quase 70% do emprego e mais de 90% das exportações. A Guiné-Bissau possui depósitos de recursos minerais inexplorados, que incluem fosfatos, bauxita e areias minerais. Recentemente, iniciou a exploração offshore de petróleo e gás. O clima e o solo do país tornam viável o cultivo de uma ampla variedade de culturas comerciais, frutas, vegetais e tubérculos. O país continua lutando para conter a extração ilegal de madeira e o tráfico de entorpecentes da América Latina. O PIB real cresceu 4,5% em 2019, tendo registrado um crescimento composto anual de 4,6% do PIB nos últimos 5 anos. A moeda da Guiné-Bissau é o franco CFA indexado ao euro. As principais exportações incluem caju, amendoim, camarão, peixe, palmiste, madeira serrada, etc. As principais importações incluem produtos petrolíferos, equipamento de transporte, produtos alimentares, maquinaria, etc.

Oportunidades de Investimento: O governo da Guiné-Bissau oferece vários incentivos para promover o investimento, entre os quais estão o potencial de redução de impostos de 50% por um período de seis anos e repatriamento irrestrito de lucros. A prioridade do governo é aumentar o investimento estrangeiro nos setores de agricultura e energia, que são os dois principais motores da economia. Muitas oportunidades estão disponíveis no setor agrícola. Ter uma grande extensão de terra não desenvolvida combinada com a prevalência de técnicas agrícolas tradicionais significa que a modernização pode ter um grande impacto na produtividade. A extensão da costa atlântica e as belezas naturais do país oferecem um investimento potencial em turismo (principalmente nas Ilhas Bijagós).

República da Guiné Equatorial

A Guiné Equatorial está localizada no Golfo da Guiné, localização geográfica que abriga 4,1% das reservas mundiais de petróleo.

Desde que a Guiné Equatorial começou a explorar seus recursos petrolíferos em 1992, o país deu uma guinada de 360° em sua economia, tornando-se o quarto maior produtor de petróleo da África Subsaariana depois da Nigéria, Angola e Congo -Brazaville.

Este novo estatuto na economia mundial permite à Guiné Equatorial estar entre os países africanos que mais oportunidades de negócio e futuro oferecem às empresas.

O país abriu as portas ao investimento estrangeiro e são muitas as empresas a operar na Guiné Equatorial.

No entanto, não apenas o petróleo da Guiné Equatorial é uma fonte de riqueza para o país; sua produção de gás também é importante. O país é o primeiro fornecedor de gás entre os estados membros da CEMAC.

QUE SETORES SÃO MAIS FAVORÁVEIS PARA O INVESTIMENTO?

A Guiné Equatorial é um diamante bruto. O extraordinário investimento realizado nos últimos anos com o surgimento de várias cidades como é o caso de Malabo II, Sipopo, Oyala e Bata II; a expansão dos portos de Malabo e Bata; a construção de estradas em todo o país e, em geral, o grande investimento em infraestruturas, têm suscitado a necessidade de um serviço de transporte público eficiente, a necessidade de empresas prestadoras de serviços diversos, o desenvolvimento de escolas e academias, etc.

Reino do Lesoto

De acordo com o Relatório de Investimento Mundial 2020 da UNCTAD, os fluxos de IED para Lesoto totalizaram US $ 118 milhões em 2019, mostrando uma ligeira diminuição em relação aos US $ 129 milhões de 2019. Os estoques de IED no país totalizaram US $ 732 milhões em 2019. A indústria têxtil atraiu muitos investimentos e outros são esperados para usinas hidrelétricas. O setor manufatureiro de pequena escala do Lesoto também recebe IED. A África do Sul e os países do Sudeste Asiático são os principais investidores. Em 2020, devido à pandemia COVID-19, os fluxos de IED para a África Subsaariana diminuíram 11% para um valor estimado de US $ 28 bilhões (UNCTAD, Global Investment Trends Monitor).

República da Libéria

A Libéria oferece oportunidades de investimento em mineração, agricultura, silvicultura (madeira) e serviços financeiros. Uma economia baseada em commodities, a Libéria depende de importações para mais da metade de suas necessidades de cereais, incluindo arroz, o alimento básico mais importante da Libéria. A pandemia COVID-19 afetou negativamente todos os setores da economia, e o Fundo Monetário Internacional projeta um crescimento negativo de 2,5% para 2020.

A Libéria exigiria considerável investimento estrangeiro direto (IED) para cumprir seus objetivos e potencial de desenvolvimento. No entanto, os baixos indicadores de desenvolvimento humano, as estradas em más condições e a falta de acesso confiável à Internet na maior parte do país restringem o investimento e o desenvolvimento.

A maior parte da Libéria carece de fornecimento de energia, embora os esforços para expandir o acesso à eletricidade estejam em andamento por meio do desenvolvimento de uma rede da Usina Hidrelétrica Mount Coffee, os projetos de eletrificação transfronteiriça do West Africa Power Pool e outros projetos de energia com apoio internacional.

Líbia

A Líbia pode ser descrita como um mercado de fronteira com credenciais incríveis, montes de otimismo e uma ambição impulsionadora. O país também tem bolsos fundos e oportunidades ilimitadas para investidores. A Líbia tem acesso a uma pilha de dinheiro de mais de US $ 200 bilhões e a capacidade de reconstruir seu país. Mas há um enorme espaço para investimento em quase todos os setores da economia, do varejo à construção, treinamento e petróleo.

A pilha de dinheiro do país deve continuar crescendo à medida que a produção de petróleo supera as expectativas. A infraestrutura, entretanto, requer muito trabalho e o país precisa reconstruir literalmente tudo, desde serviços públicos à habitação e energia, bem como telecomunicações, e não há dúvida de que essas oportunidades, juntamente com investimento, farão maravilhas para a criação de empregos e educação.

O país se vê como um catalisador para a estabilização e está trabalhando para treinar a força de trabalho para atender às crescentes expectativas da nação e de seus visitantes. Suas indústrias atuais incluem petróleo, têxteis, cimento, artesanato e processamento de alimentos, mas estão sendo feitas tentativas para diversificar a economia com foco no turismo, agricultura, gás natural, pesca e mineração.

República de Madagáscar

Madagascar é dotado de potencial de mineração, agricultura, energia, pesca que são particularmente densas e variadas, que só precisam ser exploradas. A singularidade e riqueza de sua biodiversidade (a taxa de biodiversidade é 90% (# 1 na África)), e a taxa de endemicidade é a mais alta do mundo) também são um trunfo para investimentos em turismo. Espera-se que o investimento público e privado seja estimulado pelo Plano de Emergência de Madagascar 2019/2023, que visa impulsionar o crescimento econômico do país, fortalecer seu capital humano e melhorar a governança. O governo malgaxe depende de parcerias público-privadas, visto que vários projetos ambiciosos de infraestrutura estão sendo implementados usando este modelo no setor de telecomunicações, setor de energia, etc. turismo, agronegócio, mineração, têxteis, TIC, energia renovável e infraestrutura.

República do Malawi

Razões para investir no Malawi

1- Procedimentos simplificados de estabelecimento de investimentos

Malawi opera o One-Stop Service Center através do MITC, onde os investidores obtêm todos os requisitos de processamento de investimento necessários sob o mesmo teto em menos de cinco dias.

2 - Estabilidade Política e Segurança

Malawi não tem história de guerra civil e tem uma democracia vibrante

3 - Economia liberalizada e compromisso político

Taxas de juros determinadas pelo mercado e taxa de câmbio flutuante. Apoio governamental ao crescimento e desenvolvimento do setor privado por meio de reformas e co-investimentos estratégicos e projetos prontos para uso.

4 - Mercado de Trabalho Competitivo

O Malauí se orgulha de sua força de trabalho grande, altamente educada, qualificada, trabalhadora e treinável, que fala inglês, treinada no país e em instituições ao redor do mundo.

5 - Acesso preferencial a mercados

O Malawi é signatário de vários acordos comerciais multilaterais e bilaterais como parte da sua política comercial. Estes fornecem acesso preferencial aos mercados mundiais ao abrigo do COMESA, SADC, UE e AGOA.

República do Mali

1. MALI, SEU HUB NA ÁFRICA OCIDENTAL

- 7 países vizinhos;

- A apenas 2 horas de vôo de 10 capitais da África Ocidental;

- Uma moeda compartilhada com outros 7 países da região;

- Acesso a mais de 350 milhões de consumidores.

2. UMA VASTA GAMA DE OPORTUNIDADES DE INVESTIMENTO

1º produtor de algodão na África com mais de 1 milhão e 300 fardos de fibra branca;

2º rebanho da África Ocidental com mais de 30 milhões de cabeças;

3º produtor de ouro na África com mais de 50 toneladas anuais.

3. UM AMBIENTE ECONÔMICO EM CRESCIMENTO

- 5% de crescimento médio desde 2015;

- Taxa de inflação inferior a 2%;

- + 104% de taxa de consumo.

4. PROCEDIMENTOS SIMPLIFICADOS E REFORMAS ADEQUADAS

- Registro comercial em 24h;

- 1 balcão único;

- 2 ministérios dedicados.

Reino de Marrocos

- 3º país africano mais atraente para investidores estrangeiros;
- 2ª economia mais atraente para investimento na África;
- 1º centro financeiro na África;
- 1ª qualidade de infraestrutura na África;
- O 53º país do mundo em termos de facilitação de negócios;
- 1º país da África em termos de índice de risco e segurança;
- 1ª conectividade marítima na África e 24ª em todo o mundo;
- 1º país africano mais atraente para energias renováveis;
- 14 km da Europa;
- 4º no mundo em termos de desempenho climático;
- 1º trem de alta velocidade na África com uma velocidade de 350 km / h;
- Marrakech é a 1ª cidade mais visitada da África.

República da Maurícia

Existem muitos bons motivos para investir lá. Abaixo estão sete deles, resumindo a poderosa atração da Suíça no Oceano Índico.

1. Um sistema tributário muito favorável

Maurício adotou uma baixa taxa de tributação para encorajar a criação de empresas locais e estrangeiras:

• Sem imposto sobre herança
• Créditos fiscais de 80% para empresas offshore
• 15% de imposto sobre os lucros da empresa e renda pessoal
• Imposto sobre Valor Agregado de 15% (reembolsável)
• Sem impostos sobre dividendos
• Sem taxas alfandegárias ou IVA sobre equipamentos

2. Estabilidade política e social durável

Desde sua independência em 1968, Maurício tem desfrutado de verdadeira estabilidade política. Seu governo é eleito democraticamente a cada cinco anos. A estrutura política baseia-se no modelo parlamentar britânico, seguindo o princípio da separação dos poderes legislativo, executivo e judiciário, sob o olhar vigilante do "quarto poder", a imprensa livre.

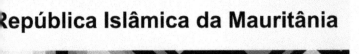
República Islâmica da Mauritânia

Um ambiente político estável.

Uma costa atlântica de 754 km, acesso direto a Marrocos, Mali, Senegal e Argélia e acesso indireto aos países da África Ocidental, incluindo a Nigéria com mais de 120 milhões de consumidores Comércio livre num mercado comum - CEDEAO.

Marco legal e incentivos fiscais para investimentos.

Proximidade relativa à Europa.

Abertura econômica.

Investimentos crescentes que demonstram a confiança dos empresários.

República de Moçambique

A economia em crescimento

Moçambique está antecipando investimentos no setor de energia (eletricidade) de mais de US $ 10 bilhões nos próximos 10 anos, bem como investimentos significativos no setor de petróleo e gás (planta Anadarko LNG), grafite (várias concessões de mineração foram iniciadas), setor de turismo - em todo o país, percorrendo o extenso litoral - e no setor agrícola. O Fundo Monetário Internacional e o governo de Moçambique prevêem um crescimento do PIB de 5,3% em 2018, com a inflação a ser inferior a 10% de acordo com o Banco Central do Governador. Um relatório da Deloitte 2017 afirma que as perspectivas econômicas de Moçambique são positivas.

Óleo e gás

Moçambique é o terceiro maior detentor de gás natural liquefeito (GNL) da África, com reservas de cerca de 180 trilhões de pés cúbicos. Dois consórcios principais - um liderado pela Anadarko, com sede no Texas, e outro pela ENI italiana - garantirão que Moçambique se torne um grande exportador em 2023.

República da Namíbia

A Namíbia é frequentemente descrita como otimista da África - e com bons motivos. Não só desfruta de um dos ambientes mais agradáveis, pacíficos e politicamente estáveis do continente, mas também de uma infraestrutura que rivaliza com muitos países desenvolvidos.

A Namíbia possui uma abundância de recursos naturais, entre eles, uma ampla gama de depósitos minerais, incluindo diamantes e urânio de classe mundial, cobre, chumbo, zinco, ouro, pedras semipreciosas, minerais industriais, sal e fluorita.

A Namíbia possui ricas áreas de pesca, com seu estoque de espécies demersais e pelágicas, que colocam o país entre as 10 maiores nações do setor pesqueiro internacional.

O setor agrícola da Namíbia também é fundamental para a economia do país, com uma próspera indústria de carne vermelha e o cultivo de safras como milho, trigo, milheto, amendoim, feijão e algodão.

O setor de turismo da Namíbia continua a ser uma indústria em expansão.

A Namíbia tem ligações comerciais preferenciais com os 190 milhões de habitantes da Comunidade de Desenvolvimento da África Austral (SADC) como um dos 14 estados membros.

A Namíbia pertence à União Aduaneira da África Austral (SACU), que oferece acesso livre de taxas e cotas ao mercado da África do Sul e outros.

República do Níger

A economia do Níger tem sido tradicionalmente amplamente baseada em culturas de subsistência e pecuária. O Níger é ao mesmo tempo uma terra de oportunidades com vários ativos:

O Níger tem vastas áreas de terra adequadas para o desenvolvimento de negócios agro e pastoris mais intensivos.

O porão do Níger é rico em recursos minerais como urânio, petróleo e gás, ouro, ferro, fosfatos, carvão, calcário, gesso, cassiterita, etc.

Isso requer uma diversificação significativa da economia com o desenvolvimento de um setor privado dinâmico nacional e internacional dentro de um quadro regulatório e institucional claro e favorável. O Níger é hoje um país em mudança e oferece oportunidades significativas para consultores e prestadores de serviços, empreiteiros e fornecedores, bem como para investidores. Tal desenvolvimento contribui para inserir os jovens no mercado de trabalho e para a riqueza e estabilidade em geral.

República Federal da Nigéria

A Nigéria é um belo país africano no Golfo da Guiné. Ele oferece inúmeros marcos naturais, vida selvagem abundante, oportunidades econômicas e turismo, e está a apenas um vôo rápido de muitos dos principais centros econômicos do mundo. Você encontrará de tudo, desde cachoeiras a densas florestas tropicais, artefatos da civilização mais antiga conhecida pela humanidade, paisagens de savanas selvagens e espécies raras de animais e plantas.

Principais razões pelas quais você deve investir na posse de propriedades nigerianas

Abaixo estão as principais razões pelas quais as pessoas investem na Nigéria.

1. Acessibilidade
2. Terreno
3. Cultura
4. Desenvolvimento Econômico
5. Abundância de recursos naturais
6. Tempo
7. Grande População
8. Economia de mercado livre

República do Quénia

Por que investir no Quênia? O Quênia é um destino de investimento desejável devido ao seguinte:

Excelente conectividade com os principais hubs e fusos horários mundiais, o que facilita o trabalho com a maioria dos continentes. Nairóbi é o centro de transporte indiscutível da África Oriental e Central e a maior cidade entre Cairo e Joanesburgo. Além disso, o Porto de Mombaça é o porto de águas profundas mais importante da região, atendendo às necessidades de navegação de mais de uma dezena de países.

Um grande reservatório de mão de obra qualificada e instruída que fez do país o centro industrial, comercial e financeiro da África oriental e central.

Uma economia totalmente liberalizada sem controles de câmbio ou de preços. Não existem restrições aos empréstimos internos e externos por residentes e não residentes.

O mercado de ações mais desenvolvido na região da África Oriental e Central, ou seja, a Bolsa de Valores de Nairobi (NSE).

Uma base de manufatura relativamente bem desenvolvida na região da África Oriental.

Potencial de exploração e aproveitamento de recursos minerais. Os recursos minerais do Quênia, embora limitados, são atraentes e uma fonte potencial de materiais valiosos, como o titânio. Atualmente, a exploração de petróleo está em andamento na costa do Oceano Índico e em outras partes do país.

República Centro-Africana

Oportunidades de investimento: A República Centro-Africana embarcou em vários programas de reforma para atrair investimentos. Algumas das reformas incluem a redução do capital mínimo necessário para abrir uma empresa, incentivos fiscais para empresas, estrutura de diálogo público-privado, etc. Essas reformas são adicionais à implementação em andamento do acordo de paz assinado por várias partes em guerra. Alguns setores com oportunidades de investimento no país incluem mineração, silvicultura, projetos de infraestrutura, turismo, agricultura (safras de exportação como café e algodão) etc.

República Árabe
Saaraui Democrática

Marrocos já reivindicava a soberania sobre o Saara Ocidental desde os tempos de colonização espanhola. Após a adoção da Declaração sobre a Concessão de Independência aos Países e aos Povos Coloniais (Resolução 1514 (XV) da Assembleia Geral de 14 de dezembro de 1960) pela Assembleia Geral da ONU, a Espanha tentou realizar um referendo sobre a autodeterminação do Saara Ocidental, em 1974. Antes que isso fosse possível, o Marrocos e a Mauritânia persuadiram a Assembleia Geral da ONU a solicitar uma opinião da Corte Internacional de Justiça sobre a reivindicação de soberania. A CIJ sustentou que qualquer laço que os dois países mantivessem com o Saara Ocidental não deveria afetar a descolonização do território. O Tribunal declara que, na época da colonização espanhola, o Sahara não era "terra nullius"; existiam laços jurídicos entre o Sultão de Marrocos e algumas tribos que habitavam o território, assim como direitos, incluindo alguns direitos à terra, e que existiam vínculos jurídicos entre o território e a entidade mauritana. Mas que, no entanto, não fora estabelecida a existência de vínculo de soberania entre o território do Sahara Ocidental, por um lado, e o Reino de Marrocos ou a entidade da Mauritânia para o outro, pelo que o Tribunal não verificou a existência de vínculos jurídicos que, pela sua natureza, possam alterar a aplicação da Resolução 1514 e, em particular, o princípio da livre determinação através da expressão livre e genuína da vontade do povo do território.

A RASD é reconhecida por mais 80 estados, e é membro pleno da União Africana desde 1984, mas não é reconhecida pela ONU, que considera o Saara Ocidental um dos últimos "territórios não autônomos" do mundo - lista em que o território está incluído desde a década de 1960 e na 4a Comissão para a descolonização.

epública Democrática do Congo

A República Democrática do Congo (RDC) é o segundo maior país da África e um dos mais ricos do mundo em recursos naturais. Com 80 milhões de hectares (197 milhões de acres) de terra arável e 1.100 minerais e metais preciosos, a RDC tem os recursos para alcançar a prosperidade para seu povo. Apesar de seu potencial, a RDC freqüentemente não pode fornecer segurança, infraestrutura e assistência médica adequadas para seus estimados 84 milhões de habitantes, dos quais 75% vivem com menos de dois dólares por dia.

A ascensão de Felix Tshisekedi à presidência em 2019 e o compromisso de seu governo em atrair investimentos internacionais e principalmente dos EUA aumentaram as esperanças da comunidade empresarial por uma maior abertura e transparência. O governo da RDC está atualmente trabalhando com o USTR para recuperar as preferências comerciais preferenciais sob a Lei de Crescimento e Oportunidades para a África (AGOA). Tshisekedi criou uma unidade presidencial para liderar a reforma empresarial e melhorar a posição da RDC de 183º entre 190 países no relatório Doing Business 2019 do Banco Mundial.

República do Congo

Oportunidades de investimento: O setor de petróleo continuará a oferecer oportunidades de investimento. As reservas de hidrocarbonetos são estimadas em 1,6 bilhão de barris de petróleo e 90 bilhões de metros cúbicos de gás natural. O governo lançou recentemente um novo edital de licitação para licenças de exploração de 18 novos blocos para atrair novos investimentos no setor. A indústria de mineração também começa a se desenvolver, principalmente em torno da mineração de ferro. A construção de uma linha férrea entre Mayoko e o porto de Pointe-Noire está programada para começar em 2020 com o objetivo de facilitar as exportações de minério de ferro. A República do Congo está no meio da implementação do Plano de Desenvolvimento Nacional 2018–22 e das reformas no âmbito da Linha de Crédito Estendida do FMI, que deve ajudar o Estado a atrair novos investidores, aumentando assim a recuperação econômica. O governo traçou planos ambiciosos para diversificar a economia e atrair investidores estrangeiros para desenvolver setores-chave como silvicultura, agricultura, construção, ecoturismo, transporte, mineração e serviços de tecnologia da informação. O Congo tem muitas terras aráveis que não estão sendo aproveitadas, proporcionando potencial para a agricultura mecanizada e empreendimentos de processamento de alimentos associados.

República de Ruanda

Crescimento rápido

2ª economia de crescimento mais rápido na África (7,5% a.a. desde 2007)

A nação que mais evoluiu no desenvolvimento humano do mundo

População jovem e crescente (~ 70% da população com menos de 30 anos)

Baixo risco

5º país mais seguro para caminhar à noite em todo o mundo

Menor índice de dívida na região e classificações de crédito estáveis

Moeda estável

Amigável para negócios e moderno

2º para fazer negócios na África 1

1º para transparência governamental em África

A maioria das mulheres no Parlamento e em um Gabinete com equilíbrio de gênero no mundo (respectivamente 61% e 50%)

Uma plataforma regional

Forte potencial de hub africano; companhia aérea africana altamente conectada

2º ranking MICE na África; +19 classificações em 4 anos

Força de trabalho instruída e bilíngüe em crescimento (~ 50 mil graduados / ano)

República Democrática de São Tomé e Príncipe

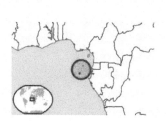

A nação insular de São Tomé e Príncipe (STP) está gradualmente dando passos positivos para melhorar seu clima de investimento e tornar o país um destino mais atraente para o investimento direto estrangeiro (IED). STP é uma democracia multipartidária estável e o governo está trabalhando para combater a corrupção e criar um ambiente de negócios aberto e transparente. Para facilitar a recepção e execução de impostos, STP promulgou a Lei do Imposto sobre o Valor Acrescentado (IVA) (13/2019), que entrará em vigor em setembro de 2020. Um Código do Trabalho moderno (6/2019) promulgado em abril de 2019, destina-se a tornar os padrões de trabalho mais fáceis para os investidores entenderem e implementarem. Em junho de 2019, STP tornou-se o 25º país africano a ratificar o Acordo de Comércio Livre Continental Africano (AfCFTA). A primeira Lei das Parcerias Público Privadas (PPP), o novo Código Notarial e o Código do Registo Comercial entraram em vigor em 2018; o Regulamento do Código de Investimento adotado em 2017; o novo Código de Investimento e o novo Código de Benefícios e Incentivos Fiscais foram adotados em 2016. Juntos, essas leis e regulamentos relacionados adotados no ano passado fornecem um quadro jurídico mais moderno, atraente e transparente para o investimento estrangeiro. Um Programa de Limiar de País da Millennium Challenge Corporation, implementado de 2007 a 2011, modernizou a administração aduaneira de STP, reformou as suas políticas fiscais e tornou menos oneroso iniciar um novo negócio. Uma lei de combate à lavagem de dinheiro e financiamento do terrorismo adotada em 2013 trouxe STP em conformidade com os padrões internacionais. Com capital interno limitado, STP continua a depender fortemente de investimento externo e, como tal, está empenhada em realizar as reformas necessárias para melhorar o seu clima de investimento.

República das Seicheles

Localizado no coração do Oceano Índico, com excelente conectividade aérea aos principais centros do Oriente Médio, Europa, África e Ásia.

A população principal está situada fora do cinturão ciclônico.

Fuso horário favorável de GMT + 4.

A temperatura varia de 25-32 graus Celsius ao longo do ano.

Taxa de alfabetização de 96% com força de trabalho cada vez mais educada e qualificada.

Ambiente política e economicamente estável.

Uma economia em crescimento com oportunidades em expansão na Pesca, Agricultura, Imobiliário, Turismo de Aventura, TIC e Energia.

Incentivos fiscais para investimentos no setor de Turismo, Agricultura, Energia e Pesca.

1º lugar na África e 27º no mundo no Índice de Percepção de Corrupção 2019.

2º PIB per capita mais alto da África.

Oferece um centro financeiro de classe mundial sem restrições de câmbio.

Classificado em 3º no Índice Mo Ibrahim de Governação Africana.

1º lugar na África no Índice de Desenvolvimento Humano (2019).

República do Senegal

Uma tradição democrática fortemente ancorada

Em África, o Senegal tem fama de ter uma vida política pacífica, graças à solidez das suas instituições e a uma forte cultura demográfica resultante de um longo processo histórico. Existem muitos partidos políticos no Senegal e uma sociedade civil bem organizada que participa na vida da nação. Após a mudança política ocorrida recentemente, uma nova Constituição foi aprovada; dá maior sentido à cidadania e confere novos direitos políticos e sociais aos senegaleses e a todos os que vivem no país.

Uma rede de parceria ampla e aberta

O Senegal é confiável em nível internacional e é um país cujas vozes são cuidadosamente ouvidas e respeitadas no exterior. A nova estratégia de política externa assenta na consolidação destes ativos, bem como num atendimento próximo e de qualidade aos investidores estrangeiros e nacionais, nas várias representações diplomáticas em todo o mundo.

O setor privado, motor da economia

Nos últimos anos, o Senegal adotou um amplo programa de privatização de empresas públicas envolvidas nos principais setores da economia.

República da Serra Leoa

O país teve uma classificação geral de 163 de 190 países no relatório Doing Business 2019 do Banco Mundial, abaixo de 160 em 2018 e 148 em 2017. Embora a pontuação geral do país (48,74) tenha aumentado ligeiramente (+0,15) em 2019 a partir de 2018, a classificação mais baixa indica uma melhoria comparativamente mais rápida nas pontuações em outros países. O relatório coloca Serra Leoa acima do ranking da vizinha Libéria.

Muito acima da sua classificação geral foram as classificações de Serra Leoa em 2019 nas categorias de "abrir uma empresa" (55), onde se classificou bem acima de Gana (108), Camarões (92) e Nigéria (120); e "proteger os investidores minoritários" (89), onde foi classificado no mesmo nível ou acima de muitos mercados de países em desenvolvimento na África Subsaariana, bem como outros mercados de investimento emergentes fora da região, como o Vietnã (89) e as Filipinas (132). As classificações mais baixas incluíram critérios relacionados à infraestrutura, como "obter eletricidade" (178) e "registrar propriedade" (167) e "lidar com licenças de construção" (182).

No nível doméstico, existem poucas restrições, controles, taxas ou impostos específicos sobre a propriedade estrangeira de empresas em Serra Leoa. As empresas estrangeiras podem ser proprietárias de empresas da Serra Leoa (incluindo as definitivas) sujeitas ao cumprimento de certas formalidades de registo.

República Federal da Somália

A Somália esteve sem um governo em funcionamento durante a maior parte das últimas três décadas. O país foi dilacerado por guerras baseadas em clãs que destruíram instituições políticas, sociais e econômicas. O governo central entrou em colapso em 1991 e após uma década de ilegalidade, os esforços diplomáticos internacionais foram revigorados e em 2000 Djibouti sediou um processo de conciliação política que levou à formação do Governo Federal de Transição (TFG), que então teve que lutar contra um movimento islâmico . O resto dessa luta, al-Shabaab, prova ser a maior ameaça para uma Somália estável hoje.

A Somália passou de um governo de transição para um governo mundialmente reconhecido em setembro de 2012, depois que um novo presidente foi eleito dentro do país pela primeira vez desde 1991. Em outra transferência pacífica sucessiva de poder, o atual governo foi eleito em 2017 e buscou uma política agressiva de reforma fiscal. Apesar do progresso contínuo, o país ainda enfrenta sérios desafios de segurança e incertezas políticas. A liderança do governo federal e dos estados membros federais estão em constante disputa política que limita os esforços de construção do estado, enquanto o al-Shabaab continua sendo uma ameaça à estabilidade e segurança.

Reino da Suazilândia

A Suazilândia é classificada como um país de renda média baixa com sua economia intimamente ligada à África do Sul. A África do Sul é responsável por cerca de 85% das importações e cerca de 60% das exportações. O crescimento econômico desacelerou de 2,4% em 2014 para 1,7% em 2015, principalmente por causa da seca severa e um setor de mineração mais fraco e perspectivas fracas na África do Sul. A projeção mostra que o crescimento econômico em 2016 e 2017 ficará abaixo de 2%. Os desafios sociais incluem a alta taxa de HIV / AIDS e uma distribuição desigual de recursos. De acordo com a política atual, o rácio dívida pública / PIB pode aumentar de 17,4% em 2015 para 24% em 2018, aumentando os riscos de insustentabilidade orçamental.

Por que investir na Suazilândia?

Regime fiscal favorável ao investidor;

Força de trabalho educada e facilmente treinável e produtiva;

Acesso ao mercado da União Aduaneira da África Austral de quase 50 milhões de pessoas;

Acesso ao mercado da Comunidade de Desenvolvimento da África Austral (SADC) de mais de 130 milhões de pessoas.

Acesso ao Mercado Comum da África Oriental e Austral (COMESA) - vinte países africanos representando um mercado de mais de 230 milhões de pessoas e

Boas instalações de infraestrutura

No entanto, apesar do acima exposto, muitos investidores potenciais estão atualmente hesitando em investir na Suazilândia por causa dos desafios sociais, econômicos, judiciais e políticos não resolvidos.

República do Sudão

Campos de investimento:

1. AGRICULTURA

A terra arável total é de cerca de 300 a 400 milhões de feddan (um feddan = 4200sqm)
e apenas 40 milhões de feddan são cultivados.

O investimento em campos agrícolas é bem-vindo no seguinte:

1. Produção de trigo / 2. Sorgo (Dura) / 3. Sementes oleaginosas (gergelim, amendoim e girassol). / 4. Frutas (manga, banana, juava, limão, morango, abacaxi (ananans), toranja. / 5. Vegetais (tomate, feijão verde, akra, pepino, batata, cebola, alho, especiarias, legumes, lentilhas). / 6. Apicultura para produção de mel / 7. Frutas e vegetais orgânicos (solo aluvial ao longo das margens do Nilo e deltas de Wadi Toker, El Gash etc)

2. PECUÁRIA

50 milhões de feddan de pastagens, além de resíduos de safras e bolos de óleo tornam o custo da alimentação muito barato. 106 milhões de cabeças de bovinos, ovinos, caprinos e camelos produzindo apenas 3 milhões de toneladas de carne. Além disso, o Sudão é muito rico em vida selvagem e há oportunidades de investimento para fazendas modernas de avestruzes, antílopes, crocodilos, etc.

República do Sudão do Sul

Por que investir no Sudão do Sul?

Existem oportunidades abundantes em todos os setores da economia, com atenção especial para os setores que extraem dos vastos recursos naturais do país

Agricultura, terra e água abundantes com demanda local e regional não atendida em todas as áreas da agricultura, 30 milhões de hectares de terra arável com menos de 5% de cultivo.

Mineração, ouro rico, urânio, ferro, cobre e depósitos de diamantes apenas começaram a ser explorados.

Petróleo, o país é dotado de reservas de petróleo que apresentam novas oportunidades de exploração.

Infraestrutura, há grande demanda para reconstruir e construir mais de 2.500 km de estradas com oportunidades para operadoras privadas de pedágio.

Energia, existem várias oportunidades de geração de energia a partir do Rio Nilo.

Mercado interno de mais de 10 milhões com uma grande comunidade internacional da Diáspora interessada em retornar para novas oportunidades econômicas.

República Unida da Tanzânia

Por que investir na Tanzânia

A Tanzânia possui uma abundância de riquezas naturais, o que oferece oportunidades de investimento tremendas para os investidores. Estes incluem uma excelente localização geográfica (seis países sem litoral dependem dos portos da Tanzânia como seus portos de entrada e saída mais baratos); terra arável; atrações turísticas de renome mundial (Serengeti, Kilimanjaro, Ngorongoro e as ilhas das Especiarias de Zanzibar); recursos naturais; um mercado doméstico e sub-regional considerável; uma ampla base local de fornecimento de matérias-primas; habilidades abundantes e baratas; garantia de segurança pessoal; pessoas calorosas e amigáveis e uma orientação de política de mercado adequada.

República Togolesa

1. O enorme potencial econômico e humano do Togo;

2. Ambiente favorável ao investidor;

3. Uma moeda estável;

4. Paz, estabilidade política e boa localização geográfica;

5. Filiação a organizações econômicas regionais, como a UEMOA e a CEDEAO;

6. Infraestruturas portuárias e aeroportuárias;

7. Administração moderna;

8. Disponibilidade de mão de obra qualificada;

9. Disponibilidade de empresas de TIC;

10. Disponibilidade de fibra óptica em todo o país para interconectar empresas local e internacionalmente.

República Tunisina

Quem procura uma oportunidade única de investimento vai descobrir que investir na Tunísia é uma das melhores opções que a pessoa pode fazer. Eles vão descobrir que há várias razões pelas quais eles devem fazer isso. Porém, primeiro a pessoa precisa saber um pouco sobre a Tunísia.

A Tunísia é um concelho situado no Mediterrâneo que também faz parte da sociedade africana e da sociedade árabe, o que significa que apela a pessoas de diferentes culturas e esta é uma das razões pela qual este país é tão popular para investir.

Tunísia de negócios

Uma das principais razões pelas quais as pessoas consideram isso um grande investimento são as opções de investimento legal soltas que são apresentadas. Por exemplo, aqueles que investem na Tunísia descobrem que obtêm vários incentivos e incentivos fiscais para fazer isso. Além disso, vão descobrir que o procedimento de investimento é simples e não requer muita compreensão, mas há toneladas de investimentos em que a pessoa pode participar. A proteção que alguém obtém ao investir na Tunísia também é algumas das melhores proteções que podem ser encontradas em qualquer lugar em termos de proteção dos fundos que a pessoa investiu.

República de Uganda

Razões para investir

1 - Acesse uma das regiões de crescimento mais rápido do mundo

Uganda e a região da África Oriental estão crescendo continuamente em população e PIB.

2 - Uganda está aberto e seguro para investimento estrangeiro

Uganda é o país mais aberto da região para o Investimento Estrangeiro Direto (IED).

3 - Custos de mão de obra altamente competitivos

Uganda oferece a força de trabalho de custo mais baixo na região e os custos de mão de obra devem crescer mais lentamente do que outros países da EAC.

4 - Uganda tem uma forte base de recursos naturais

Uganda tem vários depósitos minerais inexplorados e oportunidades de turismo.

5 - Uganda lidera a África em resposta COVID-19

Dados da Comissão do Lancet COVID-19 classificaram Uganda como o melhor país da África em termos de supressão da pandemia COVID-19

República da Zâmbia

A localização central e central do país na região, bem como uma combinação dos seguintes pontos fortes tornam a Zâmbia um local de investimento ideal:

Paz e um sistema político estável.

Ambiente econômico positivo e favorável ao investidor.

Garantias e segurança para investidores com direitos legais para compensação total e valor de mercado.

Recursos naturais abundantes apresentando excelentes oportunidades de investimento e comércio.

Próspero setor privado.

Incentivos atraentes de investimento.

Repatriação ilimitada de lucros.

Serviços bancários, jurídicos e de seguros progressivos de padrões internacionais e mercado de bolsa de valores.

Acesso isento de impostos aos mercados regionais e mais amplos da África, da UE e dos EUA.

Bom lugar para trabalhar e viver - clima subtropical, pessoas amigáveis, principalmente de língua inglesa, estilo de vida ao ar livre com reservas naturais, parques de caça, rios, lagos e cachoeiras.

República do Zimbábue

Abertura e restrições ao investimento estrangeiro

Políticas para investimento estrangeiro direto

A fim de atrair mais IED e melhorar a competitividade do país, o governo incentivou as parcerias público-privadas e enfatizou a necessidade de melhorar o clima de investimento, reduzindo o custo de fazer negócios e restaurando o Estado de Direito e a santidade dos contratos. A implementação, no entanto, foi limitada.

A lei de Indigenização e Empoderamento Econômico do Zimbábue limita a quantidade de ações detidas por estrangeiros nos setores de diamantes e platina a 49 por cento, com organizações indígenas específicas possuindo os 51 por cento restantes. O governo sinalizou que pretende remover essas restrições. Existem também setores menores "reservados" para zimbabuenses.

A Autoridade de Investimento do Zimbábue (ZIA) promove e facilita tanto o investimento estrangeiro direto como o investimento local. ZIA facilita e processa pedidos de investimento para aprovação. O site da ZIA é http://www.investzim.com/. O país incentiva as empresas a se cadastrarem na ZIA e o processo atualmente leva cerca de 90 dias. O governo formou uma entidade mais poderosa, mas ainda não totalmente funcional, simplificada (um "balcão único") - a Autoridade de Desenvolvimento de Investimentos do Zimbábue (ZIDA).

Embora o governo tenha se comprometido a priorizar a retenção de investimentos, ainda não existem mecanismos ou estruturas formais para manter um diálogo contínuo com os investidores.

Este livro é mais uma grande realização de minha vida. É um verdadeiro passaporte para que eu possa continuar nessa minha nobre missão de divulgar as potencialidades de todo o Continente Africano, os trabalhos projetados dentro e fora da AGENDA 2063 da União Africana, reunindo experientes líderes, com objetivos bem traçados.

Como tenho tido a oportunidade de me manifestar nos livros anteriores da Coleção África, é um trabalho muito grande a ser feito, reunindo os AFRICANOS DE ALMA, dentro e fora do continente africano.

Estruturas diversas voltadas a investimentos em África foram aqui mencionadas e devem ser consultadas por todos os que entenderem que ao investir em África, estarão de certa forma, pagando uma grande dívida, que iniciada bem antes, teve um verdadeiro selo de maldade na Conferência de Berlim, com a divisão do continente africano, mais bem detalhada no livro CULTURA AFRICANA, O RETORNO. O Bolo de Volta.

A POBREZA E A FOME já estão fora de moda. No livro AFRICANO DE ALMA, um exército de ideias e pensamentos, pude ressaltar os paradigmas que ainda nutrem a pobreza em todo o mundo, principalmente no continente africano.

Enriquecer todo o continente africano sem a redução da diferença entre pobres e ricos, sem criarmos estruturas onde todo cidadão africano tenha direito a comida no prato, escola, saúde, saneamento básico, transporte, moradia, energia elétrica, água potável, etc, tenho certeza que não vai mudar muita coisa.

OUSADIA. Temos que ser ousados em mudar e, os mais ricos libertarem-se da prisão que construíram para eles mesmos. Falo isso a nível da riqueza pessoal e da riqueza coletiva.

O IDH - Índice de Desenvolvimento Humano precisa ser trabalhado à exaustão pelos governos africanos. O caminho mais rápido ao meu ver é trazer professores, técnicos especializados e darem formação aos jovens africanos, tão ávidos pelo conhecimento e pela construção de suas carreiras profissionais.

OPORTUNIDADES DE CRESCIMENTO. Precisam ser de todos e não somente de meus parentes e amigos. Quando assim procedemos, geramos riqueza. Em meu contacto com os jovens angolanos tenho tido muita visão de suas potencialidades. Muitos deles, a maioria, não vive no Talatona. Vive no Cazengão, Calemba 2, no Golgo 2, no Gameke Rocha Padaria, Futungo de Belas, Cacuaco...

Enfim estão distribuídos. Detectá-los e criar estruturas que vão desde bolsas de estudo, financiamentos de projetos, é fundamental.

O FIM DA CORRUPÇÃO. Começa com certeza na Escola, na formação de uma nova geração de AFRICANOS DE ALMA, que, ao chegarem nos cargos públicos tão sonhados, voltem-se para o seu povo sofrido, não contra o seu povo sofrido que acaba acontecendo, com o famoso, agora é minha vez de roubar. Não, chega de roubo. Chega de corrupção.

Escolhi a vida que levo, e posso garantir que, no mundo todo, existem poucas pessoas com o grau de felicidade que tenho, pois como já tive oportunidade de mencionar nos livros passados, escolhi fazer história, ao invés de fazer fortuna. E fazer história que reduza a pobreza, elimine os pensamentos corruptos. De nada adianta se ter contentores de dólares, sujos de sangue. As marcas de sangue ficam nas mãos, que acabam manchando as notas de dólar e não trazem felicidade.

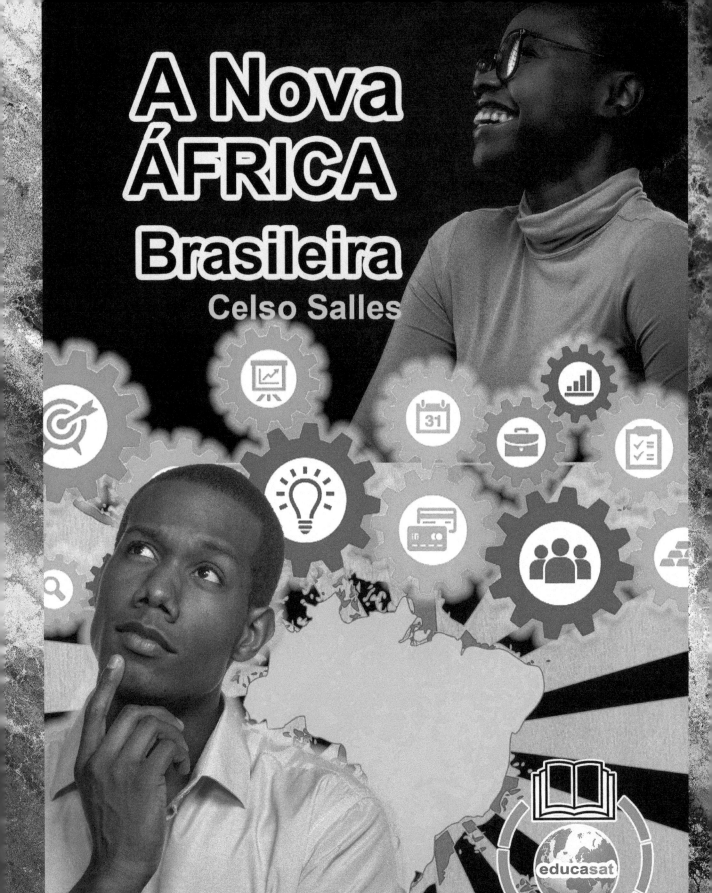

A Nova ÁFRICA Brasileira

Celso Salles

educasat

Editora

Eu sabia que iria chegar o momento de escrever este livro. Ele não poderia faltar na Coleção África. E logo nas primeiras linhas desta apresentação deixo o relevante registro do grande contributo da África na cultura brasileira, muito conhecida como cultura afro-brasileira.

A ÁFRICA BRASILEIRA é extremamente complexa, pois reúne uma gama de fatores, de difícil explicação e entendimento. Cinquenta e seis por cento da população brasileira é composta por afro-descendentes, na cor, no cabelo e na mistura com o branco. São mulatas, mulatos, pretas e pretos, homens e mulheres em geral que buscam acima de tudo uma referência, uma identificação.

Muito bem. Muito a contragosto de nossos antepassados, CHEGAMOS E ESTAMOS AQUI. E agora? O que fazer?

Minha proposta neste livro é literalmente SAIRMOS DO LUGAR COMUM. Das mesmas discussões de sempre, onde muitas delas acabam levando nada a lugar nenhum e iniciar um processo de reflexão que nos possa dar pistas dos melhores caminhos a serem seguidos.

Vamos imaginar que estejamos em uma estrada e, do nada, o veículo que utilizamos tem uma falha mecânica e para. Cansados, com a família no carro. Começa a chover. E como se fosse um verdadeiro milagre, estaciona um mecânico e nos socorre. Em menos de 5 minutos o carro começa a funcionar e ainda o homem diz, não é nada não.

Diante da solução, eu duvido que você que está lendo vai querer saber a cor do mecânico. Se é branco, se é preto, amarelo, vermelho. Muito pelo contrário. Vai ficar aliviado, pois, normalmente, nestas histórias acabamos por entrar na situação difícil vivida pelo personagem.

Acredito que já temos uma primeira pista para seguirmos. Diante de um Brasil em pânico desde 2018, a ÁFRICA BRASILEIRA tem que RESOLVER. Colocar o Brasil para andar novamente.

A ÁFRICA BRASILEIRA tem que se esforçar em ocupar o protagonismo e, uma vez sofredora na pele, de todas as mazelas e efeitos do pós escravidão, pode estar em seu interior a solução de inúmeros problemas vividos pela nação brasileira.

Uma coisa é certa, esperarmos que a solução dos nossos problemas venha do BRASIL EUROPEU E NORTE AMERICANO é uma grande perda de tempo, visto que o BRASIL EUROPEU E NORTE AMERICANO, seguem de forma religiosa, todos os ditames normativos por eles estabelecidos há séculos. Dentro de um grande esforço temos que iniciar um processo de libertação das correntes que ainda nos prendem. Mentalmente AINDA PODEMOS ESTAR ESCRAVIZADOS. Nos libertarmos destas correntes tem que necessariamente ser nosso primeiro grande passo. O foco no bem coletivo, com prioridades em socorrer os mais frágeis nunca pode sair de moda. E neste contexto, mudarmos para uma NOVA ÁFRICA BRASILEIRA. De problema, passarmos a solução. Apenas elegermos um presidente negro podemos não mudar absolutamente nada. Temos que nos anos vindouros, elegermos não só um presidente como toda uma gama de NOVOS POLÍTICOS com planos de trabalho, se possível, pessoas não mIdiáticas, com poucos seguidores, mas donos de ideias transformadoras. As redes sociais na internet, conseguem transformar pessoas horríveis em celebridades e por outro lado, amenizar a pequenez de inúmeras celebridades. A NOVA ÁFRICA BRASILEIRA tem que repensar, inclusive, o conceito de celebridade. Tem que sair dessa verdadeira armadilha mental. A União Africana, como pude colocar com maiores detalhes no livro "55 motivos para investir em África" vem trabalhando arduamente em cima da AGENDA 2063. A NOVA ÁFRICA BRASILEIRA pode copiar e começar a elaborar a sua Agenda que não precisa ser para 2063. Acredito que possa ser para bem antes, configurando como início de transformações profundas para este e os próximos séculos. Nas próximas páginas vamos continuar a colocar diretrizes que possam nos incentivar na criação da AGENDA NOVA ÁFRICA BRASILEIRA.

O INÍCIO DE TUDO TEM QUE SER A EDUCAÇÃO

Quer deixar um grande patrimônio para seus filhos. Lhes deixe EDUCAÇÃO. Educação em todos os níveis. Quem quiser transformar o seu povo, tem que trabalhar arduamente no IDH - Índice de Desenvolvimento Humano. A boa remuneração dos professores é o primeiro passo a ser dado por um país sério. Professores que tenham tempo de se dedicarem na elaboração dos melhores conteúdos para os seus alunos fazem a diferença.

O MUNDO MUDA O TEMPO TODO. OS CONTEÚDOS PROGRAMÁTICOS PRECISAM SER ATUALIZADOS.

Criar os próprios modelos de ensino a partir de suas realidades, sem ficar preso aos sucessos importados, também é de fundamental importância. O que deu muito certo em uma determinada região pode não funcionar adequadamente em outra. Existem sempre as verdades perenes e as transitórias. Saber identificá-las é fundamental, pois temos como manter as perenes, que aconteça o que acontecer, serão sempre verdades e, as transitórias que são aquelas que precisam ser cuidadosamente analisadas e alteradas quando necessário.

Outra coisa que precisamos repensar e muito, é o sistema de avaliação, desde provas até processos de seleção de alunos para ingresso nas Universidades Federais.

Toda uma engenharia seletiva foi criada com base no poder financeiro de famílias com alto padrão, de forma que os sistemas de seleção imponham um fracasso obrigatório, para os que não tiveram tanta chance de se prepararem para o sistema seletivo divisor de classes. A maioria dos candidatos permanece à margem da sociedade, sem o acesso às grandes universidades, que ficam limitadas aos abastados. O pobre será cada vez mais pobre e o rico, cada vez mais rico. Veja que o aspecto cor, não tem muita relevância no texto deste livro. Embora sabemos que a maioria pobre no Brasil é da ANTIGA ÁFRICA BRASILEIRA, pois como já disse, nesse livro a proposta é mudá-la de status.

AS PRINCIPAIS DIFERENÇAS
DA ÁFRICA BRASILEIRA

A visão atual que se tem da África BRASILEIRA, fora do Brasil é tão deturpada quanto a visão que se tem do africano, fora da África. A mídia em geral tem jogado um papel extremamente nocivo nos dois casos. Quer por interesse, quer por desinformação, não se celebram grandes e importantes inteligências nas duas Áfricas. É como se no Brasil a África BRASILEIRA somente tivesse jogadores de futebol, pagodeiros, mulatas sambistas e uma maioria de bandidos e assassinos. Lembro-me como se fosse hoje, quando cheguei no Zimbabwe, antes de iniciarmos as reuniões, as autoridades locais ligadas ao turismo, que era o assunto em pauta, dirigiram-se em direto à jornalista e intérprete branca e de olhos verdes, que fazia parte da delegação brasileira na Feira de Turismo do Zimbabwe. As autoridades não contemplaram em um primeiro momento quem era quem na reunião, exatamente porque, mesmo em África, a fama que o branco plantou e planta de si mesmo, lhe confere um grau de superioridade e, o negro, por tudo que a mídia o esconde, acaba não tendo privilégio algum e pouco respeito.

Já que estamos no mesmo barco, que tal nos unirmos dentro do que podemos chamar de ILUMINISMO AFRICANO.

Se será este o melhor nome, pouco me importa, desde que possamos ILUMINAR essa escuridão de falta de pensamentos renovadores nas Áfricas do mundo todo.

As grandes diferenças da África BRASILEIRA para o continente africano é que ela foi tornada pobre e desvalorizada em seu geral, dentro de um país com um certo desenvolvimento, onde se tem melhores condições para se viver bem. Acessos são altamente dificultados por todas as estruturas, nacionais e internacionais, que naquilo que podem, fazem de tudo para que as coisas continuem exatamente como estão. Os lugares de privilégio, detidos por poucos, são protegidos a ferro e fogo. Temos e vamos mudar isso.

REQUALIFICAÇÕES HABITACIONAIS

Acredito que nesta altura do livro, o leitor já começa a pensar quais são os componentes desta atual ÁFRICA BRASILEIRA. Muito rapidamente irá chegar na conclusão que os POBRES EM GERAL, são a maioria, negros e brancos. Após a EDUCAÇÃO temos que obrigatoriamente trabalhar nas REQUALIFICAÇÕES HABITACIONAIS e na CONSTRUÇÃO DE ÁREAS RESIDENCIAIS dentro de projetos urbanísticos que contemplem Escolas, Postos Médicos, Agricultura de Subsistência, Cooperativas, Área de combate a Pandemias, Segurança, Água, Energia Elétrica, Energia Solar, Saneamento Básico, Esporte e Lazer. Normalmente estes empreendimentos já existem e estão afetos ao poder público na maioria das cidades brasileiras, porém não precisamos ficar 100% dependentes do poder público. Iniciativas populares, com trabalho em regime de mobilização coletiva podem e devem emergir à partir do povo pobre, com ações e soluções de pequeno, médio e grande porte.

O velho ditado popular, cabeça que não pensa, o corpo padece é uma grande verdade. Por inúmeras questões e interesses, muitas comunidades acabam vivendo décadas de desfavorecimento, esperando por cabeças pensantes pró desfavorecidos. Na prática, para se elegerem os políticos precisam de apoios financeiros que normalmente são dados aos candidatos que rezarem nas cartilhas dos líderes locais. E aí, ficam na falácia e de concreto, nada acontece.

Vamos nos valer de outro ditado popular que diz, os incomodados que se mudem. Mas mudar para onde? Quem irá liderar este processo?

A grande reflexão neste capítulo é a de que PRECISAMOS MORAR EM CONDIÇÕES DE PROSPERAR e que para tanto a NOVA ÁFRICA BRASILEIRA terá que forçosamente, ao longo das décadas e mesmo séculos, criar NOVAS SITUAÇÕES para que isso aconteça, contemplando como já disse, o trabalho em regime de mobilização coletiva.

FAVELA, RECONSTRUIR OU REQUALIFICAR

Sandra Aparecida Rufino

A partir das duas últimas décadas do século XIX, por conta da expansão da indústria cafeeira, o Brasil tem um aumento populacional significativo ocasionado pela chegada dos trabalhadores imigrantes. Embora estes viessem com o intuito de trabalhar nas plantações, muitos permaneciam nas cidades – especialmente em São Paulo – desencadeando uma expansão demográfica significativa nesse período. Esse crescimento repentino resulta numa série de problemas ao ambiente urbano, tanto em

questões sanitárias e de saúde pública, como em carência habitacional, mobilidade e segregação social.

A deterioração das condições de vida na cidade, provocada pelo afluxo de trabalhadores mal remunerados ou desempregados, pela falta de habitações populares e pela expansão descontrolada da malha urbana obrigou o poder público a intervir para tentar controlar a produção e o consumo das habitações (BONDUKI, 1998, p.27).

O crescimento horizontal sem qualquer planejamento, deixou marcas indeléveis no desenho da cidade: "enchentes, desmoronamentos, poluição de recursos hídricos, poluição do ar, impermeabilização da superfície do solo, desmatamento, congestionamento habitacional, reincidência de epidemias, violência etc." (MARICATO, 2001:22). Junto a esse crescimento o problema habitacional persiste, com um déficit de cerca de 800 mil unidades na cidade de São Paulo, conforme estimativas do IBGE, 2016. A questão vai além. Hoje, a cidade de São Paulo possui uma população superior a 12 milhões de pessoas, sendo que destas, aproximadamente 3,5 milhões vivem em assentamentos precários (IDEM, Ibidem). São quase 30% dos munícipes vivendo sem as condições mínimas de habitabilidade. Parece que não se trata apenas de fornecer uma nova habitação para os que não a têm, mas, provavelmente, de requalificar a estrutura urbana de ocupações já consolidadas, garantindo saneamento, mobilidade, salubridade e direito a propriedade, além de respeitar a identidade coletiva e individual (MARICATO, 2001).

Neste importante trabalho da brasileira Sandra Aparecida Rufino, vemos claramente que, a maioria das áreas precárias das cidades são obras oriundas de séculos atrás. A NOVA ÁFRICA BRASILEIRA precisa encarar de frente estes desafios. A resiliência é uma boa qualidade do ser humano, porém tudo tem limite. Boa parte destas áreas ocupadas nos grandes centros acabaram por virar antros de grande degradação da vida da população local em todos os sentidos. O romantismo muitas vezes mostrado em filmes, novelas e clipes musicais, na vida real é um verdadeiro mar de lágrimas. A NOVA ÁFRICA BRASILEIRA precisa quebrar essa corrente que vem se arrastando há séculos e, planejar em sua mente e de seus descendentes que OU RECONSTRÓI, OU REQUALIFICA. Eu posso ter nascido em um ambiente altamente hostil, porém não está escrito em lugar algum que eu tenho que viver para sempre neste local. A sensibilidade de quem não mora nestes locais e tem poderes de mudança é praticamente zero. Isto explica a permanência destes locais problemáticos e até mesmo o seu agravamento ao longo dos anos com uma maior ocupação urbana, como pode ser visto na Figura 1. Os Bancos, Empresários e suas Corporações precisam compreender que não o menor sentido TANTA CONCENTRAÇÃO DE RENDA nas mãos de tão poucos e TANTA MISÉRIA a afligir a maioria da população brasileira. AS MUDANÇAS VIRÃO NO LONGO PRAZO, porém as ações da NOVA ÁFRICA BRASILEIRA precisam iniciar AGORA.

PROJETOS DE REQUALIFICAÇÃO URBANA E OS DESAFIOS DA GENTRIFICAÇÃO: O CASO DA CHINA

Scarlett Miao

Tradução: Romullo Baratto e Camilla Sbeghen

Fonte: https://www.archdaily.com.br/br/946957/projetos-de-requalificacao-urbana-e-os-desafios-da-gentrificacao-o-caso-da-china

Desde a década de 1990, um grande número de cidades na China está passando por uma renovação urbana. Estimulados por esta reconstrução urbana facilitada pelo estado, arranha-céus estão sendo construídos rapidamente nas principais cidades a fim de atrair classes médias ricas para estes locais resultando em inúmeras relocações e deslocamento da classe trabalhadora, tal processo é conhecido como "gentrificação".

À medida que as cidades e os bairros estão sendo completamente gentrificados para atender ao gosto da classe média e impulsionar o crescimento econômico, os recursos do solo urbano estão sendo tratados com potencial econômico crescente, deixando pouco espaço para o desenvolvimento da vida urbana nas ruas. Ao analisar as práticas de cinco arquitetos na criação de espaços públicos urbanos habitáveis, este artigo vai discutir os desafios e oportunidades da revitalização urbana na China sob gentrificação.

Esse texto é direcionado para os AFRICANOS DE ALMA que poderão assumir cargos públicos com poderes para implementarem projetos de Gentrificação dentro do conceito da NOVA ÁFRICA BRASILEIRA.

Gentrificação é o fenômeno que afeta uma região ou bairro pela alteração das dinâmicas da composição do local, tal como novos pontos comerciais ou construção de novos edifícios, valorizando a região e afetando a população de baixa renda local.

Os efeitos do RENASCIMENTO CHINÊS à partir das ideias de Mao Tse Tung, mencionadas no livro AFRICANO DE ALMA, usados como exemplo rumo ao RENASCIMENTO AFRICANO MODERNO, precisam inspirar a NOVA ÁFRICA BRASILEIRA pois as condições de moradias, principalmente, nos grandes centros precisam VEZ POR TODA, SEREM MELHORADAS ao longo das próximas décadas.

Quando o assunto é moradia de baixo padrão é algo que no Brasil se esbarra em Estatutos de Cidades que em sua maioria privilegia os privilegiados de sempre. Por isso a plena atenção da NOVA ÁFRICA BRASILEIRA a esta questão é fundamental.

INSTRUMENTOS DE REQUALIFICAÇÃO
Irracionalidades urbanas e requalificação de áreas centrais
Letícia Gadens | Clóvis Ultramari | Denis Alcides Rezende

A revitalização das áreas centrais (seja em países que há muito investem recursos para a recuperação de suas cidades, como é o caso dos EUA, a iniciar como exemplo clássico da cidade de Baltimore, ou mesmo de países como o Brasil, onde esses recursos são disputados com outras demandas prioritárias, de modo geral) pode ser executada por meio de formas variadas, considerando os muitos setores envolvidos e as diversas variáveis em questão.

As principais iniciativas observadas na análise de casos mais conhecidos de requalificação urbana são:

• Reabilitação de áreas abandonadas por atividades econômicas que
agora são mais produtivas ou competitivas no mercado internacional;
• Restauração do patrimônio histórico e arquitetônico, buscando no
passado uma conciliação de interesses de difícil obtenção no presente;
• Reciclagem de edificações, praças e parques, demonstrando uma
grande preocupação com a imagem da cidade;
• Tratamento estético e funcional das fachadas de edificações,
mobiliário urbano e elementos publicitários;
• Redefinição de usos. Esta é, de fato, uma das iniciativas mais
polêmicas e mesmo de difícil implementação devido à sua complexidade social que gera e aos interesses imobiliários que desperta;
• Melhoria do padrão de limpeza e conservação dos logradouros,
impondo-se novos padrões do serviço público, a partir de uma imagem mais empresarial;
• Reforço da acessibilidade por transporte individual ou coletivo. Nos
casos brasileiros, essa complementaridade projetual nem sempre pode ser observada devido aos custos envolvidos;
• Organização das atividades econômicas. Tal ação envolve mudanças de uso das edificações e, portanto, gera implicações sociais e imobiliárias de difícil controle.

Por economia solidária entende-se aquela que valoriza não a apropriação individual dos lucros e sim coletiva. Por gentrificação, do inglês gentrification, entende-se a mudança da população local por novos moradores com maior poder aquisitivo a partir de intervenções de requalificação urbana.

A NOVA ÁFRICA BRASILEIRA, em todos os cantos do Brasil onde for atuar só vai ter PROBLEMAS. O que vem acontecendo ao longo de séculos é que uma geração tem deixado para a próxima fazer, muito mais por resiliência do que qualquer coisa. A NOVA ÁFRICA, dentro do que eu já coloquei como ILUMINISMO AFRICANO, tem o papel de iniciar novos pensamentos, ideias e ações .

A mídia, por dinheiro, literalmente elege os políticos que tem por trás de si o compromisso de deixar tudo como está. Prometem, não cumprem e aparecem na foto como os salvadores da pátria.

A primeira coisa que a NOVA ÁFRICA BRASILEIRA precisa fazer é fugir do pensamento "quando eu chegar lá será a minha vez de roubar" NÃO. CHEGA DISSO. Tem que chegar lá sim, mas com o propósito de se VOLTAR PARA AS POPULAÇÕES MENOS FAVORECIDAS, NÃO CONTRA ESSAS POPULAÇÕES.

E também se preparar muito para enfrentar essas estruturas de poder montadas pelos privilegiados, para os privilegiados. Tenho dito na maioria dos livros da coleção África que, ao invés de fazer fortunas, precisamos FAZER HISTÓRIA, mas história de amor ao próximo e melhora de vida para todos. No livro AFRICANO DE ALMA coloco este NOVO PARADIGMA que precisa ganhar o mundo, contaminando os privilegiados de todas as ordens para que ao invés de darem esmolas, criem condições de crescimento e habitações dignas para todos.

NOVA ÁFRICA BRASILEIRA. O DESPERTAR PARA O CRESCIMENTO DEFINITIVO DO BRASIL.

Não tenho dúvida que o crescimento vertiginoso do Brasil irá ocorrer a partir do despertar da NOVA ÁFRICA BRASILEIRA. Temos um contingente da maioria de nossa população, composta pelos afro-descendentes que, somada aos pobres de todas as cores, representam o grande universo brasileiro.

Um grande universo aprisionado pelo Neoliberalismo, por muitas Igrejas, pela grande mídia e pelas faltas de recursos em geral.

Desde 2018 temos assistido uma verdadeira destruição do Brasil, promovida por muitos atores. Atores estes que se escondem na política, no poder judiciário, legislativo e executivo.

Perdemos o rumo, pois todos, invariavelmente todos, brigam por seus interesses e pelos interesses da minoria privilegiada.

Está muito claro que qualquer mudança nos anos vindouros somente virá com uma nova postura da NOVA ÁFRICA BRASILEIRA, a seguir:

1º SE PREPARAR PARA ESTAR NO PODER;

2º QUANDO CHEGAR NO PODER, MUDAR AS COISAS;

3º ELABORAR PLANOS DE GOVERNOS E POLÍTICAS PÚBLICAS QUE BENEFICIEM DE FATO OS DESFAVORECIDOS.

A NOVA ÁFRICA BRASILEIRA tem que participar da política. Não com a ideia de ganhar votos para se manter no poder e resolver a sua vida. Mas com a ideia de REALMENTE MUDAR O BRASIL, beneficiando esta maioria da população, literalmente abandonada.

Já que nem todo mundo nasceu para ser um jogador de futebol famoso e ganhar milhões de dólares anos, vamos preparar nossos filhos para serem advogados, médicos, administradores, enfermeiras, dentistas, engenheiros. Lembre-se do que escrevi na página 9 deste livro, da história do mecânico que revolveu a vida da família parada na estrada...

O BRASIL TEM QUE MUDAR DE

PENSAMENTO, URGENTE.

A NOVA ÁFRICA BRASILEIRA é BRASIL. O Brasil Europeu e Norte Americano precisa igualmente mudar. Estamos perdendo uma grande força de trabalho que, muito provavelmente, irá imigrar para países ricos com baixa taxa de natalidade. No livro "A Importância da Diáspora Africana na Nova Descolonização de África" das páginas 47/54, trago as observações de CARLOS GOMES, acadêmico guineense, que foi adjunto de Kofi Annan na ONU e é hoje professor na Nelson Mandela School of Public Governance, na cidade do Cabo. Na página 49 ele menciona: "A transição demográfica em África está a ocorrer num período em que o resto do mundo está a envelhecer muito rapidamente. Isso nunca aconteceu antes, historicamente"

Nosso Brasil ainda dispõe de uma população jovem e economicamente ativa bem acentuada, porém está perdendo muita desta força produtiva para as drogas, para o tráfico e derivados do crime. A grande marcha do poder brasileiro sempre foi o da separação e o da segregação.

Qual é a IDENTIDADE BRASIL?

Trata-se de uma pergunta de difícil resposta. Talvez a resposta mais fácil seja: O BRASIL NÃO TEM IDENTIDADE. O BRASIL TEM IDENTIDADES.

Identidades com maiores forças e identidades que vivem à margem há séculos. Qual é a real identidade dos afro-brasileiros com melhores recursos financeiros? Não vou citar nomes, mas de longe, a maioria dos destes afro-brasileiros não tem identidade africana. Ficam somente no tom da pele, no cabelo carapinha ou na careca.

A África vem sendo tratada há séculos como sinônimo de pobreza e fracasso. Porém é o continente mais rico do planeta terra, confira no livro "55 motivos para Investir em África". Essa imagem vem sendo alimentada com unhas e dentes pelos que sem as riquezas de África, não tem como manter o seu poderio. No livro AFRICANO DE ALMA, Um exército de ideias e pensamento deu inúmeros detalhes.

O mesmo interesse que se tem em manter a África à reboque dos demais continentes é o interesse de se manter a África BRASILEIRA como ela está. E esse poder de manutenção vem do pensamento: O Africano, os afro-descentes do mundo todo precisam achar que SÃO NADA.

Assim como eu me libertei desses pensamentos, VOCÊ TAMBÉM PODE SE LIBERTAR. Venho criando em mim a IDENTIDADE AFRICANA, que coloco nesta Coleção África, para que outros africanos do mundo todo, possam se ver livres deles. A Humanidade como um todo precisa se ver livre desses paradigmas de ódio e dominação.

Quando criei o Paradigma AFRICANO DE ALMA, que pode ser visto com detalhes no livro, o fiz com a certeza que, se estamos nesta "perreca" (situação difícil), entramos nela através dos pensamentos que vieram sendo concebidos ao longo de séculos. Foram inúmeros e inúmeros paradigmas. E serão pelos NOVOS PARADIGMAS que comecei a criar e que nascerão de outros pensadores e ativistas africanos, que iremos nos libertar. Tomei a liberdade de os colocar no que chamei de ILUMINISMO AFRICANO.

Uma libertação que fará bem para toda a humanidade. Vemos nas passeatas contra atos racistas no mundo todo, que a maioria de pessoas com a melanina branca, também são contrárias a todo e qualquer tipo de racismo.

TEMOS QUE ATACAR AS CAUSAS PARA
ELIMINARMOS VEZ POR TODAS OS EFEITOS

Todas as formas de racismo têm causas.

Temos que de forma veemente eliminarmos as causas que vêm a séculos causando estes efeitos nocivos em forma de racismo e segregação. Jamais conseguiremos ser uma NOVA ÁFRICA BRASILEIRA se não nos mobilizarmos neste sentido.

Eu me lembro muito bem quando Pelé dizia: "a partir do momento que os jogadores africanos atingirem um bom nível no futebol serão por muitos anos ganhadores e irão, inclusive, conquistar a copa do mundo de futebol.

Pela quantidade de jogadores de origem africana presentes na seleção francesa, com todo o respeito e carinho que tenho pela França, o seu título mundial teve uma grande força da África. O pelé estava certo. Outras seleções já viram isso e cada vez mais terão jogadores africanos naturalizados em seu elenco.

O que acontece a nível de Brasil e a nível mundial é que as NOVAS ÁFRICAS NO MUNDO precisam cada vez mais ocuparem seus lugares de destaque e em vários outros campos. Não apenas no esporte, na música e mesmo no cinema. Mesmo assim, o que temos visto ainda é muito pouco. Posso considerar verdadeiras relíquias.

No campo da ciência, por exemplo, muito pouco os Africanos de todo o mundo aparecem. E existem verdadeiras celebridades científicas africanas nascidas no continente e não só. Como você deve saber, os conhecimentos têm suas fortes raízes no Egito, que como pode ver no livro "55 Motivos para Investir em África", do Egito, sempre foi da África. Nunca mudou de lugar.

Sinceramente eu, em particular, vejo muito mais razões em ter orgulho de minha IDENTIDADE AFRICANA do que outras de origens diferentes.

Retornando ao título da França, os africanos chegaram lá devido as ESTRUTURAS CRIADAS PELA FRANÇA.

PRECISAMOS CRIAR ESTRUTURAS QUE
FAÇAM EMERGIR A NOVA ÁFRICA BRASILEIRA

Olha que lindo isso. Dentro dessa visão, em muito pouco tempo TRANSFORMAMOS O BRASIL. E é simples ver isso. Se a maioria afro-descente e dos pobres tiverem estruturas muito bem pensadas e efetivadas, a história do Brasil vai mudar e muito para melhor. Não vamos mais precisar termos cotas para absolutamente nada, pois faremos parte do TODO BRASILEIRO.

Eu me lembro como se fosse hoje, em 2006, na cidade de Viena na Áustria, um brasileiro de melanina branca me questionava porque onde íamos os austríacos me priorizavam, eu de melanina negra, e ele não conseguia a mesma atenção. Não posso culpá-lo pois foi criado no Brasil, dentro da perspectiva da superioridade branca.

Os austríacos são fascinados pela cultura dos outros povos. Vão priorizar obviamente quem pode lhes transmitir mais conhecimentos e de algo que não lhes é comum. E o mesmo acontece com outros povos na Europa e boa parte do mundo.

A FORÇA DA CULTURA AFRO-BRASILEIRA NO MUNDO

Eu já começo a solicitar desculpas, pois em meu planejamento, cada livro da Coleção África tem em média 120 páginas, por isso tenho que sistematicamente não me alongar em determinados assuntos que se não tomar cuidado ultrapassam mais de 300 páginas.

Vamos falar um pouco da Capoeira. O vídeo mais visto no meu canal Educasat www.youtube.com/educasat é o Capoeira Angola - Cobra Mansa - Viena - Áustria - 2009
(link do video: https://youtu.be/tMssvBLrL-g)
Fiz a produção do vídeo em 28 de Maio de 2009 em Viena na Áustria. Nele pode-se ver a emoção das jovens austríacas com o conteúdo que lhes foi transmitido pelo professor e mestre capoeirista brasileiro Cobra Mansa, que já percorreu inúmeros países em todo o mundo, levando e transmitindo o seu conhecimento.

A Cultura Afro-Brasileira tem sido uma grande embaixadora do Brasil e mesmo da África no exterior do país. Neste quesito a NOVA ÁFRICA BRASILEIRA já tem ocupado um papel muito importante. A Bahia tem sido o estado que mais contribui na Cultura Afro-Brasileira fora do Brasil, seguida pelo Rio de Janeiro. Eu mesmo fui conhecer mais de perto o trabalho de Carlinhos Brown em Viena - Áustria, devido a quantidade de CDs de um colecionador austríaco que acabei tendo acesso. Um Carlinhos Brown bem mais completo, diferente da imagem que projeta na mídia brasileira quando lhe abrem portas.

Posso até ousar dizer que, fora do Brasil a IDENTIDADE QUE MAIS ENCANTA OS ESTRANGEIROS É A IDENTIDADE AFRO-BRASILEIRA. Até porque as demais culturas existentes no país, vieram de lá.

Aqui no território africano tenho dado todo o apoio que posso, dentro de minha pequenez, às culturas africanas. Digo, por mais que tenhamos a cultura afro-brasileira bem posicionada internacionalmente, precisamos da cultura africana. Os tambores do Senegal. As danças e a capoeira de Angola. Os idiomas da Nigéria embalados em suas canções e ritmos locais, que em muitos cantos do mundo competem de igual para igual com a música norte-americana, que há décadas detém o grande monopólio da distribuição musical em todo o mundo.

SE EU QUERO RESPEITO,
TENHO QUE FAZER POR SER RESPEITADO.

Como coloquei na página 11, a Educação é a base de tudo. Vamos atingir um estágio pleno em nosso país, à partir do momento em que o ensino público tenha a mesma ou maior qualidade que o ensino privado. Essa tem que ser uma grande batalha da NOVA ÁFRICA BRASILEIRA. O conhecimento faz toda a diferença. Imagina, a maioria do povo brasileiro sendo muito bem educada. Hoje, infelizmente, somente tem acesso a educação de qualidade os privilegiados financeiramente.

A quantidade de crianças e jovens que haveremos de promover com uma educação de qualidade será brutal. Lembrando que a remuneração dos professores precisa ser digna da importância do trabalho deles.

Está cada vez mais claro que, se continuarmos pensando com a cabeça dos europeus ou mesmo dos norte-americanos, como temos pensado, não vamos ter NUNCA o respeito que merecemos.

Temos que pensar genuinamente à partir de nossas realidades. Essa marginalização sistémica que vem ocorrendo no Brasil há décadas precisa DEFINITIVAMENTE ser abolida.

Hoje assistimos um quadro muito bem delineado, onde, quem tem os recursos financeiros tem o respeito, exatamente porque o capitalismo nos leva a pensar assim. Avalia-se o grau de sucesso de uma pessoa pelo dinheiro ou mesmo o património que ela possui. E aí vem a concentração de rendas, a corrupção, pois vale tudo.

Quando um status perante a sociedade ou mesmo uma vida considerada boa, for maior que o amor que se possa ter por um filho, tem-se que parar, URGENTE e pensar.

Em nome deste status vale tudo no Brasil de hoje. TEMOS QUE MUDAR ISSO DE FORMA RADICAL, pois a continuarmos pensando assim, estamos no início do fim.
O que a quantidade de seguidores implica na importância real das
pessoas? Eu posso ter milhões e milhões de seguidores nas redes sociais e, diante da importância daquilo que faço em prol da construção de um Brasil mais justo e inteligente, não representar absolutamente nada.

Chegamos em um ponto de nossas reflexões em torno de uma NOVA ÁFRICA BRASILEIRA, em que sabermos exatamente o que importa, é fundamental para o surgimento desta NOVA ÁFRICA BRASILEIRA.

Tirarmos nossas crianças dos guetos, das periferias e lhes fornecermos formação de qualidade é a prioridade das prioridades.

Fatos recentes, como o trágico falecimento do Mc Kevin na cidade do Rio de Janeiro em 16 de maio de 2021, tem que ser pensado à luz de quem são os maiores influenciadores de nossos adolescentes na atualidade. Observando com carinho suas letras e mensagens, podemos ver nitidamente em seu estilo de vida, pós periferia, a forte influência, muito mais negativa do que positiva, exercida em milhões de jovens e adolescentes.

O que nós adultos temos que ter absoluta consciência é que a criança não tem ainda todos os mecanismos de proteção mental e comportamental que já adquirimos na vida. O apogeu das drogas e do crime, acabam sendo o maior vendedor das músicas. Sem contar o consumo de roupas de marcas, carrões e demais supérfluos.

A continuarmos colocando o dinheiro e tudo o que ele pode trazer de felicidade momentânea para os não preparados, mais uma vez, reforço que estamos, nitidamente, no caminho do fim.

O que sou hoje é fruto de exemplos que tive em minha vida. No livro "A IMPORTÂNCIA DA DIÁSPORA AFRICANA NA NOVA DESCOLONIZAÇÃO DE ÁFRICA" menciono três grandes exemplos que muito me ajudaram em minha construção: Arcebispo Dom Hélder Câmara, já falecido, Leonardo Boff, Teólogo, Escritor e Professor e Padre Irala criador do TLM - Treinamento de Liderança Musical e a AOPA - Associação Oração Pela Arte (opa.arte.br).

Estamos na fase adulta, um misto do que fomos em toda a nossa vida, a começar pelas influências em nossa infância e adolescência.

As Redes Sociais, se especializaram em tornar fáceis, coisas difíceis, que para serem conquistas requerem muito trabalho e dedicação. Você tem meia dúzia de seguidores e já se acha a última bolacha do pacote. E com isso não cresce. Não evolui.

O telemóvel como é chamado em Angola ou celular, como é chamado no Brasil, logo que surgiu não eram inteligentes, mas me lembro como se fosse hoje, tudo o que foi previsto quando se tornaram inteligentes, acabou acontecendo.

O FUTURO DISSO TUDO ESTÁ EM NOSSAS MÃOS

Tal como é, não podemos crucificar o celular. Temos é que nos esforçarmos para ensinar a utilizá-lo da melhor forma possível.

Você pode ficar o dia todo teclando no Facebook, no WhatsApp, assistindo vídeo-clips no Youtube, como pode estar estudando conteúdos disponibilizados de graça na internet que lhe permitam evolução em sua vida profissional.

É muito comum nos restaurantes vermos pessoas teclando em seu celular ao invés de conversarem. O encanto presencial perde cada vez mais espaço para o encanto digital, até porque é muito mais fácil qualquer tipo de relacionamento à distância. A epidemia do Covid 19 agravou ainda mais isto, devido a importância de se evitar os contactos pessoais.

Por outro lado, a total ausência das Redes Sociais, adotado por muitos, é igualmente nocivo. Temos que buscar em tudo e sempre, o equilíbrio.

A NOVA ÁFRICA BRASILEIRA, que representa a maioria do povo brasileiro precisa dominar muito bem esse assunto e criar mecanismos de proteção às crianças, jovens e adolescentes.

Em Angola já iniciaram as Brigadas de Estudo com o nome AFRICANOS DE ALMA, dentro do Projecto que leva o mesmo nome. Embora Angola esteja no continente africano é basicamente 100% de sua população é de melanina preta, podemos intuir que uma NOVA ANGOLA, assim como uma NOVA ÁFRICA BRASILEIRA começa a ser pensada, a partir dos AFRICANOS DE ALMA pelos que irão herdar o país. Como já pude dizer nas páginas anteriores, tudo começa na EDUCAÇÃO DE BASE. Focou na Educação, com estruturas muito bem montadas, professores bem pagos, intercâmbios internacionais bem alinhados, VIRA PAÍS DE PRIMEIRO MUNDO, não importa em que continente esteja. Assista a palestra feita pela Presidente da ACHAMA - Associação Carácter, Habilidade e

Atitude Motiva Angola, a Srta. Luzolo Lungoji, filha de Maria e João Lungoji, ela de São Tomé e Príncipe e ele de Angola. Luzolo é metade São Tomense e Metade Angolana (https://youtu.be/E3Dly91AuEk). A palestra foi realizada no dia 28 de Maio de 2021 no Colégio Kimbanguista 18 de Novembro - Complexo do Golfo - Luanda - Angola. Os AFRICANOS DE ALMA do mês de maio foram homenageados por Luzolo no dia 29 de Maio de 2021. Assista o vídeo (https://youtu.be/XiqC2Kwxnew).

Luzolo, além do requintado conhecimento que possui, fruto de seus estudos e investigações, utilizou-se de dois livros para elaborar o conteúdo de sua palestra como se pode ver no vídeo:
1) Livro: A Importância da Diáspora Africana na Nova Descolonização de África - Autor Celso Salles
2) Livro: A NOVA DESCOLONIZAÇÃO DE ÁFRICA - Autor Bitombokele Lei Gomes Lunguani
ambos à venda na www.amazon.com

De uma forma geral, todas as Áfricas precisam dar atenção especial aos pensamentos, criando novos e importantes paradigmas que possam conduzi-las a um lugar de protagonismo, congregando suas forças já existentes e as novas que virão nos anos vindouros, fruto de um trabalho uníssono em todos os setores da vida humana. NÃO HÁ O QUE NÃO POSSAMOS FAZER.

PORQUE O PROBLEMA PRINCIPAL DA ÁFRICA
É A SÍNDROME DO VENCEDOR QUE APANHA TUDO
Carlos Gomes, no livro "A Importância da Diáspora Africana na Nova Descolonização de África", página 48.
Em seu texto, Carlos diz: E para nós podermos respeitar a diversidade, que é fundamental em África por causa da diversidade étnica, por causa das características que têm que ver com a própria chegada tardia à época da modernidade, nós precisamos necessariamente de construção de consensos, construção daquilo que chamamos nação, para que as identidades sejam muito mais nacionais e menos étnicas. E para isso não podemos ter um processo

democrático onde há mesmo um voto que pode ser capturado pela identidade étnica. Tem de ser mais sofisticado...

Se pararmos para pensar, o que temos no Brasil é uma variedade de etnias vindas de toda parte do mundo e a maior em quantidade, mas bem franca em poder, é justamente a África BRASILEIRA. Fomos impedidos ou nunca trabalhamos para isso?

Eu sou brasileiro. Nasci no Brasil. Mas qual Brasil eu pertenço? A NOVA ÁFRICA BRASILEIRA tem necessariamente que trabalhar na construção de consenso para se fortalecer na construção da NAÇÃO BRASILEIRA.
A continuar sendo tratada em regime de inferioridade e acreditando que
é de fato inferior, jamais a NOVA ÁFRICA BRASILEIRA irá acontecer.

TRABALHO INDIVIDUAL X TRABALHO EM EQUIPE
A NOVA ÁFRICA BRASILEIRA precisa entrar com força total, rumo ao trabalho em Equipe. Essa tem sido a grande diferença, que tem ao longo do tempo tem nos atrasado. Somos mais afetos ao trabalho individual.

Esse é um dos temas que precisa muito ser trabalhado nas Brigadas de Estudos da NOVA ÁFRICA BRASILEIRA. Temos que discutir entre nós o que nos impede de trabalharmos em equipe.

Por quê ao invés de apoiarmos o sucesso do outro, ficamos cheios de inveja e, no que pudermos, falamos mal e prejudicamos aquele que teve sucesso? Por que isso não é tão comum nas outras etnias que vivem no Brasil? Elas trabalham de forma corporativa e com isso, um ajuda o outro. O TRABALHO EM EQUIPE FAZ MUITA DIFERENÇA.

Em toda equipe tem sempre os destaques individuais. Vamos utilizar um time de futebol como exemplo. Um jogador de alta qualidade normalmente é mais badalado pela mídia, ganha muito mais que os demais, exatamente porque é destaque em campo. Os demais jogadores precisam dele, assim como ele precisa dos demais jogadores. O mesmo precisa acontecer em todos os demais segmentos da vida.

A INICIATIVA DO MAGAZINE LUIZA

Foi grande a discussão quando o Magazine Luiza colocou o anúncio do primeiro processo seletivo, exclusivo para admissão de trainees negros em setembro de 2020.

De um lado uns elogiaram a iniciativa e viram uma forma

de correcção da desigualdade racial no mercado de trabalho brasileiro em que negros (pretos e pardos) ocupam somente 30% dos postos de chefia, apesar de serem mais da metade da população, segundo dados do IBGE. De outro lado, houve os que consideraram a ação de crime de racismo.

Alguns chegaram a recorrer ao termo racismo reverso.

A NOVA ÁFRICA BRASILEIRA PRECISA EMPREENDER E GERAR EMPREGOS

Um grande esforço precisa ser realizado nas décadas vindouras rumo a empreendimentos diversos gerados pela NOVA ÁFRICA BRASILEIRA. A formação de cooperativas que visem fornecimentos locais e exportações precisam ser cada vez mais realidades nos contornos da NOVA ÁFRICA BRASILEIRA, com a criação de novos produtos. Franquias de valores acessíveis podem e devem ser adquiridas pela NOVA ÁFRICA BRASILEIRA.

CASA DA FRANQUIA - 100% NOVA ÁFRICA BRASILEIRA

Dirigida por Gilson Ferraz Junior, a Casa da FRANQUIA possui inúmeras opções para empreendimentos da NOVA ÁFRICA BRASILEIRA. No Sistema de Franquia você recebe inúmeros negócios formatados por Gilson, com grande possibilidade de sucesso. São negócios já testados e manualizados. Tem uma Taxa de Franquia a ser paga para a CASA DA FRANQUIA, que varia de acordo com o tamanho do negócio e, mensalmente paga-se Royalties para o Franqueador. Você pode iniciar como Franqueado e, no futuro, se tornar um Master Franqueado, assumindo o comando de uma área maior. Não perca tempo, ligue +55 19 99613-3110 e fale no

WhatsApp com Gilson. Você pode estar no Brasil, na África ou em qualquer lugar do mundo. GILSON RESOLVE.

Chegou um momento muito especial neste livro. É quando sem nenhuma cerimônia começa um grande despertar da NOVA ÁFRICA BRASILEIRA para as grandes oportunidades oferecidas pelo continente africano aos empreendedores e profissionais especializados brasileiros. Não tenho a menor dúvida de que será o início de bons e novos momentos para o continente africano e africanos da diáspora em geral.

Precisamos iniciar uma grande virada. Nos livros anteriores da Coleção África, tenho me dedicado a desconstruir muitas das prisões que nos foram impostas durante séculos de domínios. Nas próximas páginas estarei colocando alguns detalhes do livro "55 MOTIVOS PARA INVESTIR EM ÁFRICA" para que os membros da NOVA ÁFRICA BRASILEIRA possam se motivar a transformá-lo em livro de cabeceira e contribuírem presencialmente e com investimentos diversos para que o Continente Africano e Africanos de toda a diáspora possam ser grandes e novas potências mundiais.

As diferenças precisam com urgência serem reduzidas a zero, visto que estamos todos reféns do Planeta Terra, sem possibilidades ainda de ultrapassarmos o Cinturão de Van Hallen. Precisamos evoluir enquanto humanidade e deixarmos para as próximas gerações um forte compromisso com a redução das desigualdades, eliminando em definitivo a fome da face da terra. Temos cada vez mais que aprendermos a respeitar as diferentes culturas e modos de vida. Mesmo o capitalismo devorador terá que se reinventar à luz da manutenção das condições de vida no planeta. Colocarmos o ser humano acima de tudo, com ótima qualidade de vida para todos, acredito ser um desafio muito maior que colocarmos os pés em Marte. Enfrentarmos nossas fraquezas e dificuldades de pensarmos no coletivo é, sem a menor dúvida, um dos nossos maiores desafios. Uma NOVA ÁFRICA BRASILEIRA tem que ser pensada e construída à luz do desenvolvimento do Brasil e demais países do Terceiro Mundo, com prioridade para os países do continente africano. Cada um de nós pode fazer algo muito bom neste sentido. Uma NOVA ÁFRICA BRASILEIRA contempla em seu bojo pessoas preparadas e motivadas para mudarem para melhor suas qualidades de vida. Nós não podemos nunca esquecer a dívida que precisamos pagar pelos malefícios feito ao continente africano e os impedimentos ainda hoje pensados e alimentados para manter a raça negra no grande obscurantismo que ainda se encontra, quando pensamos na maioria das pessoas. Toda e qualquer mudança, precisa começar por nós mesmos. Dentro dos nossos corações e, aos poucos, iremos contaminando de forma positiva a todos os que conseguirmos acessar. A COLEÇÃO ÁFRICA está a ser construída com este firme propósito, o de ajudar a raça humana a pensar de forma construtiva e evolutiva. É um pingo no oceano, mas vale a pena esta causa.

A NOVA ÁFRICA BRASILEIRA OFERECE:

- Formação de Mão de Obra Especializada Africana;
- Transferência de Tecnologias em áreas básicas;
- Montagem de Franquias;
- Fontes de geração de Energia Elétrica,
tais como mini-usinas à partir de águas de rios;
- Energia Solar;
- Equipamentos e Tecnologias
de purificação de água;
- Tratamento de resíduos sólidos;
- Técnicas de Plantio e
Insumos agrícolas;
- Aviões para voos curtos.
DEMAIS NECESSIDADES
DO TERRITÓRIO
AFRICANO.

O CONTINENTE AFRICANO OFERECE:

- Facilitação de Vistos de Trabalho, cartões de residência e cidadania, variando de acordo com a importância de cada ação a ser desenvolvida;
- Alojamentos com as melhores condições para o desempenho das missões;
- Veículos para transporte;
Geradores de Energia Elétrica;

Subsídios para alimentação;

- Passagens aéreas

quando possível,

devido a importância da

missão a ser realizada.

DEMAIS

CONDIÇÕES PARA

BEM RECEBER A

NOVA ÁFRICA BRASILEIRA.

O desenvolvimento de negócios não pode jamais ficar restrito ao âmbito governamental. Atualmente com os benefícios da comunicação é muito fácil fazer negócios em vários níveis. Atingir uma grande dinâmica neste sentido é fundamental.

Das páginas 84 a 87 do livro "A Importância da Diáspora Africana na Nova Descolonização de África" mostrou todos os embaixadores brasileiros em África, em 14 de janeiro de 2021 e nota-se que não tem sequer um afro-brasileiro entre eles.

Dentro da atual realidade brasileira, não existe outro caminho se não o de criarmos os caminhos da NOVA ÁFRICA BRASILEIRA.

A quantidade de negócios Brasil - África, eu em particular considero muito pequena e, farei o máximo que puder para que haja uma grande ampliação. Neste livro A NOVA ÁFRICA BRASILEIRA, coloco as principais informações e procuro dar um início para que os negócios possam se dinamizar.

As Câmaras de Comércio também não contemplam a África BRASILEIRA. É como se ela não existisse e estamos falando da maioria da população brasileira.

Contra fatos não há argumentos.

A DESINFORMAÇÃO QUE ALIMENTA A POBREZA

Na palestra que realizava no Brasil, (https://youtu.be/MOlyr8PyZWw - Dia 05 de Março de 2012. Instituto de Educação e Ensino Superior de Campinas - SP - Brasil) que batizei de BRAND ÁFRICA, direcionada a um público universitário, era desesperadora a constatação do verdadeiro DESCONHECIMENTO dos brasileiros acerca da África. Ainda, nos dias de hoje, boa parte dos brasileiros, se não a maioria, quando se fala em África, pensam que é um país e não um continente.

Mas como isso é possível em pleno século XXI?

Um dos paradigmas utilizados no período da colonização foi o de dividir para dominar. O paradigma utilizado hoje é o de DESINFORMAR PARA CONTINUAR A DOMINAR.

NÃO EDUCAR PARA DOMINAR

Este é outro paradigma destruidor de países. Como eu posso desenvolver o meu país se não tenho mão de obra preparada, educada e treinada. A geração de empregos está diretamente ligada à formação de mão de obra especializada. O IDH - Índice de Desenvolvimento Humano tem que ser trabalhado à exaustão.

Querendo ou não, este tem que ser o primeiro e grande passo: FORMAÇÃO. PREFERENCIALMENTE, FORMAÇÃO TÉCNICA.

Nem sempre a formação universitária é a que mais ajuda no desenvolvimento de um país.

EDUCAÇÃO: MENOS NEGÓCIO E MAIS VOCAÇÃO

A Internet de certa forma tem contribuído muito para a expansão do conhecimento de forma global. O que falta é a MOTIVAÇÃO para a maioria das pessoas se tornarem AUTO-DIDATAS.

A fome de conhecimentos é tão grande quanto a fome de alimentos. Criar estruturas sem custo para o acesso a Internet rápida tem que ser prioridade nos governos africanos. FORMAÇÃO, FORMAÇÃO, FORMAÇÃO. Os talentos são muitos e diversificados. Uma vez criando-se estruturas de acesso às informações, dá-se um gigantesco passo para a evolução do país.

Existem várias Áfricas no mundo, assim como a brasileira. Despertar de forma inteligente estas Áfricas é uma tarefa deveras importante e uma missão de todos nós. O Mundo Africano tem muito a ganhar e o combate a pobreza perde espaço para o INCENTIVO AO DESENVOLVIMENTO do terceiro mundo. Com o DESENVOLVIMENTO das camadas menos favorecidas a pobreza vai embora. Quando pensamos em combate a pobreza, somos tentados a distribuir alimentos. Quando pensamos no incentivo ao desenvolvimento, somos compelidos a investir em transferência de tecnologias. Nas próximas páginas vamos dar um breve passeio por mais algumas Áfricas no Mundo. Vem comigo.

EU QUERO IR E EU QUERO QUE VOCÊ VENHA

Com esses dois desejos, temos tudo para mudar a história de África e seus descendentes, onde a NOVA ÁFRICA BRASILEIRA reúne o maior contingente em todo o planeta.

Um lado precisa criar as condições para ir e outro lado precisa criar as melhores condições para receber.

O primeiro passo é a motivação. O segundo é o conhecimento e o terceiro passo é trabalhar para a materialização. Da Página 40 à página 92 você tem informações importantes sobre as 52 repúblicas e as 03 monarquias presentes no território africano que, sistematicamente, vem ao longo de séculos sendo literalmente escondidas por interesses internos e externos ao continente africano.

A lógica do crescimento económico não é tão complicada. Quando você tem uma maior oferta de produtos e serviços de qualidade, o mercado faz o resto. Os preços caem. A qualidade dos produtos aumenta substancialmente e o consumo leva ao aparecimento de indústrias que geram empregos. Quando observamos as informações das riquezas em África e vemos o seu contingente populacional, vemos o quanto é poderoso o mercado africano.

Há 20 anos atrás quando comentava com as pessoas mais chegadas, os meus propósitos de evoluir no conhecimento de África e aumentar o máximo possível o Networking, fui tido por muitos como maluco. Na atualidade as mesmas pessoas já pensam muito diferente.

E posso garantir a você que está lendo este livro, que a África é o CONTINENTE DAS OPORTUNIDADES. Todos os que vierem pensando em vias de mãos duplas, irão colher mais frutos. Todos os que teimam na visão extrativista, onde apenas um lado tem todos os benefícios, irão perder espaço para os não extrativistas.

Precisamos gerar riquezas no território africano. Riquezas que beneficiem os africanos e melhorem suas qualidades de vida. Todos os governos em África estão abertos para os pequenos, médios e grandes investidores. A maioria das estruturas criadas no que tange aos investimentos externos se baseiam em índices que fazem alguns países serem um verdadeiro paraíso para os CEOs da maioria das empresas. Em cada livro da Coleção África venho colocando um série de visões e informações de capital importância. A NOVA ÁFRICA BRASILEIRA, irá ao longo do tempo, se libertar dos tampões que ainda pairam sobre os seus olhos e acordar em definitivo para a sua grande importância no crescimento em território brasileiro e também em território africano.

Nós afro-descendentes temos que nos esforçar para obtermos notoriedade em áreas vitais ligadas a ciência como um todo. Tanto no Brasil quanto em África temos uma biodiversidade incrível que precisamos explorar de forma científica gerando medicamentos, alimentos e principalmente energia limpa e renovável.

Por mais que nossas reservas de petróleo e demais riquezas minerais sejam as maiores do planeta, não podemos viver eternamente delas. Temos que nos tornarmos auto-suficientes na maioria de nossas necessidades.

A papa feita, pronta para comer, precisa ao longo do tempo, ser substituída por novos e importantes meios de produção. Todo tipo de facilidade alimenta a PREGUIÇA e, ela tem sido a grande destruidora dos processos de desenvolvimento dos povos do terceiro mundo.

Veja que vale a pena todo esforço em se criar meios produtivos pois, eles irão sempre nos dar autonomia e na redução das importações e deixarmos nossas balanças comerciais dentro do melhor equilíbrio possível.

A CORRUPÇÃO vem ao longo do tempo corroendo os países de terceiro mundo, visto que alimenta as formas fáceis de se obter a riqueza, dentro do pensamento do "custe o que custar" e da "felicidade que os bens materiais fornecem".

Precisamos alimentar o espírito do NACIONALISMO acima dos interesses pessoais. Uma nação rica para todos, não somente para uma casta de privilegiados. Temos que pensar de forma NOVA e revolucionária em muitos sentidos.

Os sentimentos de superioridade e de inferioridade precisam ao longo do tempo serem repensados. Nenhum povo é tão bom em sua superioridade que possa viver sozinho na face da terra. Por outro lado, nenhum povo ou mesmo raça é tão destacada em sua inferioridade que nada tenha para contribuir com a humanidade.

Os conhecimentos nasceram em território africano. No Egito. E, pode acreditar que ainda tem muito mais conhecimento a ser desvendado. Na ligação dos opostos teremos muitas respostas a inúmeras perguntas da ciência em geral.

Pela minha idade e pelos conhecimentos que pude adquirir ao longo de minha vida, acabo sendo muito procurado para realizar trabalhos que, com orientação adequada podem ser realizados pelos jovens africanos. E é o que tenho feito ao longo de minha estadia em território africano. Faço um básico para me manter, enquanto procuro treinar o máximo de jovens possível abrindo portas para seus crescimentos e realizações.

Agora, se eu consigo fazer isso, outras pessoas e estruturas também o podem fazer. Isso precisa se espalhar nas Áfricas como um todo.

Temos que nos libertar da raiz do egoísmo que impera no capitalismo e não termos medo de trabalharmos em cima de um novo paradigma que é o da SOLIDARIEDADE. Vou arriscar aqui um SOLIDARISMO.

As lições que a Covid 19 vem dando ao mundo, quando para se ter o isolamento é necessário fornecer subsídios à população nos acena para novos momentos em que, com uma maior divisão das riquezas, tanto internamente quanto globalmente, pode ser um grande caminho a ser seguido.

Por mais que não queiramos aceitar, principalmente os que detém os lugares de privilégio, nossa era precisa se notabilizar pela MUDANÇA DE PARADIGMAS, muito bem mencionados no livro ÁFRICANO DE ALMA - Um Exército de Ideias e Pensamentos.
Quanto maiores e gritantes forem as diferenças. Quanto mais difíceis

forem os caminhos para se obterem um mínimo para uma sobrevivência digna, maiores serão os problemas sociais e, advindos deles, roubos, latrocínios, pestes e até mesmo pandemias se intensificarão.

Vivíamos melhor no passado? Vivemos melhor agora? Como viveremos no futuro? São perguntas que a partir de agora precisam ser respondidas. Temos que aumentar a nossa capacidade de vermos de ângulos diferentes uma mesma coisa.

Os desafios que eu tinha em minha juventude, são outros nos dias de hoje. Estamos mais ligados na distância do que na presença física. Isso é notório. Até porque no relacionamento digital, os choques são menores e, podemos ficar em off. O que não acontece no relacionamento presencial.

Eu em África vejo comportamentos muito mais saudáveis, que vivi no Brasil há 50 anos atrás e que, na atualidade, jamais conseguiremos tê-los novamente, tanto no Brasil, quanto em outras partes do mundo.

As dificuldades acabaram por blindar os africanos de uma série de nocividades que no resto do mundo, já as temos no nosso dia a dia. Quando tenho oportunidade de conversar aqui, vejo que o pensamento que lhes foi passado de que, a felicidade mora longe, até por eu vir deste longe, não está nada correto.

Um crescimento que permita ao africano desfrutar de qualidade de vida em sua própria terra, sem perder a força de suas origens e tradições, acredito ser o grande desafio a ser vencido. O que Emmanuel Macron pode muito bem continuar a fazer em reconhecimento ao gesto de Mamoudou Gassama (Páginas 100/101) é criar inúmeras e melhores condições para o desenvolvimento do Mali, beneficiando milhões de habitantes da República do Mali que, naturalmente, não precisarão da cidadania francesa.

Na convivência que tive com africanos no Brasil e na Europa pude sentir a infelicidade mais próxima deles do que a felicidade que lhes foi prometida de uma vida feliz fora de África.

Afinal, ONDE MORA A FELICIDADE?

Chegamos como passageiros nas carruagens dos tempos passados, frutos de pensamentos bons e ruins e não temos muito o que fazer quanto ao que já foi feito. No entanto, o presente e o futuro nos pertence. Podemos dar continuidade a uma série de paradigmas que herdamos, fazendo de conta que nada tem a ver conosco, mas podemos agir de forma muito mais salutar e, com coragem, mudarmos o máximo de pensamentos rumo a um mundo melhor de se viver.

No livro "A Importância da Diáspora Africana na Nova Descolonização de África" pode-se ver importantes considerações sobre o final da fome no planeta. Coloquei de forma bem direta que, do jeito que temos agido como humanidade, nem em 1000 anos vamos conseguir acabar com a fome.

Precisamos de NOVOS PENSAMENTOS e AÇÕES em um planeta com ideias velhas. Se All Street conseguir entender que, por mais forte e importante que seja, não é a dona do planeta e, começar a abrir para NOVAS E IMPORTANTES IDEIAS, não tenho dúvida que teremos um mundo muito mais harmonioso, com líderes mais preparados e voltados para o bem estar social de seus povos.

A complexidade do mundo atual é consideravelmente grande. O conhecimento superficial também o é. A tecnologia traz informações em alta velocidade e capitais financeiros são transferidos em segundos.

Um mundo mais equilibrado, ao meu ver, será a grande saída de nossa humanidade nas décadas e séculos vindouros. Uma coisa é certa. Temos que abraçar este árduo desafio.

E novamente voltamos na EDUCAÇÃO como a força motriz para um futuro menos desigual e mais salutar para a raça humana.

Se conseguirmos colocar na mente e no coração desta nova geração que, seremos mais ricos, quanto menos diferenças tivermos entre os povos, poderemos ser altamente otimistas quanto ao futuro.

Uma coisa é muito certa. Como estamos não podemos continuar.

Enfrentamos grandes desafios. Porém as gerações que nos antecederam também os enfrentaram. Chegamos até ao desenvolvimento de armamentos nucleares, com alto poder destrutivo. Poderíamos não estarmos vivos hoje.

A GRANDE E NOVA ÁFRICA BRASILEIRA precisa ser altamente competente para ao invés de assistir uma evolução crescente de venda de armas, com o apoio de líderes de cabeça fraca e aguçada corrupção, formar mentes brilhantes, voltadas para o desenvolvimento brasileiro.

Se estamos na linha de tiro, com nossos filhos morrendo por balas e mais balas chamadas perdidas, mas altamente direcionadas, temos que ser os primeiros a nos mobilizarmos para materializarmos essa nossa NOVA ÁFRICA BRASILEIRA.

No lugar de cadeias, ESCOLAS.
No lugar de armas, MATERIAIS ESCOLARES.
No lugar de drogas, LIVROS.
No lugar de milicianos, PROFESSORES.
No lugar de morros, CONDOMÍNIOS HABITACIONAIS.
No lugar da fome, BONS PRATOS.
No lugar de confrontos, ESPORTES.
No lugar de programas policiais, ESCOLAS GRATIS ONLINE.
No lugar de lixo, SANEAMENTO BÁSICO E AGRICULTURA.
No lugar de políticos podres, NOBRES ATIVISTAS SOCIAIS.
(Deixo aqui minha sincera homenagem à Socióloga Marielle Franco).

Por gentileza, continue em sua mente as trocas que a NOVA ÁFRICA BRASILEIRA precisa incentivar e promover para que o Brasil possa, contra tudo e contra todos, ser um exemplo de país a ser seguido.

Sabemos muito bem o que precisamos mudar. Só precisamos de coragem e empenho para fazermos as mudanças. Não é fácil? NUNCA FOI FÁCIL E NUNCA SERÁ FÁCIL.

O SOLIDARISMO VEM AÍ

Na verdade ele já existe no mundo e trabalha disfarçado. Na dedicatória deste livro fiz questão de homenagear a Médicos Sem Fronteiras. Assim como a ONG MSF, existem inúmeras outras iniciativas que há anos vêm trabalhando de forma acentuada para gerir e reduzir ao máximo possível inúmeras aflições vividas por seres humanos em todo o planeta.

Se essas organizações foram criadas por seres humanos, podemos concluir que a raiz do bem e do mal está dentro de nós. E por quê temos feito a opção pelo mal em grande escala? Ainda seguimos os paradigmas que nos foram passados e atualmente ampliados em nossas mentes, transformando muitas besteiras em nobreza.

Volto a enfatizar que nossa grande luta está dentro de nossas cabeças. Precisamos ampliar urgente o sentimento de família. Não podemos ficar presos ao laço sanguíneo e a ideia de que, a partir daí tudo vale, desde que meus irmãos de sangue tenham tudo, muito mais do que precisam.

Criamos leis e mais leis, e essas leis, muitas ultrapassadas, fora de época, acabam sendo o refúgio de gente da pior espécie. Uma certa ação não está nada correta, mas fica protegida pela lei. Em muitas vezes, cria-se a dificuldade para se vender a facilidade.

O bom senso e o consenso são fundamentais para que possamos nos reinventar, seguirmos os melhores caminhos proporcionando o melhor a todos.

UMA HUMANIDADE MAIS REFLEXIVA

Quer sentimento mais idiota que o racismo? Até quando nossa humanidade vai conviver com esta grande idiotice? Na verdade, fugimos das reflexões. Até porque elas sempre nos levam a mudanças. Se entrarmos pesado nas Reflexões, muita coisa vai mudar. Muitas verdades que vem mutilando a alma humana começarão a se desconstruir e muitos vão perder o chão.

Em 14 de dezembro de 2020, participei no Programa Janela Aberta da TPA 1- Televisão Pública de Angola, comandado pelo apresentador Borges Macula na época e o assunto em pauta foi o perdão.

Um padre, um pastor e eu. Aparentemente eu estava a sobrar no programa, pois em matéria de perdão, tanto o padre quanto o pastor são autoridades. Foi quando puxei a discussão para o perdão coletivo. Basicamente, quem deveria pedir perdão pela ESCRAVIDÃO dos povos africanos?

Assista o Programa na íntegra: https://youtu.be/2ybuswYdTXU

Na verdade a REFLEXÃO anda de mãos dadas com a SABEDORIA. É a palavra mágica que nos tem faltado na atualidade. Eu sou da esquerda reflexiva. Uma esquerda que se permite análise. E com as auto-análises vêm invariavelmente as melhoras.

Por mais poderosos e ricos que sejamos, estamos igualmente de passagem. Graças a Deus. Nossa geração está a passar, desde o momento em que nascemos.

O que vamos deixar para nossos filhos? Dinheiro? Propriedades? Ações nas Bolsas de Valores? A resposta a esta pergunta pode iniciar grandes reflexões em nossas mentes, com significativo poder de mudança.

A NOVA ÁFRICA BRASILEIRA precisa seguir sob a luz de muita reflexão. Um ou mais negros no poder, podem não representar absolutamente nada para a NOVA ÁFRICA BRASILEIRA. O poder precisa ser exercido dentro de novas e importantes linhas de governança. Não importa muito se negro ou branco, desde que a visão seja outra e leve em consideração esta imensa força de trabalho, de consumo que a NOVA ÁFRICA BRASILEIRA representa. Ao abrir portas e janelas para esse grande contingente de pessoas, preparando-as para o estudo, desenvolvimento e trabalho, a NOVA ÁFRICA BRASILEIRA irá iniciar um importante e novo momento na história do Brasil.

MENOS IGNORÂNCIA,
MAIS ESTUDOS, PESQUISAS E TRABALHOS.

Quando olhamos a grande população brasileira vemos nitidamente a grande necessidade de desenvolvermos Programas e Mais Programas, municipais, estaduais e federais com o intuito de fazermos evoluir a nossa população. Por que um país tão grande e tão rico não consegue ser tão próspero?

Temos invariavelmente que pensar nas forças externas e internas que somadas e muito bem articuladas querem nos perpetuar como um grande mercado de consumo, reféns de produtos produzidos lá fora.

O capitalismo financeiro tem deixado um grande buraco nos sistemas produtivos de nosso país, que pode e deve ser ocupado pela NOVA ÁFRICA BRASILEIRA.

Vou empreender. Vou montar pequenas, médias e grandes indústrias. Vou ganhar menos que a aplicação no mercado financeiro, mas vou GERAR EMPREGOS. Vou proporcionar o bem social. VOU RECONSTRUIR O MEU BRASIL. VOU TORNÁ-LO UMA NAÇÃO DE PRIMEIRO MUNDO.

FINALIZANDO

Mais um importante conteúdo disponibilizado em forma de livro, onde pudemos fazer um importante passeio pelas mais diferentes realidades. Uma NOVA ÁFRICA BRASILEIRA que, dentro de um contexto mais global agrega as Áfricas em todo o mundo. Maiores e menores. Todas com infinitas possibilidades de darem um grande contributo para a desconstrução de inúmeros paradigmas que vêm ao longo de séculos destruindo todo um povo repleto de culturas e ensinamentos. Temos e como temos que evoluir como humanidade. Não dá mais para ficarmos presos em pensamentos sem o menor bom senso, ultrapassados em suas essências. O DESPERTAR do continente africano bem como de africanos ao redor do mundo irá se intensificar cada dia mais para o bem e crescimento de toda a humanidade. Nossa geração tem uma grande responsabilidade que é a de ser a grande protagonista da mudança. As DIFERENÇAS ao se reduzirem trarão a paz e a prosperidade para todo o planeta. "Basta de uns tendo que vomitar para comer mais e milhões morrendo de fome em um ano só. Nada de escravo de ontem ser senhor de escravo amanhã. BASTA DE ESCRAVOS. Um mundo sem senhor e sem escravos, um mundo de irmãos. DE IRMÃOS DE VERDADE." - Invocação à Mariama - Dom Hélder Câmara.

Acredito piamente que não temos como construir um futuro que não seja sombrio se continuarmos a utilizar ideias ruins concebidas em um passado de disputas, construído com inúmeras mentiras, ainda defendidas como verdades até hoje. E por falar em mentiras, há muito que temos nos guiado por elas. Não nasceram no tempo da Internet. Apenas se ampliaram e ganharam maior velocidade em sua transmissão.

COMPROMISSO COM A VERDADE
Cada vez mais esse compromisso passa a ser o nosso grande desafio, pois ao o assumirmos estaremos iluminando o futuro das novas gerações que irão herdar um planeta melhor do que o encontramos dando-lhes maior longevidade e melhor qualidade de vida para todos. Que mais este paradigma NOVA ÁFRICA BRASILEIRA possa nos levar a uma NOVA HUMANIDADE.

OS SEGREDOS DA CONTINUIDADE
DOS CONHECIMENTOS EM ÁFRICA.

MANDOMBE
DA ÁFRICA PARA O MUNDO

Celso Salles

UM GRANDE
CHAMADO

O meu grande objetivo ao escrever e publicar este livro é MOTIVAR povos de todo o mundo e de todas as raças a conhecerem um básico do que é a escrita africana MANDOMBE, que na lingua africana Kikongo significa "O QUE PERTENCE AO NEGRO". O meu primeiro contacto com o MANDOMBE foi no Brasil no ano de 2015, quando recebi a visita do Escritor Bitombokele Lei Gomes Lunguani e, imediatamente, iniciamos a produção dos primeiros vídeos onde o Escritor Bitombokele apresentava o MANDOMBE. As gravações foram feitas de forma improvisada, onde transformei o meu humilde apartamento na época, na Praça dos Expedicionários, que batizei de Praça Simon Kimbangu, localizado na cidade de Bauru, no interior do Estado de São Paulo, Brasil, em uma sala de vídeo-aula. Uma série de materiais didáticos está sendo preparada por Bitombokele e Equipa, com o objetivo de facilitar a aprendizagem da escrita MANDOMBE.

Neste livro, com o apoio do que já publicamos na Plataforma Digital: www.mandombeuniversity.online, espero poder responder às principais perguntas que normalmente são feitas quando as pessoas ouvem o sonoro nome MANDOMBE.

Para chegarmos ao MANDOMBE teremos que retornar um pouco na história de África, na época do surgimento de Simon Kimbangu, sua trajetória de vida nos aspectos humano e divino de sua personalidade. O fato de eu não ter nascido na África e muito menos dentro do Kimbanguismo confere ao livro, ao meu ver, um carácter investigativo e despretensioso no que tange a religião kimbanguista. Porém, logo de início deixo muito claro a grande importância da interligação da ciência e religião nos estudos do MANDOMBE, pois trata-se de uma Revelação de Simon Kimbangu que iremos conhecer nas próximas páginas deste livro, feita ao católico na época, de nome Wabeladio Payi.

DE SIMON KIMBANGU, ATRAVÉS DA RAÇA NEGRA, PARA O BEM DE TODA A HUMANIDADE.

Tem uma frase que presto muita atenção a ela: "COINCIDÊNCIA É A MANEIRA QUE DEUS ENCONTROU PARA PERMANECER NO ANONIMATO". Muitos a atribuem a Albert Einsten e outros ao escritor, poeta, jornalista e crítico literário francês Théophile Gautier.

Nascimento: 31 de agosto de 1811 - Tarbes

Morte: 23 de outubro de 1872 (61 anos) - Paris

A verdade é que, desde o meu nascimento (28/05/1959), como narrado no livro Celso Salles, Biografia em Preto e Branco, até o dia de hoje (17/07/2021), data na qual estou a iniciar a escrita deste livro que batizei de MANDOMBE - DA ÁFRICA PARA O MUNDO - UM GRANDE CHAMADO, sou a principal testemunha das incríveis e inúmeras coincidências, ano após ano, que me levam a crer neste meu CHAMADO. Dentro do que tenho sentido nas inspirações de Simon Kimbangu, cada um de nós tem uma missão a ser cumprida. Qual é, ou mesmo, qual será a sua missão, infelizmente não tenho como dizer. Você mesmo terá que descobrir, caso o que estarei a transmitir neste livro possa lhe encantar, como tem me encantado.

A GRANDE DIFICULDADE DO AFRICANO E AFRODESCENDENTE DE RECONHECER, ESTUDAR E MESMO ACEITAR GRANDES CONTRIBUTOS DE ÁFRICA.

Nestes praticamente 10 anos de vivência no território africano, a serem completados no mês de Setembro de 2021, quando pisei pela primeira vez em solo africano, em Luanda, Angola e, pela segunda vez, no mês seguinte em Harare, capital do Zimbabwe, à convite é totalmente patrocinado pelo Ministério do Turismo do Zimbabwe, tenho percebido a grande influência do pensamento, principalmente europeu na mente dos Africanos.

Nada muito diferente do que vivemos ainda hoje no Brasil, em situação até mais complicada, pois soma-se o imperialismo americano que, após Bolsonaro, tenho fé que mude pois, um Brasil livre é muito mais interessante não só para os norte-americanos como para o mundo todo e principalmente para o próprio Brasil.

Temos grandes personalidades, pensadores africanos, assim como afro-brasileiros, mas ficamos presos a pensamentos e ensinamentos que, hoje, sem muita dificuldade, vemos que precisam ser revistos.

Vamos utilizar como exemplo o próprio Simon Kimbangu. Eu fico triste em, eu como afro-brasileiro já ter o conhecimento que tenho de Simon Kimbangu, o seu plano humano e divino, enquanto a maioria dos africanos que tenho contacto, além de desconhecer, ainda coloca inúmeras dúvidas, muito mais preconceituosas do que baseadas em pesquisas.

Nos dias 28 e 29 de Maio deste ano de 2021, realizava-se a conferência/webinar sobre movimentos socioculturais do Kongo: 100 anos após a prisão de Simon Kimbangu.

As reflexões foram sobre o legado de Simon Kimbangu nas ciências humanas, políticas e religiosas em todo o mundo.

Foi realizada entre 9:00h e 16:00h, horário de Nova Iorque.

Contou com a participação de:

- Prof. Emérito. Wyatt MACGAFFEY (Universidade de Haverford)

- Prof Emeritus. John JANZEN (Universidade de Kansas)

- Prof. Ramon SARRO (Universidade de Oxford)

- Prof. John THORNTON (Universidade de Boston)

Querendo ou não, os dominantes de 100 anos atrás, que ainda são os mesmos dominantes de hoje (2021), a figura de Papá Simon Kimbangu deixou importantes ensinamentos, verdadeiros legados, que precisam ser estudados à luz da ciência e também da religião, no tocante ao lado espiritual tão fundamental para a evolução da própria ciência, como poderão testemunhar no nascimento do MANDOMBE. Muitas "chaves" que ainda temos por serem descobertas, passam por "importantes revelações" que, ao meu ver somente não foram feitas ainda, devido ao coração do homem e o foco errado da humanidade. Enquanto o foco da humanidade continuar sendo dominação e guerras, para valer a força do mais forte, volto a dizer, na minha visão, vamos ficar muito aquém de onde já poderíamos estar.

DOCUMENTÁRIO SIMON KIMBANGU

Juntamente com o Escritor Bitombokele Lei Gomes Lunguani, produzimos em Março de 2016 em Bauru, São Paulo Brasil, o DOCUMENTÁRIO SIMON KIMBANGU, que pode ser assistido
Em Português: https://youtu.be/45o7jCXvcxY
Em Francês: https://youtu.be/Db3-7LPy2CY

O MANDOMBE é um sistema de pensamento africano que disponibiliza normas epistemológicas, que permitem e facilitam o desenvolvimento cultural e científico do continente africano.

Já passaram 60 anos desde que a África se tornou independente.
Qual é o balanço que se faz?

O balanço continua a ser negativo. O índice de desenvolvimento do continente africano continua a ser muito baixo.

Há um problema muito sério que precisa ser analisado. Por isso, antes mesmo de entrarmos mais aprofundado no estudo do MANDOMBE nesta e nas próximas aulas precisamos estudar esta ferida que assola o continente africano.

O MANDOMBE apresenta um novo paradigma com relação aos estudos acadêmicos.

Em que circunstâncias o MANDOMBE surgiu?

RESTAURAÇÃO SOCIAL:
Trata-se de uma revisão do sistema social em África. Estuda-se o que leva um povo a rever o seu sistema social. Muitos países já viveram a experiência de empreender a restauração social.

Um dos grandes exemplos a seguir é o caso da CHINA que empreendeu a sua restauração social a partir de 1963, liderada por Mao Tse-tung que ele chamou de Revolução CULTURAL CHINESA. Antes de 1963 a China era um dos países mais pobres do mundo.

Quando a China acordar ...: ... o mundo estremecerá.
(Quand la Chine s'éveillera...: ... Le monde tremblera)
à venda na Amazon: https://www.amazon.fr/Quand-Chines%C3%A9veillera-monde-tremblera/dp/2213006717
Autor: Alain Peyrefitte

Um dos grandes exemplos a seguir é o caso da CHINA que empreendeu a sua restauração social à partir de 1963, liderada por Mao Tse-tung que ele chamou de Revolução CULTURAL CHINESA. Antes de 1963 a China era um dos países mais pobres do mundo.

Alain Peyrefitte (26 de agosto de 1925 - 27 de novembro de 1999) foi um estudioso e político francês. Funções governamentais:
- Secretário de Estado da Informação: abril - setembro de 1962.
- Ministro dos Repatriados: setembro - novembro de 1962.
- Ministro da Informação: 1962–1966.
- Ministro da Pesquisa Científica e Questões Atômicas e Espaço: 1966–1967.
- Ministro da Educação: 1967–1968.
- Ministro das Reformas Administrativas: 1973–1974.
- Ministro da Cultura e do Meio Ambiente: março a maio de 1974.
- Guardião dos selos, Ministro da Justiça: 1977–1981.

Em seu livro: Quando a China acordar o mundo estremecerá, Alain procura transmitir o que viu na China em Julho de 1973. O próprio nome do livro DIZ TUDO e, em 2021, vivemos de fato o que ele profetizou. Eu, Celso Salles, nasci em 1959 e, ainda muito novo testemunhei o chamado na época "MILAGRE JAPONÊS" e acompanhei todo o desdobramento da REVOLUÇÃO CULTURAL CHINESA, vendo inúmeros empresários praticamente mudarem suas linhas de produção para a China, para aumentar a competitividade de seus produtos no mercado brasileiro e internacional.

Muitos efeitos que vivemos hoje são de causas recentes. Os mais jovens precisam pesquisar na internet ou mesmo em livros, porém muito do que falamos, vivemos efetivamente.

Quando Bitombokele em sua primeira aula do MANDOMBE dá luz à Revolução Cultural Chinesa, o faz com muita sabedoria, pois é exatamente o que o continente africano precisa fazer, obviamente, dentro de suas características próprias.

A AGENDA 2063 da União Africana posso considerar em minha análise como um importante passo para essa RESTAURAÇÃO SOCIAL AFRICANA muito bem colocada por Bitombokele em sua primeira aula do MANDOMBE.

O conteúdo das aulas foi feito pelo escritor e professor angolano Bitombokele Lei Gomes Lunguani. Sempre que eu for colocar qualquer opnião, o farei nestes quadros com fundo cinza, para que fique muito bem especificado onde como autor do livro, coloco a minha visão e onde é conteúdo extraído das aulas postadas pela MANDOMBE UNIVERSITY na plataforma digital www.mandombeuniversity.online.

Propositalmente, procurei selecionar apenas alguns trechos das aulas de Bitombokele na Mandombe University, no entanto, nos links colocados logo no início de cada aula, terá acesso ao conteúdo completo de cada aula nos idiomas PORTUGUÊS (PR) e Francês (FR). Este é um primeiro livro falando sobre o MANDOMBE que fiz questão de torná-lo parte da COLEÇÃO ÁFRICA, exatamente pela grande importância do MANDOMBE em um contexto geral.

Você pode estudar MANDOMBE de forma gratuita, já que o conteúdo está aberto no link: bit.ly/mandombebeguinner .
Caso queira fazer aulas com ajuda de instrutores basta se matricular através do link: bit.ly/mandombeworld.

À partir da segunda aula, o professor Bitombokele inicia sempre com a seguinte saudação, no idioma Kikongo:
- MASONO MANDOMBE MA MBOTE, que significa: A NOSSA ESCRITURA É MARAVILHOSA.
Cuja resposta é
- MATONDO KUA NZAMBI, que significa: DEMOS GRAÇAS A DEUS.
Trata-se de um código estabelecido por Wabeladio Payi, que cria um cenário de identificação entre os praticantes do MANDOMBE.

Nesta Aula 2, fala-se sobre a referência histórica do homem negro. O Ápice e a queda da África. Começa por apresentar importantes entidades da história de África.

Uma das primeiras entidades
em destaque é HERÓDOTO.

Heródoto foi um escritor e geógrafo grego considerado o primeiro historiador. Por volta do ano 425 a.C., Heródoto publicou sua magnum opus: um longo relato das Guerras Greco-Persas que ele chamou de "As Histórias". (A palavra grega "história" significa "investigação".) Antes de Heródoto, nenhum escritor jamais havia feito um estudo tão sistemático e completo do passado ou tentado explicar a causa e efeito de seus eventos. Depois de Heródoto, a análise histórica tornou-se uma parte indispensável da vida intelectual e política. Os estudiosos têm seguido os passos de Heródoto por 2.500 anos. Pode ser considerado como um pai da história pois estabeleceu as normas para sistematização da história.

O Egito Faraónico, onde seus habitantes tinham cabelos crespos e a pele negra foi a primeira pátria dos conhecimentos. Os africanos negros estão na base do conhecimento.

Bem resumidamente, na sequência os Gregos foram estudar no Egito, como é o caso de Pitágoras que ficou 23 anos no Egito e depois contextualizou tudo o que aprendeu no Egito, no código grego. Vestiu o conhecimento do Egito com o casaco genuinamente grego. Pitágoras dizia, eu não sou sábio, os verdadeiros sábios estão no Egito. Eu sou apenas amigo da sabedoria. Alguém que se aproximou dos verdadeiros sábios que estão no Egito-África.
Depois da liderança grega, vem a liderança romana, que na fusão conhecemos como civilização greco-romana.

Basicamente é este o triângulo do conhecimento: Do Egito para a Grécia e da Grécia para Roma.

Uma outra entidade muito importante para os estudos africanos foi Cheikh Anta Diop (29 de dezembro de 1923 - 7 de fevereiro de 1986) foi um historiador, antropólogo, físico e político senegalês que estudou as origens da raça humana e a cultura africana pré-colonial, corrigindo muito do que foi erroneamente ensinado, na tentativa de retirar o protagonismo africano no que tange ao berço do conhecimento da humanidade.

O trabalho de Diop levantou questões sobre o preconceito cultural na pesquisa científica. A Universidade Cheikh Anta Diop (anteriormente conhecida como Universidade de Dakar), em Dakar, Senegal, foi nomeada em sua homenagem.

Diop apoiou seus argumentos com referências a autores antigos como Heródoto e Estrabão. Por exemplo, quando Heródoto desejou argumentar que o povo colchiano era parente dos egípcios, ele disse que os colchianos eram "negros, com cabelo encaracolado". Diop usou declarações desses escritores para ilustrar sua teoria de que os antigos egípcios tinham os mesmos traços físicos dos negros africanos modernos (cor da pele, tipo de cabelo). Sua interpretação de dados antropológicos (como o papel do matriarcado) e dados arqueológicos o levaram a concluir que a cultura egípcia era uma cultura negra africana. Na linguística, ele acreditava em particular que a língua wolof da África Ocidental contemporânea está relacionada ao egípcio antigo.

A ESCRITA SEPARA A PRÉ-HISTÓRIA DA HISTÓRIA.

Tudo o que antecede o advento da escrita é PRÉ-HISTÓRIA.

Outra importante entidade destacada na Aula 2 é Théophile Obenga (nascido em 1936 na República do Congo), professor emérito no African Studies Center of San Francisco State University. Ele é um defensor politicamente ativo do pan-africanismo e afrocentista. Obenga é egiptólogo, lingüista e historiador.
Théophile Obenga estudou uma ampla variedade de assuntos e obteve uma ampla gama de diplomas. Seus diplomas incluem:

M.A. em Filosofia (Universidade de Bordeaux, França)

M.Ed. (Universidade de Pittsburgh, EUA)

M.A. em História (Universidade de Paris, Sorbonne)

Estudos avançados em História, Lingüística e Egiptologia (Universidade de Genebra, Suíça); em Pré-história (Institut de Paléontologie Humaine, Paris) e em Lingüística, Filologia e Egiptologia (Universidade de Paris, Sorbonne e College de France)

Théophile Obenga é Ph.D. Doutor em Letras, Artes e Humanidades pela Universidade de Montpellier, França. É membro da Associação Francesa de Egiptólogos (Société Française D'Egyptologie) e da Sociedade Africana de Cultura (Présence Africaine). Ele contribuiu como parte do programa da Organização das Nações Unidas para a Educação e a Cultura Científica (UNESCO), para a redação da História Geral da África e da História Científica e Cultural da Humanidade. Foi, até o final de 1991, Diretor Geral do Centre International des Civilizations Bantu (CICIBA) em Libreville, Gabão. Ele é o diretor e editor-chefe da revista Ankh. De 28 de janeiro a 3 de fevereiro de 1974, no Cairo, Egito, Théophile Obenga acompanhou Cheikh Anta Diop como representante da África (havia também vários professores do Egito e do Sudão) ao simpósio da UNESCO sobre "O povoamento do Egito Antigo e a decifração do Meroitic Script ".

A CRISE, NO CONTEXTO AFRICANO.

O CONCEITO DA PALAVRA CRISE - Etimologia

A palavra grega krisis era usada pelos médicos antigos com um sentido particular. Quando o doente, depois de medicado, entrava em crise, era sinal de que haveria um desfecho: a cura ou a morte. Crise significa separação. É o momento de SEPARAÇÃO de um estado para outro. Do estado de glória para o estado da queda. A transição entre um estado e outro chamamos de crise.

A crise pode ser considerada como o momento em que se coloca em questão o equilíbrio de um sistema. Algo que estava estável, passa de um momento para o outro a um estado de desequilíbrio.

A CRISE pode ser uma mudança biológica, social ou psicológica.

Dentro dessa mudança é preciso que haja um esforço suplementar para se manter em equilíbrio. Dentro da crise vivemos basicamente dois estados: o do equilíbrio e o do desequilíbrio. Muitas pessoas acabam não suportando o estado da crise, quando a mudança é desfavorável, exatamente por não conseguirem se manter em estado de equilíbrio mental.

A LÓGICA UNIVERSAL DA CRISE

Considerando a crise como um caos, uma desordem, existe sempre uma ordem de estabilidade escondida, que precisa ser descoberta, para identificar e aproveitar as oportunidades que ela oferece.

É exatamente neste momento que se identificam os grandes líderes. As grandes pessoas. Suas visões e ações.

Dentro da CRISE AFRICANA temos absoluta certeza de que a África precisa encontrar os caminhos para ultrapassar esta crise.

O MANDOMBE e a MANDOMBE UNIVERSITY querem ser importantes ferramentas para contribuir com os esforços suplementares necessários para que o africano possa ultrapassar a crise e convergir a novos e importantes momentos de sua história retornando à época áurea do tempo do antigo Egito.

CRIAÇÃO DE MECANISMOS PARA IMPLEMENTAR O PROCESSO DE ESFORÇO SUPLEMENTAR EM ÁFRICA.

Mecanismos que atuem nas dimensões:
- IDEOLÓGICA
- ORGANIZACIONAL
- CIENTÍFICA
- TECNOLÓGICA

A PARTE PRÁTICA DO MANDOMBE
OS PRINCIPAIS CONCEITOS DA PARTE TÉCNICA DO MANDOMBE.

Estudo do Mandombe como Instrumento
do Renascimento Africano Moderno.

Na linguagem africana KIKONGO

MANDOMBE = MA + NDOMBE

MA (Que pertence a)
NDOMBE (Negro)

MANZAMBI - Conjunto de todos os conhecimentos que pertencem a Deus (Teologia).
MAKINVUAMA - Todo o conhecimento ligado à riqueza (Economia).
MAKIMBANGU - O ramo da teologia que estuda a natureza Kimbangu.
MASONO - O Conjunto de todos os aspectos relacionados à escrita.

MANDOMBE É O QUE PERTENCE AO NEGRO, feito pelo negro, para o negro e para o bem da humanidade.

O idioma africano KIKONGO é utilizado na transmissão dos conhecimentos do MANDOMBE como poderá ser visto nas próximas aulas. Ao estudar o MANDOMBE irá aprender muito do idioma Kikongo e entender melhor o que disse Papa Simon Kimbangu em seu discurso de 10 de Setembro de 1921:
"Entretanto, exorto-vos a não menosprezar as vossas línguas. É preciso que vocês as ensinem cada vez mais aos vossos filhos e netos "

ESTUDO DO MANDOMBE COMO INSTRUMENTO DO PENSAMENTO AFRICANO MODERNO

CONCEITOS

SINGINI - Ponto de partida de uma transição em MANDOMBE. (Calcanhar)

MVUALA - Trata-se de um símbolo de poder - BENGALA - BASTIÃO

- Conceito de MANDOMBE;

- Conceito do KIMBANGUISMO.

PAKUNDUNGU   **PELEKETE**

ESTUDO DA KISIMBA, KONDE E ZITA

KISIMBA - É o que sustenta ou assegura algo. No MANDOMBE é a figura geométrica que se conecta ao MWALA, que permite mostrar a posição em que o KISIMBA se encontra.

KONDE - É a rede. Trata-se de uma grelha ilimitada que constitue a fonte onde o pesquisador de MANDOMBE vai buscar o KISIMBA.

ZITA - O nó ou o ponto de conexão. É a figura que representa a conexão ou a combinação do KISIMBA e do MWALA.

As línguas africanas são línguas monossilábicas. Na escrita MANDOMBE utiliza-se o conceito ZITA.

ESTUDO DO CONCEITO KIMBANGU

A palavra Kimbangu deve ser entendida em duas perspectivas.

1ª) Kimbangi (Atestado) + Mbangi (Testemunha), sendo assim, Kimbangu é a testemunha ocular, detentora de uma prova ou atestado palpável, para justificar sua presença na altura do ocorrido, apresentando provas.

2ª) Mbangu (Cesto feito de jungos que serve para guardar peças preciosas ou mesmo para servir comida) + M´bangundi (Detentor da senha ou do código secreto)

Kimbangu é o revelador dos segredos escondidos no cesto selado, que representa os segredos da natureza, dos três elementos fundamentais do universo, da natureza: O absoluto, o homem e a natureza.

O KIMBANGU tem o código PIN do UNIVERSO.

O MANDOMBE inspirado por Simon Kimbangu é uma das primeiras de suas revelações, onde, através do muro de blocos se desenvolveu o MANDOMBE.

Como funciona a estrutura de Ensino do MANDOMBE?

Nesta aula vamos ver exatamente isto, através dos conceitos buscados na natureza e na cultura africana, no MANDOMBE representada pela lingua KIKONGO. O contexto linguístico KIKONGO é o responsável pela codificação MANDOMBE. É um grande centro de investigação científica.
KANGU DIA MANDOMBE: Aliança que congrega todos os que já aprenderam o MANDOMBE, os que pesquisam e os que estão a aprender o MANDOMBE.
KANGU - Aliança
SAMA KIA MANDOMBE: Título atribuído ao detentor da sabedoria do MANDOMBE.

SAMA - Estrutura de terra que as formigas constroem nas aldeias, nas matas. São formigas comestíveis na gastronomia africana. Essas formigas possuem uma organização espetacular. Constroem castelos de terra onde realizam uma espetacular gestão dos alimentos.

KEKETE: O Assistente do MANDOMBE, que faz parte da Equipa do SAMA KIA MANDOMBE.

N`SANDA: É uma árvore utilizada pelos mais velhos africanos como um local para resoluções dos problemas da Aldeia. É a Plataforma onde se transmitem os conhecimentos do MANDOMBE.

NKUA MAZAY: Detentor do conhecimento.

NKUA DUENGA: Detentor da sabedoria.

MFUMUA N´SANDA: Chefe do Centro de Transmissão de Conhecimento.

KINZU: É uma panela de barro que os mais velhos utilizavam para cozinhar. Representa a contribuição que cada NKUA DUENGA dá para a manutenção da Estrutura MANDOMBE.

A HISTÓRIA SISTEMATIZADA DO MANDOMBE

A FASE PROFÉTICA

Na dominação de um povo são utilizadas basicamente 3 técnicas:

1) Roubar ou Adulterar a História do Povo. Esse povo fica perdido, sem referência, sem linhas mestras de comportamento. E essa deturpação da história é o que se transmite nas escolas. É o que se transmite nos programas clássicos das universidades. É isso o que acontece em África. O desconhecimento que ainda se tem em África da pessoa de Simon Kimbangu serve como um grande exemplo e OCULTAR A REAL HISTÓRIA AFRICANA.

2) Inserir na mente dos povos a serem dominados, o ódio de si próprios. Quebrar tudo o que é auto-estima. Fazer os povos dominados pensarem que não valem absolutamente nada. Não representam absolutamente nada.

3) A queda da alma cultural dos povos. Fazer o Africano desvalorizar tudo o que é cultura que lhe pertence: línguas, escritas, artes. Tudo o que pertence ao povo africano tem que ser desvalorizado. O pensamento, a maneira de comer, a maneira de fazer as coisas. Tudo fica reprovado.

O MANDOMBE vem resgatar a VERDADEIRA HISTÓRIA e auto-estima do povo africano. A história ainda hoje contada da África foi embranquecida.

Vamos agora analisar dois importantes documentos muito importantes no que tange ao entendimento a da fase profética da História Sistematizada do MANDOMBE:

1) A PROFECIA DE ISAIAS 19: 14 - 20

Nestes versículos o Profeta Isaias profetiza a queda do Egito e a vinda de um salvador para resgatar o homem negro.

14 O SENHOR derramou no meio dele um perverso espírito; e eles fizeram errar o Egito em toda a sua obra, como o bêbado quando se revolve no seu vómito. 15 E não aproveitará ao Egito obra alguma que possa fazer a cabeça, a cauda, o ramo, ou o junco. 16 Naquele tempo os egípcios serão como mulheres, e tremerão e temerão por causa do movimento da mão do SENHOR dos Exércitos, que há de levantar-se contra eles. 17 E a terra de Judá será um espanto para o Egito; todo aquele a quem isso se anunciar se assombrará, por causa do propósito do SENHOR dos Exércitos, que determinou contra eles. 18 Naquele tempo haverá cinco cidades na terra do Egito que falarão a língua de Canaã e farão juramento ao SENHOR dos Exércitos; e uma se chamará: Cidade de destruição. 19 Naquele tempo o SENHOR terá um altar no meio da terra do Egito, e uma coluna se dirigirá ao SENHOR, junto da sua fronteira. 20 E servirá de sinal e de testemunho ao SENHOR dos Exércitos na terra do Egito, porque ao SENHOR clamarão por causa dos opressores, e ele lhes enviará um salvador e um protetor, que os livrará.

2) Profecia de Simon Kimbangu sobre a Glória e Renascimento dos Negróides.
Vide páginas 13, 14 e 15.

Independências:
ESPIRITUAL
POLÍTICA
CIENTÍFICA

A FASE DO CHAMAMENTO OU VOCAÇÃO

David Wabeladio Payi nasceu em Ngombe Lutete, no dia 15 de Janeiro de 1957
no seio de uma família de dez filhos. Mecânico de formação, nunca exerceu a sua
profissão. Muito cedo em 1978 após uma visão espiritual, passou dias inteiros no
seu quarto e mais tarde dedicando-se às suas pesquisas científicas, seus esforços
e perseverança finalmente são recompensados. Aos 21 anos Simon Kimbangu lhe
incumbiu uma missão em favor da Raça Negra e de toda humanidade, uma
assistência metafísica investigativa que lhe levou a descobrir o teorema
MANDOMBE no muro de blocos.

A FASE DO CHAMAMENTO OU VOCAÇÃO

A PEREGRINAÇÃO CLANDESTINA DE WABELADIO

De:
Kinshasa, República Democrática do Kongo
Latitude: -4.320836 -4° 19' 15.010" N
Longitude: 15.29866 15° 17' 55.176" E
Fuso: (Africa/Kinshasa)

Para:
Mbanza-Ngungu, Kongo-Central, República Democrática do Kongo
Latitude: -5.252099 -5° 15' 7.556"
Longitude: 14.86913 14° 52' 8.868"
Fuso: (Africa/Kinshasa)

A Comitiva de Kinshasa ao chegar em Mbanza-Ngungu foi ter com Mafuila Garcia, tio do Wabeladio irmão mais velho da mãe de Wabeladio Era um grande comerciante na época muito influente, com muitos recursos ele que apoiava toda família todos os estudos de Wabeladio o que ele falava tinha poder na família. O tio Mafuila Garcia queria saber então o que estava a acontecer. Wabelário começou então a narrar toda a história. A voz que ele escutava, a orientação que ele tinha recebido. Ir para Nkamba, orar... O Tio percebeu que eram situações que ultrapassavam o entendimento humano. Ele então disse: mas nós somos católicos isso não tem nada a ver com o nosso perfil espiritual, isso por se tratar de Nkamba. Foi quando o tio disse que Wabeládio sofria então de malária cerebral. Recomendou que voltassem a Kinshasa para que Wabeladio tivesse atendimento médico.

Foi quando Wabeladio resolveu fazer uma peregrinação clandestina e convidou dois de seus primos: Nkodi Mwafila com 17 anos de idade, um dos filhos do tio Mwafila Garcia e Miguel Mwafila com 16 anos, irmão de Nkodi. Convenceu os dois a lhe acompanhar, dizendo que Nkamba não era distante. Levaram apenas uma lanterna e a bíblia. Foi quando chegaram na montanha Ngongo. Na base da montanha tem um pequeno riacho onde beberam água e, enquanto estavam a descansar vai acontecer o primeiro milagre. Vinha um mais velho que saia de uma mata fechada para chegar até a estrada principal. Wabeladio percebeu que não era normal, um mais velho sair daquela mata fechada. Foi quando o mais velho disse: não se preocupem, eu estarei lá onde é o vosso destino. E ao continuar sua peregrinação Wabeladio ouvia vozes como anjos do céu. Olhou para traz e o mais velho tinha desaparecido. O primeiro hino que Wabeladio ouviu era um hino kimbanguista conhecido, porém Wabeládio naquela altura não tinha nenhum conhecimento do Kimbanguismo. Não tinha nenhuma cultura kimbanguista. O hino que Wabeladio escutara dizia: Aleluia, aleluia ao Santo dos Santos. Não fique entristecido. Aleluia, aleluia ao Santo dos Santos. Era uma mensagem de consolação, que dava coragem a Wabeladio para continuar sua peregrinação. Foi uma assistência espiritual. O mais velho que encontrou era de fato Simon Kimbangu que se manifestou a eles. Os hinos lhe acompanharam até quando chegaram em uma das aldeias onde vão viver outras histórias. Os primos não ouviam os hinos. O segundo hino dizia: Aleluia, a glória de Deus vai se manifestar agora. Hinos em Kikongo. A família em Mbanza-Ngungu, naquela altura estavam preocupados com o desaparecimento de Wabelaio e seus primos. Imaginavam que pudessem estar brincando em algum canto. Não tinham noção da peregrinação de Wabeladio e seus primos.

A CHEGADA NA ALDEIA DE KIMONGO

Em torno de 18 horas, já cansados, Wabeladio toma a decisão de fazer uma oração. O primo mais novo ao invés de orar, começou a ver a natureza em volta e foi quando teve uma visão de muitas estrelas aglutinadas. Interrompeu a oração de Wabeladio que disse: Deus ouviu nossas preces. Vamos continuar, já que haviam luzes.

Quando chegaram na aldeia de Lumueno, bateram na primeira porta. Foram recebidos por uma pessoa conhecida, pois trabalhava para o tio Mafuila Garcia que lhes deu uma recepção calorosa com comidas, bebidas e um espaço para eles dormirem. Bem mais a noite, começaram a ouvir vozes tidas como malígnas do lado de fora do anexo onde se encontraram e resolveram partir.

Alguns metros depois de saírem das aldeias, Wabeladio sentia a terra estremecer como se fosse um terremoto. Começou a gritar que a terra estava a estremecer. Os primos não estavam a sentir nada. A um determinado momento Wabeladio ficou colado no chão. Não conseguia mais caminhar. Os primos tentavam descolar da terra, mas não era possível. Foi quando caiu uma grande chuva e ficaram todos muito molhados.

Wabeladio ficou colado no chão durante mais de 4 horas. Até as 6 horas da manhã quando tentou tirar os pés do chão e não havia mais resistências. A lâmpada que haviam levado com eles também ficou colada no chão.

Resolveram então interromper a peregrinação e retornarem a Mbanza-Ngungu, porém quando novamente passaram pela aldeia de Lumueno, os moradores locais perceberam que aqueles jovens eram pessoas especiais e os levaram até ao pastor kimbanguista que os acolheu. Em seguida, a esposa do pastor teve sérios problemas com a presença de Wabeladio, pela presença espiritual de Simon Kimbangu em Wabeladio que chocava com as forças malignas presentes na esposa. Finalmente, juntamente com uma comitiva kimbanguista da Aldeia, foram para Nkamba.

Já em Nkamba, Wabeladio teve novas visões que os kimbanguistas locais identificaram ser mesmo Simon Kimbangu quem havia lhe trazido e recomendaram que Wabeladio cumprisse com o que havia lhe sido pedido por Simon Kimbangu.

Toda esta história com uma maior riqueza de detalhes é contada por Bitombokele nos vídeos em português e francês desta aula 12.

A REVELAÇÃO

Após Wabeladio ter ido a Nkamba, tomado banho nas águas de Nkamba, feito a oração para receber a missão que lhe seria confiada, a família ter se espalhado por todo o baixo congo à procura dos três jovens desaparecidos, acabou sendo levado por sua mãe para a sua terra natal Ngombe Lutete e em seguida seguirem para Mbanza-Ngungu.

Nesta altura, o tio Mafuila Garcia, estava bem furioso e foi aí que Wabeladio passou a viver grandes tormentos.

Primeiro foi levado a um kimbandeiro (entidade em áfrica que se diz ter poderes para detectar feiticeiros ou quem pegou feitiço).

Depois do kimbandeiro quase matar Wabeladio de tanto lhe bater, desistiu. Em seguida Wabeladio foi levado ao centro métido, fez todos os exames e nada foi detectado de anormal em Wabeladio.

Finalmente Wabeladio foi encaminhado a Igreja Kimbanguista onde acabou tendo contacto com o chefe Espiritual e Representante Legal da Igreja Kimbanguista na época, Sua Eminência Diangienda Joseph, no Centro de Acolhimento de Kinshasa.

Tão logo Wabeladio terminou de contar toda a história à Sua Eminência

Diangienda Joseph, Ele mandou chamar um pastor e pediu para ele ouvir os hinos que Wabeladio ouviu durante a peregrinação. O pastor ouviu e disse: São Hinos da Promessa.

Sua Eminência Diangienda Joseph ainda lhe explicou que, o fato de ter ficado 4 horas grudado no chão significava que o seu pai Simon Kimbangu iria lhe confiar uma missão para cumprir nessa terra e que nenhum ser humano deste mundo poderia lhe dizer qual seria a sua missão. Ele, Wabeladio, teria que orar muito e se concentrar para que assim pudesse receber as revelações de Simon Kimangu.

Foram 8 meses de oração e jejum.

Depois deste período Wabeladio sentiu uma grande força lhe estremecer. Foi quando o seu sentido de observação foi elevado a um grau mais elevado. Foi quando começou a ver algo extraordinário no muro de sua casa que ainda não estava rebocado. Mais propriamente dito, no MURO DE BLOCOS. Viu o que todos nós não conseguíamos ver. Viu que as linhas horizontais e verticais, formadas pela sobreposição dos blocos, são a combinação de dois elementos geométricos, que se assemelham aos algarítmos 5 e 2. Saiu depois de 8 meses para observar o muro de BLOCOS das outras casas. Constatou que era a mesma realidade em todos os muros de blocos. Chegou a conclusão que a realidade do muro de blocos era universal. Contou sua revelação, mas ninguém sentia nada de espetacular no que dizia. À noite Wabeladio teve um sonho, onde uma mosca desenhou em todo o seu corpo os algarismos 5 e 2. Os dois elementos ficaram gravados na mente dele.

E ainda na mesma noite em sonho, Simon Kimbangu lhe aparece e mostra um certificado com o título:

CERTIFICADO DE ATIVIDADE MATERIAL

com os dizeres:

COM BASE NOS DOIS ELEMENTOS QUE OBSERVOU NO MURO DE BLOCOS, O NEGRO FARÁ TUDO O QUE ELE QUISER NA ATIVIDADE MATERIAL.

A partir daquele momento, Wabeladio se lançou na investigação, na pesquisa, durante 17 anos, que foi o tempo em que concebeu um sistema de pensamento que estaremos vendo com maiores detalhes nas aulas seguintes.

Simon Kimbangu nos deu a CHAVE, chamada MANDOMBE. Abrir as inúmeras portas do conhecimento depende de cada um de nós. Assim como Wabeladio fez, temos que pesquisar e utilizar o MANDOMBE em nossos ramos de atuação, na qualidade de AFRICANOS DE ALMA em favor da raça negra e de toda a humanidade.

Aproveite ao máximo os conhecimentos deste livro, assistindo cada vídeo-aula incansavelmente.

Celso Salles
Autor

ESTUDO DO MURO DE BLOCOS

PERSPECTIVA EGIPTOLÓGICA

O MURO DE BLOCOS é o elemento base de funcionamento da estrutura organizacional que nós estamos a chamar de ESPISTEMOLOGIA MANDOMBE. Vamos iniciar pela análise de diferentes tipos de muros de blocos.

PERSPECTIVAS. A maneira de ver. A maneira de pensar.

Distinguimos 3 perspectivas de muros de blocos:

1) Egiptológica;

2) Geométrica;

3) Mandombe

Perspectiva Egiptológica.

É o conjunto de todos os métodos, todas as metodologias, todos os procedimentos de produção e aquisição de conhecimentos que os antigos egípcios implementaram para poderem desenvolver a tecnologia de construção civil. E essa tecnologia de construção civil que eles legaram a humanidade, serviu hoje em dia como procedimento de elevação de muros de blocos que os nossos pedreiros (profissionais da construção civil) tem feito. Isso tem uma lógica. Porque os blocos se formam sempre da mesma maneira e em todas as construções. Essa é a parte que vamos descobrir, pois isso vem da tradição do antigo Egito, que nesse preciso momento ainda tem símbolos geométricos, símbolos da engenharia da construção de nossos antepassados egípcios. As tão conhecidas pirâmides.

As pirâmides são os símbolos da inteligibilidade da epistemologia dos antigos egípcios. E esse sistema era tão sofisticado e ainda é até neste preciso momento, que deixou obras gigantescas que causam admiração da humanidade, em principal do mundo científico, da engenharia em geral. Há muitos anos uma das maiores fontes de recursos do Egito é o turismo. Muitos se perguntam como é que os egípcios conseguiram erguer as pirâmides com as tecnologias daquela época.

A lógica epistemológica do muro de blocos na perspectiva egiptológica, consiste em sobrepor blocos gigantescos. Cada bloco pesava em média de 10 a 20 toneladas e eram transportados em distâncias enormes da área de produção até a obra.

É o caso da Pirâmide de Gizeh. Ela foi construída em 20 anos. Foram utilizadas 2 milhões de pedras em sua construção. Cada obra utilizava em torno de 100 mil trabalhadores em um período de 20 anos.

Podemos constatar que todas as linhas verticais estão na mesma direção. No meio do bloco é onde se encontra o centro de gravidade do bloco. Essa realidade representa o segredo da resistência do muro de bloco. Na lógica do MANDOMBE conseguimos justificar cientificamente e tecnologicamente esta estrutura de construção. É construído desta forma para respeitar o ângulo de 90 graus. Trata-se de um ângulo de estabilidade que faz com que o muro de blocos fique em pé e resista ao tempo. Nas próximas aulas vamos perceber que existe uma interligação entre as perspectivas egiptológica e a do MANDOMBE.

Onde havia terminado o conhecimento dos egípcios, é onde Simon Kimbangu começou a nos revelar o conhecimento que irá revolucionar a humanidade, que é o muro de blocos. Foi revelado pelo Simon Kimbangu todos os segredos do muro de blocos para dinamizar a nova civilização africana.

ESTUDO DO MURO DE BLOCOS
PERSPECTIVA GEOMÉTRICA

É uma aula relacionada a geometria e a matemática. O MANDOMBE de uma maneira geral, como poderá ser visto no decorrer das próximas aulas, ajuda e muito a entender as realidades matemáticas.

Vamos começar falando da geometria descritiva.

A perspectiva geométrica é também egípcia.

Vamos iniciar pelo conceito da geometria. O MANDOMBE na sua essência é um conhecimento geométrico. A geometria vai nos acompanhar em todos os nossos processos de aquisição dos conhecimentos do MANDOMBE. Na definição etimológica, a geometria é uma palavra de origem grega. O latim também nos oferece as mesmas características morfológicas. Na composição da palavra geometria temos: geo = terra e metria = medida.

Geometria é a arte de medir a terra. O rio Nilo teve um papel muito importante no Egito antigo. Explorá-lo fez com que houvesse uma grande evolução tecnológica no Egito. É o rio mais longo da África. A foz do rio Nilo é realmente o Egito. Relativamente às estações climáticas, havia momentos em que o Nilo ficava cheio e em outros suas águas diminuíram. Os egípcios antigos faziam agricultura ao longo do Nilo. Às margens do Nilo, os agricultores trabalhavam com várias culturas. Cada agricultor tinha o seu pedaço de terra. Eles sabiam que a qualquer momento o nível das águas poderia subir e invadir as áreas de plantio. Isso acontecia todos os anos. Com isso as parcelas de terras eram reduzidas. Aquele trabalho de medir os tamanhos de terra chamava-se geometria.

Através das linhas, pegavam as cordas, esticavam as cordas e, todo o trabalho de medição era feito pelos peritos para repor a legalidade evitando discórdias e disputas. Geometria é a parte da matemática que estuda as propriedades e medidas das figuras, plano ou espaço. Essa é a geometria descritiva.

A Natureza do MANDOMBE é realmente a geometria descritiva. Quem está a escrever o MANDOMBE está a aplicar a geometria descritiva. Uma criança que aos 10 anos de idade está a aprender o MANDOMBE é automaticamente uma criança muito avançada em geometria descritiva. Terá muito mais facilidade para aprender certos conceitos complexos da matemática.

A PERSPECTIVA MANDOMBE DO ESTUDO DO MURO

DE BLOCOS é basicamente o conteúdo do Livro 8, MANDOMBE, que disponibiliza ainda 27 vídeo-aulas nos idiomas Português e Francês para quem quer se aprofundar no conhecimento do Teorema MANDOMBE.

George Floyd

É com muita alegria que finalizo mais este importante livro da Coleção África, exatamente no dia do aniversário do nascimento do meu filho mais novo, Lucas Salles. Neste dia 26 de Julho de 2021, quando completa exatos 21 anos de idade. Uma data muito simbólica, pois todo o conhecimento que foi colocado neste livro, não depende da fé de quem o lê para se expandir. Quero dedicar a Lucas e toda a geração Salles que continuará com ele, seus filhos e netos, assim como a do Leandro Salles, meu filho mais velho (27 anos).

Pelo que tenho aprendido com o grande mestre Bitombokele Lei Gomes Lunguani, que eu em particular o considero, juntamente com o Pai Seba para quem inicialmente dediquei este livro 8, os herdeiros de Davi Wabeladio. Ele, em várias narrações, inclusive em uma de suas aulas neste livro, enfatiza que Simon Kimangu é muito fiel a todos os que colaboram com sua obra. O próprio Wabeladio, como diz Bitombokele foi escolhido pelas obras de seu antepassado que tinha o mesmo nome, quando Simon Kimbangu foi preso.

Venho ao longo destes já 6 anos de contacto e pesquisa com os kimbanguistas, ouvindo inúmeras narrações, de mais velhos que sofreram perseguições, anos após a morte de Simon Kimbangu. Muitos kimbanguistas foram perseguidos e mortos.

São histórias que os "donos da história" não gostam de contar. Ou porque desconhecem ou porque é uma história muito triste e vergonhosa.

Dentro deste contexto não tenho dúvida de que, algum antepassado meu, deve ter feito algo de muito bom na obra de Simon Kimbangu, pois ter sido buscado no Brasil para realizar este trabalho é realmente um grande milagre. Sei mais do que ninguém, se tratar de algo humanamente impossível.

Por tudo o que acompanhamos na actualidade, nós enquanto humanidade, temos que mudar os nossos rumos o mais depressa possível . O que vimos nas gestões Trump e Bolsonaro é motivo de VERGONHA PARA A NOSSA GERAÇÃO.

No Brasil, enquanto escrevo este livro, centenas ou milhares de brasileiros morrem de Covid 19, vitimados por interesses financeiros de "falsos brasileiros" que comercializam a vida de seus irmãos.

Assim como o Pakundungu e o Pelekete se completam, vários opostos precisam de si. Uma harmonia branco e negro, também não precisa ser muito inteligente para ver que é tudo o que precisamos enquanto humanidade.

A Revelação do MANDOMBE não foi por acaso. Você que está finalizando a leitura deste livro e espero que estude com carinho os vídeos gravados por Bitombokele, é um sábio. E como sábio, com certeza tem uma grande e nobre missão junto a inúmeras ações que muito contribuirão para um NOVO E IMPORTANTE RUMO DA HUMANIDADE.

amazon.com

ENQUANTO DANÇAMOS
CULTURALMENTE

Celso Salles

AFRICANO DE ALMA - AFRICAN SOUL

O nono livro da Coleção África nos remete invariavelmente a uma análise e reflexão do que nós, como raça negra, dentro e fora do continente africano, temos feito para criarmos novas e definitivas melhores condições de vida, saindo do condicionamento a que fomos submetidos, nos libertando de inúmeros grilhões, que nos são impostos há mais de 4 séculos. Como já tive a oportunidade de mencionar no texto de divulgação do livro "Africano de Alma - Um Exército de Ideias e Pensamentos", uma mudança profunda pode ser considerada como MISSÃO IMPOSSÍVEL. No curto prazo sim, é mesmo uma missão impossível. Porém, quando pensamos no longo prazo, não há nada de tão espetacular assim em fazermos as mudanças.

Este livro "ENQUANTO DANÇAMOS CULTURALMENTE" é quase que uma continuação do livro "Africano de Alma - Um Exército de Ideias e Pensamentos."

A ideia do título do livro veio de uma conversa que tive com o Sociólogo afro-brasileiro Tadeu Kaçula, quando eu lhe dizia que, enquanto o negro dança, o branco pensa. Foi quando Tadeu, em sua veia poética, complementou... "Enquanto o negro dança culturalmente, dança economicamente." Como trata-se de um frase somente compreensível na forma brasileira de falar, aproveitei a construção verbal de Kaçula para gerar o título deste nono livro da Coleção África, para exprimir de forma inteligível nos idiomas português, inglês, francês, alemão e espanhol a importância de formar as novas gerações de africanos e afro-descendentes dentro de novos e importantes contextos e parâmetros.

Mais uma vez não temos como iniciar este tipo de conversa sem falarmos da EDUCAÇÃO ou REEDUCAÇÃO, que nada mais é que adotarmos NOVOS PADRÕES DE PENSAMENTOS à partir de nossa realidade. Posso chamar de uma nova Revolução do PENSAMENTO AFRICANO que no passado precisou ser dividido e dominado para que fosse viabilizado todo o processo escravagista e colonizador.

Em 02 de Novembro de 2009 tive a oportunidade de conhecer a localidade de St. Antönien nos Alpes Suíços. Sankt Antönien é uma comuna da Suíça, no Cantão

Grisões, com cerca de 331 habitantes. Estende-se por uma área de 52,28 km², de densidade populacional de 6 hab/km².

Elevação: 1 459 m

Área: 52,28 km²

Em Sankt Antönien

Se eu tivesse ficado somente em Zurique, ia voltar para o Brasil com uma ideia muito próxima de "vida de novela ou de filme" que é a imagem que nos é vendida, sempre ligada a celebridades e famosos em geral.

No entanto, tive a oportunidade de ir para Sankt Antönien, onde vi nitidamente uma outra realidade. Uma vida bem mais difícil, onde vencer o frio intenso, com temperaturas abaixo de zero é uma questão de sobrevivência. Aproveitam os recursos naturais e com o corte da madeira viabilizam financeiramente o uso de geradores de energia elétrica.

Partindo do princípio que não existe vida fácil em lugar nenhum, para uma brasileira ou mesmo uma africana que imagina viver na Europa com "vida de novela ou filme" pode mudar de ideia. A vida nestes lugares, de facilidade, não tem nada.

Normalmente, nós nunca colocamos a felicidade onde nós estamos e, é inegável que a vida nos trópicos, ou vida tropical não nos obriga a termos todo o planejamento que é fundamental em outras regiões do mundo, que acabam desenvolvendo automaticamente os seus povos locais.

Nestes locais quem mata é o frio. Venceram o frio. Nas várias áfricas em todo o mundo, quem mata é a pobreza. TEMOS QUE VENCER A POBREZA.

A NOSSA ARTE AFRICANA, EM TODO O MUNDO, É O NOSSO MAIOR PATRIMÔNIO, PORÉM NÃO PODEMOS VIVER SOMENTE DELA.

Temos que ocupar lugares de privilégio, obtidos através da capacidade. Para isso temos que estar preparados e competirmos em condições de igualdade. Temos que ter a consciência de que um lugar me pertence não pelo fato de ter nascido nele, mas pela forma competente com que me faço valer dentro deste espaço.

COMO VENCERMOS A POBREZA?

Enquanto dançamos culturalmente, a pobreza se alastra em nosso meio.

Todos os países e todos os governos têm como obrigação cuidarem de seus povos, lhes oferecendo condições mínimas que lhes permitam dignidade de vida:
- Saneamento básico;
- Água potável;
- Moradia;
- Educação;
- Saúde;
- Alimentação;
- Segurança;
- Energia Elétrica...

Na prática o que observamos é que as condições dificilmente são iguais para todos e aí vale tudo. Compra-se a mídia, cria-se milícias armadas, fomenta-se conflitos, desestabiliza-se governos.

A corrupção é a mola mestra onde os corruptores e corruptos acabam sendo verdadeiros tumores malignos, que matam milhões de pessoas anualmente em todo o mundo.

Esse é o mundo que vivemos. E como sair dele, se beneficia as classes que estão no poder há séculos e detém os principais mecanismos capazes de proporcionar mudanças.

Não existe uma fórmula mágica para erradicar a pobreza da face da terra.

Eu, enquanto dominador tenho que entender que o sol brilha para todos e todas as pessoas no mundo possuem direito a uma vida digna.

Eu, enquanto dominado preciso me preparar com muito afinco para conquistar o meu lugar ao sol.

COMO CONQUISTAR O SEU LUGAR AO SOL?

Começando pela educação. O meu pai, Sr. Manoel Ferreira Salles era Chefe de Estação de Trem e com o pouco salário que tinha, fez o máximo que pôde para que não faltasse nada em casa, criando os seus três filhos, Ivany, Manoel Roberto e Celso Salles com muita dignidade.

Estudei em escolas públicas. O estudo primário fiz na Escola João Maringoni da Bela Vista e depois o secundário na Escola Morais Pacheco.

Percebendo a fragilidade do ensino público na época, com 14 anos de idade, comecei a trabalhar e a custear os meus estudos à partir do Colégio, me matriculando no CTI - Colégio Técnico Industrial de Bauru - SP - Brasil. Tomei esta decisão basicamente com 16 anos de idade, já com base na minha maneira de pensar na época.

Não foi nada fácil. Acordava bem cedo para fazer o Serviço Militar, depois ia trabalhar e à noite estudava o curso Técnico em Eletrônica.

Após a conclusão, fui estudar na Faculdade de Ciências Econômicas da ITE - Instituição Toledo de Ensino de Bauru, inicialmente na disciplina de Administração de Empresas e posteriormente Economia, onde ficou faltando um semestre para conclusão do curso.

Já os meus filhos, Leandro Amorim Salles e Lucas Amorim Salles, tiveram melhores condições, em virtude dos melhores recursos que consegui criar para lhes educar.

A conquista de um lugar ao sol não é fácil para ninguém. É preciso muita luta. Tem que ter um esforço constante. Sair sempre do lugar comum.

Enquanto no Brasil, uma família assiste novela, na Áustria, a família se reúne e discute o jornal do dia.

Foram várias as vezes que vi adolescentes nos autocarros de Viena, estacionarem os seus skates e passarem todo o trajeto a lerem livros, sem contar que nos autocarros não existem cobradores. Você chega e carimba o seu bilhete no dispositivo próprio para isso. Com esta postura o Austríaco elimina a corrupção no embrião de seu povo pois diariamente precisa exercitar a honestidade.

O acesso ao transporte público não tem catraca.   A fiscalização é feita por controladores à paisana que entram no metrô, bondinhos elétricos ou autocarros, e pedem o ticket da passagem. Qualquer pessoa encontrada durante uma inspeção sem um bilhete válido, tem de pagar 103 euros em dinheiro, além de passar muita... muita vergonha. Além da educação do povo, reduz-se os custos com mão-de-obra no transporte, que podem ser utilizados em meios mais produtivos do país.

Igualmente, nas viagens que fazia de trem, de Viena a Zurique, que duravam em média 10 horas, era comum ver famílias estudando juntamente com seus mais novos, durante toda a viagem.

Veja que esse comportamento vem sendo passado de pai para filho há séculos. E é isso que precisamos fazer. O ponto inicial da mudança tem que estar na mente de cada um de nós, posteriormente na família, depois na escola, no trabalho e na sociedade como um todo.

COMECE POR DESCOBRIR O SEU POTENCIAL DE MUDANÇA.

Cada um de nós, levando-se em conta o seu local de vida, sua idade, seu conhecimento, sua influência, pode e deve exercer um relevante papel de mudança. Determinadas profissões, como professor, sociólogo, filósofo, escritor, cada um em sua função possui muita força de mudança. A palavra simplesmente falada, dependendo de quem a ouve torna-se forte. Já a digitalizada alcança um número maior de pessoas e não tem fronteiras para o seu alcance. A palavra escrita tem uma maior longevidade. Demora muito mais para atingir um grande público, mas tem uma penetração enorme na alma do leitor. Todas, absolutamente todas são muito importantes.

QUANTIDADE X QUALIDADE

Na atualidade, no ano de 2021, quando uma determinada pessoa tem em suas redes sociais, milhares ou milhões de seguidores, já se sente um ser humano privilegiado. O mercado capitalista a remunera para apresentar seus produtos e serviços e com isso, os recursos financeiros aparecem. Porém, se formos a fundo na razão desta popularidade toda, na maioria dos casos, ficamos muito desencantados, pela futilidade de muitas destas celebridades e de suas publicações. Serão esquecidas com o tempo, pois transmitem conteúdos mediáticos, com importância muito relativas e temporárias.

Não podemos colocar como uma regra, mas normalmente, conteúdos de imensa importância, normalmente não tem tanta visualização ou audiência. Os algoritmos (procedimentos precisos, não ambíguos, padronizados, eficientes e corretos) ainda não conseguiram atingir a qualidade do que se fala e valem-se de cliques e visualizações para levarem uma determinada mensagem a um número maior de pessoas.

A qualidade das palavras é que determina a sua longevidade. Podemos ver isso em vários livros, no que disseram seus autores há séculos atrás e que continuam sendo importantes parâmetros. São palavras que não morrerão nunca, exatamente por sua qualidade.

PALAVRAS DE VIDA ETERNA

Essas são as transformadoras. São as provocadoras de mudança. O mundo digital cresceu vertiginosamente, mas ao meu ver já bateu em seu teto. O teto das palavras digitais são as Fake News, ou Notícias Mentirosas. A velocidade com que estas notícias mentirosas navegam na internet e a forma com que são concebidas levam muita gente ao engano. São inúmeras mentiras transmitidas como verdades, que geram audiência e causam transtornos de grande poder destrutivo. Trump e Bolsonaro podem ser utilizados como exemplo disso.

O tempo age como antídoto, pois toda mentira tem um prazo de validade que não resiste ao tempo.

Quer outra mentira enorme, que pode ser considerada como uma mentira do século? A chegada do homem na Lua. Uma mentira em série, com várias viagens que nunca ocorreram, ou seja: NUNCA PISAMOS NA LUA. Com a tecnologia e o conhecimento de hoje (2021), fica muito fácil provar isso.

Todas as provas geradas na época com vídeos e fotos, com o tempo viraram provas contrárias que provam exatamente a não ida do homem à lua.

O DERRADEIRO COMPROMISSO COM A VERDADE.

A verdade é o que ultrapassa o tempo. Muitas verdades, científicas ou não, foram ditas em épocas passadas, muitas delas não aceitas, que ao longo do tempo provaram sua autenticidade.

Podemos refletir um pouco sobre as PREVISÕES. Eu vi nascer o computador, depois a internet, o celular e finalmente o smartphone. Muitas previsões feitas no nascimento do celular ocorreram. O que se chamava na época de PORTABILIDADE da informação, nada mais é do que ocorre hoje.

Basicamente, cada novo invento vai ocupando parte dos lugares das tecnologias antecessoras.

No campo das ciências humanas não é diferente. Porém é de mais difícil descoberta ou interpretação. As evoluções são silenciosas.

O racismo mesmo já está bem menor do que 50 anos atrás quando eu tinha os meus 12 anos de idade. Ele ainda existe e é muito destruidor. Fica mais escondido ou subliminar. Às vezes aparecem Bolsonaros que colocam na Fundação Zumbi dos Palmares um racista, com o objetivo de destruir a Fundação tão brilhantemente representada no passado. O mesmo fez com TODOS OS MINISTÉRIOS BRASILEIROS, na ânsia de acabar com a República e transformar o Brasil em uma verdadeira anarquia.

E lá vai a minha previsão, com base no que tenho vivido e estudado. Para o bem da raça humana, o racismo precisa o quanto antes ser erradicado da face da terra, pois como motor de separação, impede a evolução da raça humana sob todos os aspectos.

Já tive a oportunidade de mencionar nos outros 8 livros da Coleção África escrita até agora, a grande bênção que recebi de Deus em poder estar desde 2011 em conexão direta com o continente africano. Vejo o quanto a humanidade como um todo precisa dos conhecimentos aqui existentes.

O MANDOMBE mesmo, contido no livro 8 desta Coleção África, traz inúmeras revelações que invadem o campo da metafísica e que pode ser estudado por cientistas do mundo todo no campo da geometria descritiva. Trata-se de um novo conhecimento para o bem da humanidade. Os primeiros interessados no MANDOMBE foram os russos que já fizeram contacto com o mestre Bitombokele Lei Gomes Lunguani. Acredito que em breve, mesmo a China deverá se interessar. Angola, principalmente, tem se esforçado muito em evoluir no conhecimento de todas as possibilidades que o MANDOMBE pode oferecer no campo da ciência em geral.

Não precisa ser muito inteligente para se ter em mente que o PRECONCEITO COM RELAÇÃO AO NEGRO, que muitos países tem, nos quais incluo o meu querido Brasil, irá lhes impedir de pesquisar ou mesmo estudar o MANDOMBE. Para eles é COMO SE DEUS TIVESSE COR. Posso afirmar categoricamente que não tem e sopra para cada povo suas revelações.

TEMOS QUE AMPLIAR NOSSOS FOCOS E DAS NOVAS GERAÇÕES. NÃO PODEMOS VIVER SÓ DE CULTURA E DE FUTEBOL.

No mundo afro, podemos identificar objetivos enraizados na maioria dos jovens e adolescentes.

- Quero ser jogador de futebol e ganhar milhões e milhões de dólares (Como se fosse possível haver milhões de jogadores e todos ganhando milhões de dólares):
- Quero ser modelo fotográfico e ter uma vida de rico;
- Quero ser um cantor famoso...
- Quero ser uma cantora famosa...

Muito raramente ouvimos:
- Quero ser um cientista;
- Quero ser um grande economista;
- Quero ser um médico;
- Quero ser um engenheiro;
- Quero ser um filósofo;
- Quero ser um antropólogo;
- Quero ser um matemático;
- Quero ser um astrônomo;
- Quero ser um especialista em MANDOMBE
- E assim por diante.

DE QUEM É A CULPA?

É nossa mesma. Temos que ocupar NOVOS E IMPORTANTES ESPAÇOS. Para isso precisamos criar ESTRUTURAS DE CONHECIMENTO, que não dependam das já existentes.

CENTROS DE PESQUISAS com Internet grátis, financiados pelos Governos e pela Iniciativa Privada, onde crianças pobres tenham oportunidade de adquirir conhecimento de forma grátis.

Imaginem quantas mentes brilhantes estamos perdendo ou por preconceito contra o POBRE ou por absoluta falta de visão e de interesse. Vamos continuar assim? Vamos assumir nossa incompetência como geração dos séculos XX e XXI. Vamos fazer de conta que não somos responsáveis por milhões de mortos anualmente, DEVIDO A FOME que como já pude escrever no livro 3 da Coleção África - A IMPORTÂNCIA DA DIÁSPORA AFRICANA NA NOVA DESCOLONIZAÇÃO DE ÁFRICA, NADA MAIS É QUE O SALÁRIO DA POBREZA.

É uma triste constatação, mas tudo o que não mata rico não é combatido. A luta contra o COVID-19 prova que quando se quer e se precisa, toda e qualquer doença é erradicada. Por quê não a malária? Por que não as doenças provocadas pela fome? Justamente porque não matam ricos.

Pois então, chegou a hora de mudarmos isso, você não acha?

Ainda com relação a Malária, não é mais o mosquito agente transmissor quem mata e sim a INDIFERENÇA da humanidade.

As áreas de responsabilidade social das diversas empresas, com raríssimas exceções, possuem verbas minúsculas, com dirigentes e responsáveis longe dos que necessitam de ajuda.

Em algumas embaixadas, os orçamentos para projetos sociais são liberados em dólares, mas em uma cotação extremamente abaixo do valor de dólar do mercado.

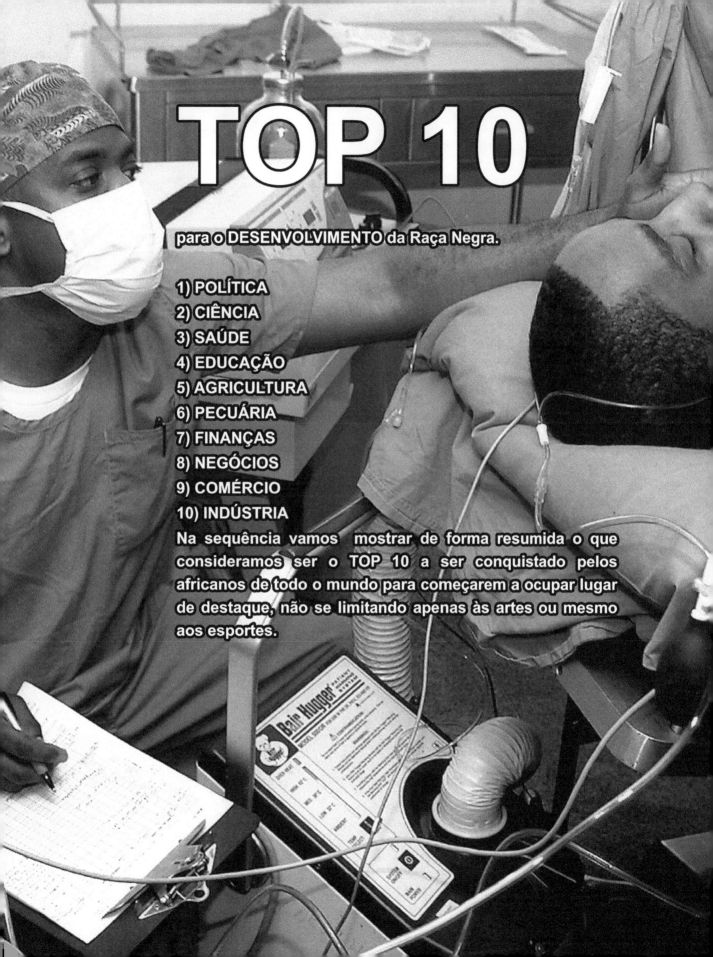

TOP 10

para o **DESENVOLVIMENTO** da Raça Negra.

1) POLÍTICA
2) CIÊNCIA
3) SAÚDE
4) EDUCAÇÃO
5) AGRICULTURA
6) PECUÁRIA
7) FINANÇAS
8) NEGÓCIOS
9) COMÉRCIO
10) INDÚSTRIA

Na sequência vamos mostrar de forma resumida o que consideramos ser o TOP 10 a ser conquistado pelos africanos de todo o mundo para começarem a ocupar lugar de destaque, não se limitando apenas às artes ou mesmo aos esportes.

POLÍTICA

Dentro do que consideramos o TOP 10 do que a Raça Negra precisa para ocupar espaços de maior relevância em todo o mundo, podemos colocar a Política como um dos principais objetivos. Não nos deixam participar da Política ou nós nos afastamos, exatamente por não termos a noção exata da importância que é termos representantes que possam defender os nossos interesses. Levando em conta a quantidade de negros nas classes mais pobres da população, deveria ser exatamente o contrário.

São muitas as desculpas que acabamos por encontrar para justificar a nossa ausência nos partidos políticos. Porém o fato é que precisamos evoluir e muito neste quesito.

Sem sombra de dúvidas não houve por parte de nossos antepassados uma preocupação em plantar na mente de seus sucessores essa ambição política. Temos então o dever de preparar as novas gerações para que se preparem para ocupar o máximo de cargos políticos que permitam no legislativo, judiciário e executivo criarem leis e projetos públicos que possibilitem:

- Ensino público de maior qualidade;

- Segurança Pública;

- Moradias populares de baixo custo e alta qualidade;

- Geração de empregos;

- Saneamento básico;

- Alimentação;

- Distribuição de Medicamentos

Enfim, todas as necessidades do povo pobre e preto.

ELABORAÇÃO DE PROJETOS

Um dos requisitos básicos para a evolução das classes menos favorecidas, de forma bem prática, é que aprendam a criar projetos. Um partido político por menor ou pior que seja, precisa ter vários projetos públicos e trabalhar sempre na vertente de se criar políticas públicas que possam depois de serem implantadas, continuarem a existir, independente do partido que esteja no poder.

Como muito bem descreve a professora brasileira de história, Juliana Bezerra em sua matéria publicada no portal todamateria.com.br, Política é a atividade desempenhada pelo cidadão quando exerce seus direitos em assuntos públicos através da sua opinião e do seu voto.

A palavra política tem sua origem na palavra grega "polis" que significa "cidade".

Neste sentido, determinava a ação empreendida pelas cidades-estados gregas para normalizar a convivência entre seus habitantes e as cidades-estados vizinhas.

Definição

A política busca um consenso para a convivência pacífica em comunidade. Por isso, ela é necessária porque vivemos em sociedade e porque nem todos os seus membros pensam igual.

A política exercida dentro de um mesmo Estado chama-se política interna e entre Estados diferentes, se denomina política externa.

Um dos primeiros a explicar o conceito de política foi o filósofo Aristóteles. No seu livro "Política" ele define que esta é um meio para alcançar a felicidade dos cidadãos. Para isso, o governo deve ser justo e as leis, obedecidas.

Mas, para que um Estado seja bem organizado politicamente, não basta que tenha boas leis, se não cuidar da sua execução. A submissão às leis existentes é a primeira parte de uma boa ordem; a segunda é o valor intrínseco das leis a que se está submetido. Com efeito, pode-se obedecer a más leis, o que acontece de duas maneiras: ou porque as circunstâncias não permitem melhores, ou porque elas são simplesmente boas em si, sem convir às circunstâncias.

Já no século XIX, quando o mundo industrializado se consolidava, o sociólogo Max Weber definiu:

A política é a aspiração para chegar ao poder dentro do mesmo Estado entre distintos grupos de homens que o compõem.

Os membros de uma mesma sociedade podem fazer política quando desejam melhorias na sociedade civil. Atualmente, nas democracias ocidentais, os cidadãos podem participar da política através de associações, sindicatos, partidos, protestos e mesmo individualmente.

Vemos, então, que a política vai muito mais além do que um partido político, profissionais e instituições.

Exatamente por toda a sua importância, nós da raça negra e os pobres em geral, não podemos deixar que a política continue a ser exercida com base em promessas que nunca são cumpridas, feitas normalmente nos períodos que antecedem as eleições e sempre por uma minoria com claros interesses em se beneficiar do poder em causa própria.

O poder de uma maneira geral requer muita responsabilidade. Muita preparação. Muito conhecimento das reais necessidades do povo.

Neste ano de 2021, espero que melhore nos anos vindouros, temos percebido o quanto a política no mundo em geral está doente. Grupos que se reúnem, em todos os patamares, querem se fazer valer do poder para imporem suas vontades, tendo como força motriz o poder financeiro da minoria já especializada em enganar o povo.

A entrada dos meios de comunicação e das redes sociais da Internet coloca um grau de complexidade ainda maior na escolha do melhor candidato, do melhor partido que, com base em Fake News confundem ainda mais a mente do eleitorado.

Quanto mais educado e politizado for um povo, melhores serão os seus governantes e a qualidade de vida deste povo. Investir em educação é o grande caminho a seguir. Votar em um candidato porque ele pertence a mesma religião que eu professo é um grande erro. O líder religioso manda e eu voto porque ele mandou? Está totalmente errado. Eu tenho que votar com base nas propostas do candidato ou do partido.

A BUSCA PELA MELHOR INFORMAÇÃO

Com a quantidade esmagadora de informações que bombardeiam as mentes dos eleitores, é preciso que façamos algo relativamente simples. Receber uma informação e cruzar com outras informações, ver as colisões e aquilo que é comum nas várias fontes informativas. Precisamos ter em mente que aquela informação pode não ser verdadeira.

A preguiça na leitura precisa ser vencida. Ficar dependente apenas da Internet, do rádio, da TV, do culto religioso, revistas e jornais, ISOLADAMENTE é o grande erro que vem sendo cometido em inúmeras sociedades.

FUGIR DA ALIENAÇÃO

O alienado fica imerso em um pensamento e está afastado ou pouco interessado no que o rodeia. O lado INVESTIGATIVO tem que fazer parte de todo o ser humano. Desenvolver a capacidade de buscar uma mesma informação em várias fontes.

FUGIR DA ARROGÂNCIA

Por mais certo que eu possa estar, eu corro o risco de estar errado. Sendo assim, ser arrogante nas convicções é sempre um erro que precisa ser evitado. Ouvir os lados contrários e procurar entendê-lo pode lhe livrar de inúmeros dissabores futuros. Os "bajuladores" são especialistas em dizer aquilo que queremos ouvir e igualmente especialistas em nos esconder aquilo que precisamos ouvir. Em minhas conversas com inúmeros jovens angolanos eu tenho procurado lhes orientar para o estudo de disciplinas que na boca do povo não dão dinheiro, mas que são fundamentais para uma melhor compreensão política, tais como sociologia, filosofia, história, psicologia. A maioria delas ligadas à área humana.

Se o meu único objetivo, ou que coloco na mente de meus filhos e amigos é puramente ganhar dinheiro, acredito que precisamos REFLETIR e mudar o quanto antes.

Muito ligado ao objetivo de GANHAR DINHEIRO está o pensamento VALE TUDO. Aí alimentamos a corrupção e outros males.

Como podemos ver nos dias de hoje (2021) boa parte dos políticos estão na carreira exatamente com o objetivo de ganhar dinheiro e mesmo fazer fortuna.

Poucos são os que têm a ambição de FAZER HISTÓRIA. Estes são os imprescindíveis, que irão marcar os seus nomes na história e melhorar significativamente a qualidade de vida do seu povo.

Eu, em particular, vejo o dinheiro como uma forma de energia. Uma energia necessária para se realizar sonhos.

MELHORAR A QUALIDADE DE NOSSOS SONHOS.

Se os meus sonhos são somente ter:
- Carrões luxuosos;
- Latonas e mais Latonas (mulheres e mais mulheres);
- Casas e mais casas;
- Realizar inúmeras viagens caríssimas nos paraísos da terra.

Eu posso descobrir muito mais tarde que, só esses sonhos podem não me tornarem uma pessoa feliz. Até porque, poderei estar rodeado de inúmeros falsos "amigos".

Tenho um amigo que diz: Quer saber quem são os seus amigos de verdade? FIQUE POBRE.

Veja que estou salientando de maneira veemente que, principalmente nos cargos políticos, nossos sonhos precisam ser outros:
- Aumentar o número de empregos:
- Atrair investidores;
- Melhorar as condições de vida do meu povo;
- Combater e reduzir a zero todo tipo de corrupção;

- Proporcionar o máximo de transparência na gestão dos bens públicos;
- Reduzir a taxa de mortalidade infantil...

O NEGRO E O POBRE NO PODER PRECISA RESULTAR EXATAMENTE NA ERRADICAÇÃO DO PARADIGMA: ESTOU NA POLÍTICA PARA ME ENRIQUECER.

Você está preparado para exercer o poder?

Está aí uma resposta difícil. Todo o tipo de gestão de pessoas é altamente complicado. Gerir um país mesmo não é algo fácil de se fazer. Como não vai poder estar em todos os lugares, se cercar de assessores bem preparados e bem intencionados é fundamental, pois muitas decisões precisarão ser tomadas e, mediante informações erradas, todo um governo pode ser jogado no lixo.

Veja como a EDUCAÇÃO E FORMAÇÃO são importantes, pois você não consegue formar líderes do dia para noite.

Um preparo interno e externo é de suma importância, pois tem que entender todas as forças que afetam a sua gestão. Forças positivas e forças negativas.

Medidas de curto prazo ou mesmo com base em ganhar votos, podem igualmente ser prejudiciais, visto que ministrar remédios amargos pode ser tudo o que precisa fazer.

VISÃO DE MÉDIO E LONGO PRAZO.

Principalmente os mais jovens, até mesmo embalados pela velocidade das tecnologias de hoje, possuem muita dificuldade em esperar o tempo das coisas. Nem todas as medidas que vá tomar em uma gestão pública ou não, irão trazer retornos a curto prazo e as críticas naturalmente serão duras.

REVER AS LITURGIAS DOS CARGOS

Muitos cargos criados no passado foram tomando determinadas configurações que precisam, urgentemente, serem revistos. Um deles é o de Embaixador.

Desde a nomeação, até e principalmente a nomeação, devem levar em conta a construção de vias que permitam um ir e vir de riquezas. No livro 3 da Coleção África "A Importância da Diáspora Africana na Nova Descolonização de África" chamei a atenção para a não existência de sequer um Embaixador Brasileiro de cor negra em África. É algo grave, quando a maioria do povo brasileiro é justamente afro-brasileiro.

Já no livro AFRICANO DE ALMA, coloco os principais paradigmas que ao longo de séculos vem colocando o povo negro neste verdadeiro obscurantismo.

Em termos políticos o negro e o pobre estão realmente mal. Se não mudarmos isso, vamos amargar séculos e mais séculos de infelicidade.

Temos que iniciar este processo de mudança à partir de cada um de nós. Não colocando a culpa nos outros, que apesar de fecharem todas as portes possíveis, não são os únicos culpados.

Essa verdadeira alienação em que vivemos, onde ocupamos poucos ou quase nada dos setores estratégicos no desenvolvimento dos países em que estamos, precisa ser rompida e acenarmos, a partir de nossos pensamentos inúmeras ações em busca do conhecimento, da preparação e da ocupação em grande estilo de lugares de destaques no cenário mundial.

Em nossa história recente, temos que destacar BARACK OBAMA como um grande exemplo a ser seguido. Não ocupou a Casa Branca ao acaso. Se preparou para isso e, pelo que tenho acompanhado em sua Fundação, está a preparar novos jovens, de todas as cores, para que tenham futuras e importantes performances nos cargos que irão ocupar nos anos vindouros.

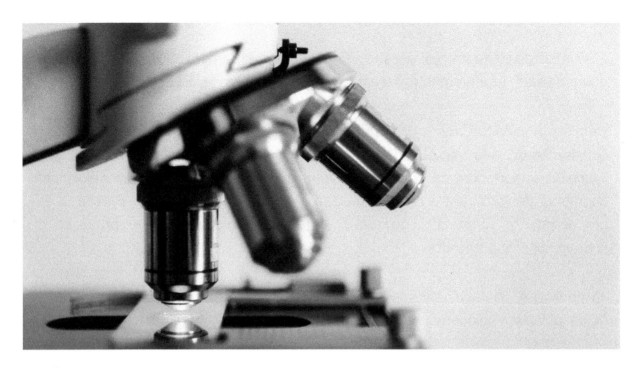

CIÊNCIA

Precisamos acordar a nova geração de negros e pobres para a importância da Ciência, fundamental na transformação de vida dos povos em todo o mundo. Interesse, pesquisa, investigação e estudos constantes.

UM POVO SEM CIÊNCIA É UM POVO SEM FUTURO.

A ciência pode e deve ser feita nos países em desenvolvimento, porque a falta de uma comunidade é uma das razões do atraso.

Parte do segredo é saber escolher quais ciências cultivar e apoiar. Por enquanto, descartemos as ciências que exigem um forte investimento em instrumentação científica, como é o caso da física nuclear, da astrofísica e da neurociência.

Todas as disciplinas têm um componente teórico, que requer apenas cérebro, lápis e papel, bem como seminários e congressos, onde as ideias podem ser trocadas.

Por exemplo, um grupo de matemáticos dispostos a se encontrar uma vez por semana pode se reunir em qualquer lugar para discutir suas próprias ideias e a de colegas estrangeiros.

Como muito bem coloca o argentino Mario Bunge em seu artigo "A ciência pode ser feita no Terceiro Mundo? Publicado no portal universoracionalista.org, a principal dificuldade enfrentada por cientistas independentes é a escassez ou ausência de orientadores capazes de sugerir problemas e supervisionar trabalhos. Esse problema é muito sério, de modo que a independência pode resultar apenas por um tempo limitado. Isso confirma a ideia de que é muito mais fácil cortar uma centelha de ciências de uma só vez do que cultivá-las.

Por sua vez, essa conclusão nos lembra que não há ciência sem governo favorável. Em particular, os governos neoliberais se enfurecem com a ciência básica [desinteressada] porque a acusam de não contribuir com o PIB. Eles ignoram que a engenharia está baseada nas ciências exatas, a medicina na biologia e a ciência social aplicada nas ciências humanas básicas.

Em conclusão, a ciência teórica pode e deve ser realizada durante o período de desenvolvimento, mas essa tarefa é muito mais difícil do que outras mais simples. Isso requer vocação e força de vontade notoriamente extraordinárias. É como a prova d'água para encontrar bruxos: quem boiar está enfeitiçado. Ajudemos aqueles que se atreverem a boiar! Bruxos do Terceiro Mundo, unam-se em seminários!

Mario Bunge (1919-2020) foi físico e filósofo científico, sendo um dos pensadores de língua espanhola mais citados da história, de acordo com a revista Science. Foi membro honorário do Universo Racionalista. Concluiu seu doutorado em Física-matemática pela Universidade de La Plata, foi agraciado com cerca de 21 doutorados honoris causa e estudou Física Nuclear no Observatório Astronómico de Córdoba.

CIÊNCIAS SOCIAIS

Conjunto de disciplinas que estudam o Homem através das suas relações com a sociedade e com a cultura.

As questões relacionadas com o Homem em sociedade começaram a merecer a atenção dos estudiosos e a revestir um carácter científico a partir do século XVIII. Dessa época datam os primeiros estudos sobre a ação do Homem no seio da sociedade, bem como sobre as suas relações com os seus semelhantes. Nasce neste século a economia política.

É contudo no século XIX que aparece a maior parte das disciplinas que pertencem ao domínio das Ciências Sociais, como é o caso da Antropologia, da Sociologia e da Ciência Política. Estas foram, na sua génese, profundamente influenciadas pelas teorias sobre a sociedade de filósofos da época, particularmente de Comte, de Marx e de Spencer.

No século XX, as Ciências Sociais conheceram um amplo desenvolvimento, deixando de se circunscrever apenas a trabalhos de grande envergadura científica, para se democratizar e descentralizar as escolas superiores e secundárias, passando a ser objeto de estudo dos alunos.

O leque de disciplinas pertencentes às Ciências Sociais também se alargou, passando a compreender, para além das já citadas, a Psicologia, a Etnologia e a Geografia Humana. Embora sujeito a discussão, também é comum integrar-se nas Ciências Sociais e Humanas a História, a Filosofia e até as Ciências Jurídicas.

Os trabalhos realizados no âmbito das Ciências Sociais obedecem a uma metodologia própria, assente em dados qualitativos e quantitativos. Os principais meios utilizados para os obter são: o inquérito, a entrevista, o questionário, a análise de documentos, a observação direta, a observação participante e a estatística.

Hoje, a acelerada evolução tecnológica veio dar um incremento muito válido ao avanço das Ciências Sociais, ao permitir que os estudos empíricos se desenvolvam e se completem pelos meios quantitativos, daí surgindo verdadeiras teorias científicas sobre o comportamento do Homem como ator social.

No campo da Ciência Social, muito temos que contribuir em um contexto geral. Ao vivermos, em nossa maior parte, à margem da sociedade evoluída, temos que nos tornar VERDADEIROS CIENTISTAS SOCIAIS para que possamos ditar novas regras, e influirmos nas mudanças.

No continente berço africano observamos que muito é copiado da Europa e mesmo dos Estados Unidos. O problema é que, no tocante a Ciência Social, essa cópia traz muito mais malefícios do que benefícios, visto a enorme diferença.

Dentro do meu campo de pesquisa que completa neste ano de 2021, exatos 21 anos de trabalho, dos quais 10 presenciais em África, posso assegurar que em muitos aspectos sociais, a África tem mais saúde do que o resto do mundo.

Ainda possuem um NÚCLEO FAMILIAR muito forte, enquanto em boa parte do mundo, já o perdemos. Acredito que a África não teve tempo de perdê-lo.

Por isso mesmo, há que se evoluir na Ciência Social a partir da própria África, de seus parâmetros, sem copiar ninguém. A PROMOÇÃO DO BEM ESTAR SOCIAL em massa, passa a ser um dos grandes objetivos de estudos de viabilidade.

O cientista social em África tem um papel de extrema importância pois lhe cabe formular novos conceitos e parâmetros genuinamente africanos, que passem a ser ensinados nas escolas. Acredito ser este um dos primeiros e importantes passos para uma DESCOLONIZAÇÃO MENTAL em África.

O Cientista Social precisa e muito influir na política para que os novos governantes possam seguir outros parâmetros de governação, reduzindo a pobreza e a diferença entre as classes sociais.

Cidades mais limpas e com transportes públicos evoluídos passam a ser mais prioritários que importar carros luxuosos e demonstrar um certo status mais advindo de atos corruptos do que de uma riqueza adquirida por meios produtivos.

MAIS MARIELES E MENOS BOLSONAROS

No Brasil, um dos principais representantes do Terceiro Mundo, os cientistas sociais precisam ajudar a gerar MAIS MARIELES, com objetivos sociais definidos a serviço do empoderamento das mulheres, dos pobres, dos negros e da minoria em geral, a fim de que tenhamos uma sociedade mais plural e evoluida.

OS 50 TIPOS DE CIÊNCIAS

Fonte: https://simplicable.com/new/science

Ciência é a busca sistemática e objetiva de conhecimento com base em previsões falseáveis (que podem ser contraditas por uma observação),
que podem ser testadas por experimento ou observação. Embora a ciência busque a verdade, está sempre aberta a desafios com base em fatos verificáveis. Uma teoria ou lei científica pode ser amplamente aceita e verificada de forma que seja verdadeira para todos os fins práticos. No entanto, nunca é considerada final e permanente, de forma que possa ser contestada por novas descobertas. A seguir estão os ramos da ciência com exemplos de cada um.

Ciência Formal

As ciências formais são sistemas de conhecimento baseados em conceitos abstratos representados por símbolos que são amplamente aplicáveis a outras ciências. Frequentemente, eles se baseiam em provas de que esses sistemas estão internamente corretos com um alto grau de certeza.

Ciência da Computação

Matemática

Ciência de Sistemas

Lógica

Estatísticas

Ciência Natural

A ciência natural é o uso da ciência para compreender o mundo físico. Como essas ciências lidam com fenômenos físicos e observáveis, são consideradas ciências duras, em que o padrão de prova é muito alto para que uma teoria seja aceita. A conformidade com o método científico é relativamente alta nas ciências naturais, com revisão por pares e reprodutibilidade necessária para a aceitação de uma teoria.

- Astronomia

- Bioquímica

- Química

- Geografia

- Ciência de materiais

- Paleontologia

- Zoologia

- Ciências atmosféricas

- Biologia

- Ciência da Terra

- Geologia

- Oceanografia

- Física

Ciência Aplicada

O uso da ciência para resolver problemas no mundo real. Isso é considerado como a descoberta de know-how e o desenvolvimento de planos de ação usando o conhecimento fundamental criado pelas ciências formas e naturais. Por exemplo, um arquiteto que usa física, matemática e ciência dos materiais para determinar a carga de vento que a fachada de um edifício pode tolerar.

- Engenharia aeronáutica

- Matemática aplicada

- Arquitetura

- Engenheiro químico

- Engenharia informática

- Ciência ambiental

- Ciência da saúde

- Engenharia mecânica

- Farmacologia

- Ciência espacial

- Medicina veterinária

- Ciência agrícola

- Física aplicada
- Bioengenharia
- Engenharia civil
- Engenharia elétrica
- Ciência forense
- Engenharia industrial
- Medicina
- Fisioterapia
- Ciência espacial

Ciências Sociais

As ciências sociais são o estudo das sociedades e dos indivíduos. Esta é considerada uma ciência suave em que as teorias podem ser baseadas em lógica informal, medições imprecisas ou estudos que carecem de rigor científico. Em campos como a psicologia, é comum que estudos que estão em conformidade com o método científico deixam de ser verificados por estudos subsequentes.

- Antropologia
- Ciência cognitiva
- Economia
- Biblioteconomia
- Ciência política
- Sociologia
- Arqueologia
- Ciência da Comunicação
- Geografia Humana
- Linguística
- Psicologia

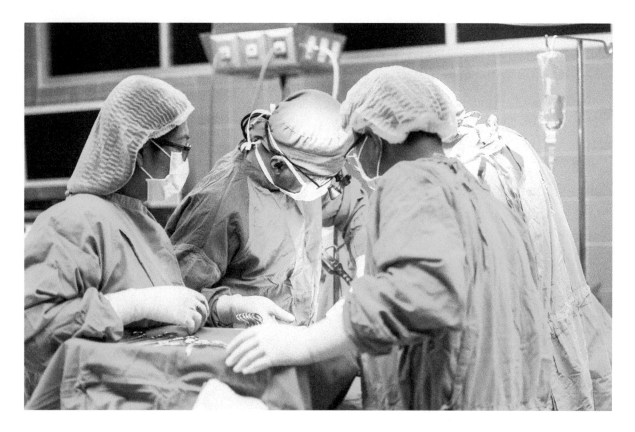

SAÚDE

Eu não tinha como iniciar mais este importante tópico do livro, sem começar pela iniciativa Cubana, sem falar das missões internacionais cubanas que ainda continuam a prestar serviços de saúde em mais de 60 países do mundo. São aproximadamente 50,000 os profissionais de saúde cubanos que trabalham no estrangeiro, muitas vezes nas áreas de difícil acesso e vulneráveis. Como é que chegou um país relativamente pequeno como Cuba a capacitar suficientes profissionais não só para atenderem as necessidades do setor de saúde da ilha, mas também para os enviar às missões internacionais?

A história das "batas brancas" de Cuba

A primeira missão médica internacional saiu de Cuba no dia 23 de maio de 1963. Cerca de 50 profissionais de saúde viajaram como voluntários à Argélia, um país que no ano anterior tinha logrado a independência da França.

Antes da independência, a maioria dos médicos no país eram franceses. Na Argélia pós-guerra, um país em reconstrução, faltavam profissionais de saúde. Foi Fidel Castro, o Presidente cubano, quem convocou os voluntários para que fossem à Argélia. "Hoje podemos mandar 50. Quem sabe quantos dentro de oito ou dez anos, para poder ajudar os nossos povos irmãos. Porque cada ano vamos ter mais médicos", disse Castro num discurso.

Naquela época, também Cuba começava a reconstruir o seu sistema de saúde. Durante três anos a Universidade de Havana tinha estado fechada por decisão do ditador cubano Fulgencio Batista. Reabriu em 1959, depois da vitória da Revolução Cubana de Castro.

Dos aproximadamente seis mil médicos que ficaram no país depois da revolução, vários tornaram-se professores universitários e dedicaram-se ao ensino e formação de profissionais de saúde.

Muitas faculdades formam médicos em Cuba

Hoje, 13 universidades, 25 faculdades de ciências médicas, quatro faculdades de odontologia e outras faculdades, escolas e filiais delas formam profissionais de medicina em Cuba, como informa o Ministério de Saúde do país.

Segundo o ministério, Cuba terminou o ano 2017 com quase 92.100 médicos, incluindo os a trabalhar nas missões no estrangeiro. Segundo dados da Organização Mundial de Saúde, Cuba é um dos países com a maior taxa de médicos per capita no mundo, com 670 médicos por 100.000 habitantes. Quase o dobro da Alemanha com apenas 380 médicos por 100.000 habitantes ou Portugal (343) e muito mais do que em países africanos como São Tomé e Príncipe (49), Cabo Verde (30), Angola (17 médicos), Guiné-Bissau (7) Moçambique (4).

Muitas vezes os voluntários no estrangeiro trabalham em localidades às quais não chegam ou não querem chegar os médicos locais. Como frisou o Ministério das Relações Exteriores de Cuba, os médicos cubanos no Brasil trabalhavam "nas zonas rurais, na Amazônia, nas comunidades indígenas e nas áreas de risco, onde não havia outros médicos". No total, mais de 8.300 profissionais cubanos trabalhavam no programa "Mais Médicos" no Brasil.

A saúde como principal bem de exportação de Cuba

Mas os serviços médicos cubanos no estrangeiro são também a principal fonte de ingressos económicos da Ilha de Cuba, superando os ingressos do turismo. Citado por várias publicações internacionais, o ex-ministro de Economia de Cuba, José Luís Rodríguez, tinha afirmado que a exportação dos serviços profissionais trazia à ilha um estimado de 11.500 milhões de dólares anuais.

Os médicos cubanos no Brasil só recebiam 30% do salário do programa "Mais Médicos" e o resto, como afirmou o Ministério das Relações Exteriores de Cuba, era investido no desenvolvimento dos serviços universais do sistema de saúde cubano.

Ao mesmo tempo, o Ministério da Saúde de Cuba pagava 100% do salário cubano (o que corresponde a menos de 70 dólares por mês) aos colaboradores do programa. O ministério justificou a soma, pois são os próprios voluntários que "de maneira livre e por escolha pessoal decidem compartilhar os salários como meio para fortalecer o sistema de saúde cubano." Em Cuba, tanto o sistema de saúde como o educativo, são gratuitos - e para sê-lo duma ou de outra maneira têm de ser financiados.

O fim do programa "Mais Médicos" no Brasil pode ser um golpe para a economia cubana. Por outro lado: se o trabalho dos médicos cubanos no Brasil era mesmo um incentivo tão importante para a economia da ilha, por quê o Governo de Cuba decidiu retirar os seus profissionais? Também através do Twitter, o Presidente cubano Miguel Díaz-Canel afirmou: "Os princípios não se negociam, defendem-se".

Pelo que conheço das áreas de difícil acesso, tanto no Brasil quanto em África, poder acompanhar de perto o trabalho dos médicos cubanos foi e tem sido para mim uma grande satisfação. Na verdade, fora da política, dos interesses internacionais, existe um mundo muito melhor do que a média (mídia) divulga.

A favor da BBC, não a de Londres, mas a BBC - Batas Brancas Cubanas temos duas grandes e importantes questões:

1ª) Países com médicos, porém boa parte deles, sem nenhum ou pouco interesse em trabalhar nas áreas remotas;
2ª) Países sem médicos suficientes e ainda em um processo de formação de médicos a médio e longo prazo.

Em Angola, no ano de 2012, como menciono em meu livro Celso Salles - Biografia em Preto e Branco, vi o lindo trabalho feito pelos médicos cubanos em Caculama, uma pequena localidade da Província de Malange. O Governo construiu uma linda sede para albergar os médicos cubanos que atendiam em um hospital também construído pelo Governo de Angola.
Um local em África, sem nenhuma opção de lazer, alimentação e energia elétrica fornecida por geradores e mesmo assim somente durante algumas horas do dia, dificilmente iria atrair o perfil da totalidade dos médicos em todo o mundo. Mesmo que o médico aceitasse trabalhar em Caculama, acredito que dificilmente a família do médico iria se acostumar.
É muito fácil escrever críticas e mais críticas aos BBC, sem estar ou mesmo conhecer as áreas onde eles trabalham no mundo.

A última coisa que um doente em áreas remotas quer saber é a nacionalidade do médico.

Neste tópico de extrema importância, temos que olhar para dentro de nós, médicos ou não, e nos perguntarmos, onde estamos errando como humanidade?

- Como Governo: Não criamos as devidas estruturas para atendermos a todo o nosso povo, de maneira igualitária, independente de onde estejam;
- Como Médicos: Esquecemos nossos juramentos e nos deixamos levar pelos

encantos dos grandes centros e pelo status que a profissão socialmente nos dá;
- Como humanidade em geral: Não cobramos nem um, nem outro. Nem Governo, nem médicos.

O PENSAMENTO E A AÇÃO SOLIDÁRIA

Aqui em Angola, tenho tido a oportunidade de apoiar um lindo projecto EXPO SAÚDE, realizado pela Associação COROA DA VIDA. Totalmente custeado pelos médicos, atendem áreas de Luanda onde a população tem poucos recursos na área da saúde.

Como tenho escrito em todos os livros da Coleção África, nós como humanidade estamos mal e precisamos mudar o rumo das coisas para que, em todos os setores e principalmente naqueles que são vitais para a vida humana, coloquemos OS PRINCÍPIOS ACIMA DE TODO E QUALQUER TIPO DE NEGÓCIO.

Todos nós precisamos sobreviver, porém alguns precisam efetivamente de ajuda. Os Governos foram criados para cuidar do povo, não para matar ou deixar morrer o seu povo.

Eu, em particular, sonho com os séculos vindouros onde nossas próximas gerações possam se orgulhar de pertencer a raça humana.

Em nossa geração TUDO VIROU NEGÓCIO. Tenho mantido contacto com inúmeros jovens em várias partes do mundo que possuem sonhos de se formaram na área médica, porém os impeditivos financeiros são todos. Somente uma classe de poucos favorecidos consegue se formar em Medicina e, a maioria destes formandos vindos de vidas com muito conforto e requintes, que, dificilmente irão se enveredar pelos quatro cantos de seus países para cuidar do povo pobre, que não terão recursos para lhes pagar.

Só vejo uma saída: APOIAR E COPIAR CUBA ao invés de proteger os já abastados médicos nacionais. Afinal o que importa é cuidar do povo e não proteger o mercado de quem prioriza a manutenção de uma vida repleta de benefícios e reconhecimento social.

Do nosso lado, precisamos plantar na mente e no coração de nossos filhos pretos e pobres, para que não se limitem somente a viver de seus dons artísticos e futebolísticos, mas que façam de tudo para se tornarem médicos, esculpidos pelas dores da pobreza, que possam ir até o povo pobre e carente e lhes prestar cuidados.

Nós como pais, professores e mais velhos em geral, temos muito poder de influência sobre os mais jovens. Temos que usar desse poder para lhes contagiar a buscarem novos e importantes sonhos.

Os livros da Coleção África estão caminhando por várias partes do mundo e o meu grande sonho é plantar essas maravilhosas e novas sementes na mente e no coração de povos do mundo todo, independente de suas crenças, cores e raças. Se estamos todos sob um mesmo sol, em uma mesma mãe natureza, temos prova de que somos todos de uma mesma raça, a raça humana.

Obrigatoriamente temos que retornar ao Tópico Política deste livro e nos atermos ao facto de quem ocupa os poderes no mundo são as classes dominantes que permanecem em lugares de privilégios e que, geração após geração, levam o mundo a um verdadeiro e silencioso holocausto, com milhões de mortes anualmente.

Como também dominam os meios de comunicação, o grito de socorro dos que mais precisam é um grito silencioso, sem o menor eco ou reverberação.

Vamos desistir? NUNCA.

Temos que ser resistentes e trabalharmos mil vezes mais. Se herdamos pensamentos e mais pensamentos errados, temos que criar novos e importantes pensamentos que guiem nossas novas gerações, em toda a parte do mundo.

EDUCAÇÃO

Em termos educacionais, levando em consideração a grande massa de negros e pobres no mundo, posso afirmar que estamos de mal a pior. São poucos os que têm acesso a Educação e em alguns locais nem Educação temos. O quadro não poderia ser mais negativo. E é por isso que me fascina tanto: TEMOS TUDO POR FAZER. Não temos para onde descermos mais. Estamos no fundo do POÇO.

TEMOS QUE NOS REINVENTAR À PARTIR NADA.

Se pararmos para pensar, só temos a opção de SUBIR. Cair mais, impossível.

É claro que muda muito de país para país, porém, no cômputo geral o ÍNDICE DE

DESENVOLVIMENTO HUMANO nosso é extremamente baixo.

No livro A NOVA ÁFRICA BRASILEIRA coloco importantes pensamentos a fim de iniciarmos uma grande mudança para a melhora do IDH na África Brasileira, no continente Africano e no Mundo em Geral.

Todos nós ficamos esperando a chegada de um grande salvador que nos conduza nestes novos caminhos. Eu cheguei a conclusão que este grande salvador, SOMOS NÓS MESMOS. A nossa vontade de mudar. A nossa saída do conformismo e a realização de inúmeras ações rumo a Educação e a Formação em massa do povo negro e pobre.

Nos anos 90 do século XX, quando trabalhei na área comercial da maior cervejaria do Brasil, na época, Cervejaria Brahma, meu diretor comercial, Wilson Tomao, dizia: Salles, quando um problema é detectado ele está 50% resolvido.

Um outro grande amigo, Sérvio Túlio Coube, na época Presidente da Tilibra - Maior indústria de cadernos e agendas do Brasil, me dizia: Salles, nem tudo pode ser modificado, mas nada pode ser modificado até que se enfrente. E o mesmo Sérvio me dizia: É preferível fazer aproximadamente hoje, que exatamente nunca. Em linhas gerais, estes 3 importantes pensamentos tem me servido de base nessa minha importante caminhada.

Se pudéssemos criar uma linha do tempo para cada país ou povo, veríamos facilmente que alguns já estão naquilo que poderíamos chamar de futuro e que muitos outros estão bem atrás no tempo. Quando se viaja por vários países pode-se perceber bem isso. E tudo se complica ainda mais quando vemos que ninguém está parado. Quem está na frente precisa correr pois sabe que quem vem atrás tem por objetivo alcançá-lo. Certo ou errado, essa tem sido a dinâmica da humanidade.

Se pensarmos em iniciar nossa grande corrida, negros e pobres, para alcançarmos e mesmo ultrapassarmos os que estão na frente podemos desanimar logo de cara. Portanto se começarmos em um primeiro momento, reconhecermos a distância que nos separa e logo após iniciarmos um verdadeiro estudo de nossas forças e fraquezas, podemos chegar a conclusão que nossas forças são muito maiores do que pensávamos e temos chance sim de ultrapassarmos quem está à nossa frente, forjando um futuro muito melhor do que herdamos de nossas gerações escravizadas e colonizadas.

No livro A NOVA ÁFRICA BRASILEIRA, coloco sem medo de ser feliz, a importância que é trazermos para o continente africano, profissionais especializados em formação de mão-de-obra técnica em vários setores. Não adianta continuarmos a formar pessoas que não terão onde trabalhar depois que se formarem. Vamos continuar dependendo da mão-de-obra especializada de fora.

Muito mais rápido do que podemos imaginar, conseguiremos fazer surgir inúmeras indústrias que nos farão reduzir a dependência do petróleo, bem como de minerais preciosos que, deixam de ser utilizados somente para a beleza e passam a compor inúmeras outras importantes utilizações.

Todo crescimento tem que ser antecedido por um ou vários pensamentos e logo depois por medidas práticas.

Não tem nada de complicado.

Primeiro: O QUE O MEU PAÍS PRECISA?
Começa a enumerar todas as principais necessidades do seu país.

Segundo: QUEM SÃO OS MELHORES EM CADA NECESSIDADE DESSAS?

Terceiro: Um a um, inicia-se o mecanismo para feitura dos diversos Planos de

Negócios, contemplando os FORMADORES e os FORMANDOS que irão se multiplicar posteriormente.

O que mais impede de algo simples assim ser feito é: COLOCAR AS MINHAS PRIORIDADES NA FRENTE DAS PRIORIDADES DO PAÍS.

E aí começa a destruição:
- Qual será a minha comissão...
- Onde meus parentes sem preparo vão trabalhar...
- Tudo o que eu poderei complicar para vender a facilidade depois...

E mais uma vez o meu país fica à deriva da prosperidade.

Conclusão, se não acabarmos com esses vícios, esses vícios irão acabar conosco.

Quem tem a oportunidade de ter uma convivência mais estreita comigo, ao ler estas palavras irá se recordar que sempre disse isso em nossas conversas.

Resumindo: TEMOS QUE CHEGAR LÁ, PARA MUDARMOS O QUE DE ERRADO ESTIVER LÁ.

Esse tem que ser o pensamento das novas gerações. E se continuarmos a copiar os conteúdos programáticos das inúmeras formações de nossos Graduados, SEM ANALISARMOS O QUE PRECISA MUDAR, não vamos chegar a lugar algum e continuaremos no último lugar na corrida, sendo ultrapassados em voltas e mais voltas por quem está na frente.

Todos os conteúdos programáticos a serem direcionados para nossas novas gerações de negros e pobres precisam levar esses novos paradigmas em conta.

E fechando com chave de ouro, enfatizo mais uma vez o BEM SOCIAL. Na atualidade somos impelidos pelo mercado de consumo a ter cada vez mais e que esse ter é que faz a diferença. Se eu tiver 10 automóveis de luxo, 80 casas, 10 mulheres, eu serei reconhecido como um homem de sucesso.

Ledo engano. Até porque este tipo de pensamento ou ideologia alimenta uma ganância sem freios, que se curva à corrupção de inúmeras formas. A prisão e a depressão serão os cálices amargos a serem tomados.

Precisamos iniciar uma grande frente de mudança, primeiro dentro de nós mesmos. Depois em nossas casas, nos grupos que se reúnem, nas escolas, nas igrejas, nos partidos políticos, em todos os locais em que vivemos.

Finalizando este importante tópico chamo a atenção por preferirmos fazer aquilo que fazemos bem. Temos muita dificuldade em trabalharmos o que não dominamos. Talvez essa tenha sido a nossa maior dificuldade. Adoramos fazer sucesso. Adoramos ser reconhecidos onde somos fortes.

Encarar nossas fraquezas ou deficiências nos aterroriza. TEMOS QUE MUDAR EXATAMENTE AÍ. Se domino a aprendizagem de idiomas, tenho que me esforçar na matemática, na física, na química.

Tenho que me esforçar em EMPREENDER negócios, ampliando-os para além de minhas cercanias.

Para tudo isso é necessário o CONHECIMENTO e a FORÇA DE VONTADE. É imprescindível se ganhar um ritmo forte em busca dos inúmeros conhecimentos já colocados no Tópico Ciência deste livro. Vamos em frente, ainda temos vários assuntos para vermos neste livro.

AGRICULTURA / PECUÁRIA

Todos os tópicos deste livro são de imensa importância. Este que fala da Agricultura não poderia ser diferente, pois está ligado ao que os negros e pobres mais precisam no mundo. ALIMENTO.

E por quê não produzirmos os nossos próprios alimentos?

O que efetivamente nos impede?

No livro 3, A IMPORTÂNCIA DA DIÁSPORA AFRICANA NA NOVA DESCOLONIZAÇÃO DE ÁFRICA coloquei a lista completa das unidades EMBRAPA - Empresa Brasileira de Pesquisa Agropecuária para que entidades de todo o mundo possam se beneficiar dos conhecimentos graciosamente oferecidos por esta estrutura no Brasil. Ainda neste livro, tomei a liberdade de criar o nome AGROVIDA para substituir AGRONEGÓCIO. Sim, porque antes de qualquer negócio está a VIDA. Você pode perder vários negócios, como eu mesmo já perdi, mas perder a VIDA é complicado.

A natureza que dá todas as condições para a AGRICULTURA o faz absolutamente DE GRAÇA. Se partirmos destes princípios temos que rever profundamente o termo NEGÓCIO.

Dentro do foco VIDA, visualizo uma AGRICULTURA ainda mais poderosa, pois ao cumprir com a sua missão que é ALIMENTAR e proporcionar VIDA, a própria natureza irá conspirar a favor.

São incontáveis os lugares no planeta onde podemos plantar sem destruir a natureza e alimentarmos povos locais com exportação de excedentes gerando riqueza para enormes bolsões de pobreza.

Mais uma vez vamos esbarrar nas ordens constituídas e nos interesses das minorias, que invariavelmente temos que colocar em todos os capítulos, pois os tumores malignos da humanidade se encontram exatamente aí.

A SEGUIR, UNIDADES EMBRAPA:
Horário de Funcionamento no Fuso Horário de Brasília
Telefone
Código Postal
Localização no Mapa
Plataforma Digital da Unidade
Embrapa no Brasil: https://www.embrapa.br/embrapa-no-brasil

Na Agricultura o conhecimento é fundamental. Não precisamos inventar rodas já existentes. Nas unidades Embrapa você encontra uma grande série de informações que podem acelerar sua visão para o bom desenvolvimento de seu Projeto Agrícola. Como muito bem dizia o primeiro presidente de Angola, Dr. António Agostinho Neto: "A agricultura é a base e a indústria o fator decisivo."

FINANÇAS

O conhecimento de FINANÇAS, igualmente tem ficado distante dos negros e pobres. Se não iniciarmos o processo de inclusão, com campanhas de motivação da juventude para a realização de estudos que lhes permitam evoluir no Campo das Finanças.

Vamos começar por uma leve noção de MATEMÁTICA FINANCEIRA.

O que é e para que serve a matemática financeira?

A matemática financeira ajuda imensamente no planejamento e gestão do dinheiro de uma empresa. Matemática financeira é uma área de aplicação prática da matemática, que consiste em cálculos direcionados à melhor organização e ao maior controle do dinheiro.

Mais do que uma ciência, é uma ferramenta bastante útil no dia a dia, tanto para cuidar das contas pessoais quanto daquelas que pertencem a uma empresa.

É a partir dos instrumentos de matemática financeira que os sonhos são concretizados.

Para entender melhor, basta lembrar da importância da organização e planejamento ao contratar um empréstimo ou obter um financiamento, seja para aquisição de um veículo ou imóvel.

Exceto se você possui toda a quantia para realizar o pagamento à vista, terá que fazer cálculos para entender o impacto desse produto financeiro e suas prestações no orçamento pessoal.

Para tanto, são necessários conhecimentos básicos sobre porcentagem, juros e fórmulas que permitem compreender exatamente o tamanho da conta.

Sempre lembrando que, nesse tipo de operação, o custo final é diferente do contratado, justamente devido à incidência de juros.

Outro bom exemplo é o de investimentos, quando os números jogam a seu favor.

Você pode planejar a sua aposentadoria, deixando dinheiro na poupança. Mas é importante que essa decisão seja tomada depois de comparar a rentabilidade com outras opções.

Assim, identifica os ganhos que vai obter em um determinado período.

E você só consegue fazer isso a partir de instrumentos de matemática financeira.

Mas a importância dela vai além e aparece de forma marcante no mundo corporativo.

Qual a importância da matemática financeira no mundo corporativo?

A saúde financeira de uma empresa e o seu fluxo de caixa podem ser calculados com a matemática financeira.

Ao observar os exemplos trazidos no tópico anterior, quanto à aplicação da matemática financeira em âmbito pessoal, já dá para ter uma ideia da sua importância para as empresas.

A verdade é que o empreendedor não precisa dominar a matemática, mas tem o compromisso de compreender e saber utilizar algumas de suas fórmulas para tarefas de rotina.

O melhor exemplo, sem dúvidas, é o do fluxo de caixa.

Essa é a ferramenta que registra as entradas e saídas de dinheiro da empresa. Ou seja, suas receitas e despesas.

É a partir dela que o gestor identifica como anda a saúde financeira do negócio, no que vem gastando mais do que deveria e, assim, onde estão as oportunidades de economia.

Por aí, já temos uma amostra de que não há como crescer, sequer sobreviver enquanto empresa, sem um controle rígido das finanças.

E fica pior ainda ao tomar empréstimos sem conhecer a realidade do caixa.

Ou, quem sabe, projetar um novo produto ou abrir uma filial, sem projetar como se dará o desempenho do negócio nos próximos meses e anos. Tudo isso depende da matemática financeira.

Você pode ser um ótimo administrador, pagar as contas em dia, cobrar os clientes e receber no prazo, negociar condições vantajosas com fornecedores e ter elevados índices de produtividade e eficiência na empresa.

Tudo isso é válido para alcançar os objetivos propostos para ela.

Por outro lado, tudo pode ir por água abaixo em um único movimento não planejado, que desconsidere a sua capacidade financeira no médio e longo prazo.

O que a matemática financeira faz é ajudá-lo a compreender como o dinheiro se comporta.

Um outro importante foco é o domínio do conhecimento da ECONOMIA.

A carreira do economista é repleta de boas oportunidades. O mercado de trabalho valoriza os profissionais com formação em Economia, tanto no setor público quanto no setor privado. Se você está pensando em seguir essa profissão, continue a leitura e confira 5 motivos para estudar Economia.

Principais motivos para estudar Economia

A faculdade de Ciências Econômicas possui, em média, oito semestres. Durante o curso, os futuros bacharéis em economia têm contato com matérias como Microeconomia, Macroeconomia, Economia Brasileira, Economia Internacional, Probabilidade e Estatística, Comunicação Empresarial e Econometria. Sem dúvida, esse curso é um dos mais promissores da atualidade. A seguir, listamos os 5 principais motivos para estudar economia. Veja!

1. Mercado aquecido

Uma pesquisa sobre profissões em alta, realizada pela consultoria de recrutamento Robert Half e divulgada pela Você/SA, apontou que os cargos relacionados ao mercado financeiro estão entre os mais promissores da atualidade.

Apesar das incertezas causadas pela pandemia, esse mercado segue atraindo novos talentos, principalmente nas áreas de fusões e aquisições, riscos, crédito e compliance. Entre as organizações que mais contratam, estão fintechs, bancos e corretoras de investimentos.

2. Ampla área de atuação

Uma das grandes preocupações que surgem na hora de escolher a profissão é a empregabilidade. Afinal, trabalhar na área de formação pode ser um desafio para muitas pessoas.

Nesse ponto, quem estuda Economia tem uma grande vantagem. O economista pode atuar em diversos mercados do setor privado, como avaliação de investimentos, planejamento de mercado, gestão de finanças e contabilidade.

Além disso, é possível encontrar oportunidades promissoras no setor público. Por meio de concursos periódicos, o economista pode conquistar cargos em órgãos governamentais, como o BNDES e o Banco Central.

Por fim, o economista também pode se dedicar ao setor acadêmico, desenvolvendo pesquisas e ministrando aulas em cursos de nível superior.

3. Profissão altamente valorizada no mercado de trabalho

Além de ser um dos profissionais mais demandados pelas empresas, o economista é altamente valorizado no mercado de trabalho. Por esse motivo, o profissional recém-formado na área tem perspectiva de bons salários e ótimas chances de crescimento.

De acordo com a Tabela de Salários do Brasil, elaborada pela Consultoria Robert Half, o salário inicial de um economista júnior está entre U $600,00 e U $1.200,00. Já um economista-chefe pode receber até U $8.000,00.

4. Possibilidade de empreender

Dados do Global Entrepreneurship Monitor apontam que o número de empreendedores no Brasil chega a 52 milhões. No atual cenário do País, o empreendedorismo é uma alternativa bastante atrativa, principalmente para aqueles que visam oferecer produtos e serviços inovadores.

Se você sonha em abrir o seu próprio negócio, saiba que a faculdade de Economia pode lhe preparar muito bem para esse desafio. Afinal, o curso compreende o comportamento de diferentes mercados em diferentes situações.

Como economista, você poderá empreender em diversos setores, além de oferecer consultoria especializada para empresas e investidores.

5. Aprendizados que auxiliam na vida pessoal

Sem dúvidas, as noções sobre economia, mercado e rendimentos aprendidas em Economia serão muito úteis para a vida financeira e pessoal do estudante. Após a formação, o economista atua como agente multiplicador dos ensinamentos recebidos no curso, auxiliando a sociedade.

Em Angola tenho orientado muitos jovens a estudarem ECONOMIA, exatamente pelos grandes desafios que irão enfrentar no futuro.

Principalmente nos desafios ligados à gestão financeira do país, o conhecimento de economia é vital para se ter sucesso em geral. Um país forte economicamente é fundamental para uma melhor qualidade de vida de seu povo.

Tanto a OFERTA, quanto a PROCURA precisam ser administradas com muito conhecimento para que possam haver controles de preços e estoque regulador de produtos em geral.

Nessa altura de sua leitura, você já deve ter percebido a real importância deste livro, visto que, temos que abrir as mentes de nossos jovens negros e pobres para que visualizem importantes janelas que precisam ser abertas para eles, para que não fiquem dominados por estereótipos de que somente através da fama, da música ou do esporte irão obter sucesso na vida.

Existe todo um grande universo de possibilidades para o jovem negro e pobre obterem o tão sonhado sucesso, que vai lhes garantir os melhores ganhos de vida para o melhor sustento de suas famílias e realização de seus sonhos.

Muitas vezes este tipo de orientação não tem como vir das famílias negras e pobres, por não terem tido oportunidade de adquiri-los e passar para os seus filhos.

Daí a grande importância deste livro e de outros que não tenham medo de encarar os fatos e reconhecer a necessidade que temos de mudar a partir de nós.

Eu mesmo vivi isso, como já tive oportunidade de mencionar nas páginas anteriores deste livro e as decisões que, apesar da pouca idade acabei tomando, me possibilitaram estar transmitindo essa mensagem aos meus 62 anos de idade (2021).

NEGÓCIOS

O Mundo dos Negócios é o que está mais próximo dos jovens negros e pobres. Porém são em sua maioria, negócios sem um alto valor agregado, normalmente no ramo da alimentação, transporte e outros possíveis de serem realizados com baixo valor de investimento e conhecimento.

Com a falta de preparo para conquistar importantes empregos em mercados cada vez menores e competitivos a maioria dos jovens negros e os jovens pobres acabam encontrando no empreendedorismo uma forma de subsistência.

Um trabalho normalmente informal, que acaba acomodando uma grande quantidade de jovens da chamada classe baixa.

Ao atingirem os 18 anos sem muito estudo acaba restando muito poucas opções de sustento para estes jovens.

Isso sem contar aqueles que enveredam para o mundo do crime.

O primeiro e importante ponto é que, todo negócio legal é muito bem vindo e ampliar este universo de negócios é o nosso grande desafio.

Veja que os tópicos anteriores são de fundamental importância para os que chegam nesta idade poderem se destacar no mundo dos negócios. O conhecimento e o preparo são imprescindíveis.

Uma das formações mais indicadas para auxílio no sucesso é a formação em Administração de Empresas, tanto a nível secundário ou técnico, como a nível superior ou universitário. O TALENTO é a principal força motriz para se obter sucesso. Porém, só o talento não é tudo. Tem que somar o conhecimento, a perseverança e a paciência.

Igualmente, identificar as necessidades dos mercados onde pretende instalar qualquer que seja o tipo de negócio é fundamental. O tópico finanças que vimos nas páginas anteriores irão fazer muita diferença na hora de elaborar algo que muitos nem sonham que existe e que é de fundamental importância, o chamado PLANO DE NEGÓCIO. Com o PLANO DE NEGÓCIO você tem a possibilidade de errar menos. Isso porque ele lhe obriga a analisar uma série muito grande de situações que poderá, inclusive, fazê-lo repensar sobre a viabilidade do negócio que deseja implantar.

Na atualidade existem muitos aplicativos que permitem a um baixo custo mensal, você elaborar um bom plano de negócios. Um dos que eu utilizo nos meus Projectos Sociais é o UpMetrics. Ele já vem com inúmeros templates que facilitam muito o seu trabalho.

O Plano de Negócios que fiz para o Projeto COA, apresentado no Livro 4 - Quem Planta Tâmaras Não Colhe Tâmaras, foi todo elaborado utilizando a tecnologia UpMetrics. Vale observar que o aplicativo é um facilitador do seu trabalho, porém não irá gerar nenhum Plano de Negócios sem a sua efetiva participação.

Todas as informações você terá que preencher com base no conhecimento que possui do negócio que deseja implantar. Por enquanto ele é todo em inglês.

NOTA: Tem que se esforçar em conhecer um mínimo do idioma inglês, pois ele é

317

sempre muito útil na maioria das plataformas digitais que deverá utilizar para uma melhor performance de seus negócios.

Depois de feito o seu PLANO DE NEGÓCIO onde com certeza já deve ter considerado um investimento em marketing ou divulgação, pode se utilizar das redes sociais onde conseguirá atingir um grande público para captação de clientes dentro de um melhor Custo X Benefício.

A realização de negócios implica necessariamente no domínio de inúmeros conhecimentos. Quanto mais complexo o seu negócio, maior tem que ser o seu conhecimento.

NUNCA DESISTIR DE SEUS SONHOS E SE PREPARAR PARA ELES.

O otimismo em tudo o que realizamos na vida é sempre muito bem vindo e quando ele vem acompanhado de vários conhecimentos é melhor ainda. A teoria e a prática se completam no mundo dos negócios.

FATORES EXTERNOS PODEM AJUDAR OU ATRAPALHAR.

Tudo vai depender do seu preparo para vencer as objeções. Uma pandemia mesmo como a COVID 19 virou o mundo de pernas para o ar. Milhares e milhares de negócios tiveram que ser revistos. Muitos foram abortados. Muitos estão em compasso de espera. Tudo é muito relativo e não se tem uma regra específica de como agir.

A sabedoria dos mais velhos é sempre muito bem vinda nestas situações, pois com certeza já tiveram que ultrapassar muitas dificuldades na trajetória de suas vidas.

Eu me lembro muito bem que em 2001, no 11 de Setembro, um real no Brasil equivalia a um dólar americano. Com o 11 de Setembro o valor do dólar disparou.

Dormimos no paraíso e acordamos no inferno no Brasil.

Tivemos que nos reinventar. E essa experiência conta muito, pois vencer turbulências acaba sendo um dos principais requisitos para o sucesso.

Em algumas palestras que dou, digo sempre que, ser empreendedor requer nervos de aço. Muitos chegam no empreendedorismo por não terem espaço no mercado de trabalho. Outros para buscarem melhores condições de vida.

O que vamos encontrar na história das nações evoluídas é o TRABALHO e a criação de ESTRUTURAS que possibilitem a evolução de seus povos.

O GRANDE DESAFIO HUMANO É O DE DESIMPEDIR OS DESFAVORECIDOS DE CRESCER.

No livro 4 da Coleção África, coloco no final do livro que um país como o Brasil, que tem mais da metade de afro-descendentes, se criar as melhores condições para o crescimento dessa maioria se tornará muito em breve uma das mais potentes nações em todo o mundo. Uma massa que, impedida de progredir vira problema, uma vez motivada e com estruturas preparadas para crescer, fatalmente vai elevar o PIB Brasileiro para patamares muito maiores.

Para isso a política, principalmente, não poderá mais estar focada em defender os interesses de uma minoria e passar a trabalhar de forma dura para criar situações de igualdade, que possibilitem o nascimento de novas gerações de cientistas, homens de negócio, agricultores, profissionais liberais de altíssima competência...

No livro 6 da Coleção África coloco, mais uma vez, sem medo de ser feliz, os 55 MOTIVOS PARA INVESTIR EM ÁFRICA. São 52 Repúblicas e 3 Reinos com grande poder de crescimento. A proposta neste livro foi levar justamente uma nova visão de África, com inúmeros potenciais. Neste livro pode-se ver rapidamente o que cada país oferece de vantagens para que você leve o seu sonho de negócios para ser desenvolvido em África.

No livro 7 A NOVA ÁFRICA BRASILEIRA dei uma atenção especial para todo um universo de Franquias que podem encontrar no território africano grandes oportunidades. Negócios de Sucesso, formatados, que podem ser implantados em África, gerando riqueza para o continente africano e para os diversos franqueadores.

Pude trabalhar próximo do embaixador da Suécia em Angola na época, Lennart Killander Larsson e aprendi muito com ele e com a Suécia. As embaixadas da Suécia em toda a África são verdadeiros centros de negócios, atuando através de seu Team Sweden.

Tanto no Brasil quanto na África, muitos foram os negócios que tive e tenho oportunidade de apoiar. Em Angola, destaco o lindo trabalho feito pela Gold Procurement desde 2014. A Gold Procurement, Lda é uma empresa Angolana especializada em compras e fornecimento de Equipamentos de Protecção Individual para a Indústria Angolana. É a primeira plataforma de compras em Angola, oferecendo aos seus clientes todo tipo de produtos e soluções de acordo com as suas necessidades. A Gold Procurement faz a gestão completa da cadeia de aprovisionamento das empresas, ajudando-as a focalizar suas atenções no seu core business, terceirizando suas compras com a Gold Procurement. Com plataformas de apoio nos 5 continentes a Gold Procurement assume-se como a escolha ideal para o crescimento da sua empresa.

Recentemente a Gold Procurement iniciou linhas de fabricação de produtos de grande necessidade em Angola. Trata-se dos denominados Cutted Cotton Rags Gold, Manufacturados com tecidos 100% algodão, possuem alto poder de absorção dos resíduos. São ideais para os segmentos da indústria no geral, desde oficinas e fábricas, até maquinários. Os Cotton Rags GOLD são oferecidos com grandes opções de fardos e com entrega imediata. À venda em fardos de: 50 kg / 45 kg / 25 kg / 10 kg / 05 kg

COMÉRCIO

O Comércio tem sido a tábua de salvação do povo pobre em geral. No Brasil, os ambulantes. Em Angola os Zungueiros. São homens e mulheres de imensa força de vontade que enfrentam enormes desafios para através do comércio levarem o sustento para suas casas.

Grandes Mercados informais são formados pelo próprio povo onde praticam preços altamente competitivos e vendem absolutamente tudo. Não só produtos como serviços.

Os Mercados como estamos acostumados a ver, normalmente pertencentes a grandes cadeias de várias partes do mundo existem, porém atendem apenas uma parte da sociedade.

A VIDA SEMPRE ENCONTRA UMA FORMA DE SEGUIR EM FRENTE

E assim tem sido. Eu vejo este grande mercado a ser explorado, respeitando essa grande massa da população mundial. Não adianta esconder a pobreza. Ela faz parte do mundo atual e reduzi-la de todas as formas possíveis é o nosso grande desafio. Principalmente os cientistas sociais precisam entrar em cena e criar uma grande série de invenções. O desenvolver a capacidade do povo pobre para criar suas próprias soluções para suas principais necessidades tem que passar invariavelmente pelo comércio. Banheiros públicos. Água potável. Água para a higiene em geral. Brigadas de combate ao lixo e muita educação para o povo em geral. Geradores de energia elétrica com dispositivos que permitam um maior desempenho em áreas remotas e de enorme desafios, também são prioritários. Carros de transportes adaptados a bicicletas, bancadas para acondicionamento de produtos, etc.

Em virtude de meus constantes deslocamentos posso afirmar que o mundo científico ainda tem muito por trabalhar. Muitas vezes proporcionar melhores condições de vida não é copiar o estilo de vida de outras localidades, mas simplesmente melhorar a qualidade de vida de comunidades que vivem mais em contacto com a natureza, lhes fornecendo soluções que atendam suas necessidades básicas e não só, com equipamentos e produtos em geral criados especificamente para suas necessidades.

É o caso da chave de Ignição de Controle via Telemóvel criada pelo inventor Luciano Muecalia. Ela atende perfeitamente regiões de difícil acesso, onde muitas vezes se deslocar do ponto A para o ponto B pode até mesmo ser impossível. É uma ponte que cai. É um carro que quebra e, um pai de família pode ter inúmeros prejuízos pois pode não conseguir chegar a tempo de ligar o gerador de seu comércio ou residência.

Outros importantes inventos são constantemente criados por heróicos cientistas que com recursos próprios colocam o seu talento a serviço da comunidade local.

Os talentos nascem em todos os lugares. É comum, principalmente em África, me deparar com mentes brilhantes, fazendo coisas de encantar cientistas renomados.

O que falta então?
Criar condições para descoberta destes talentos e estruturas capazes de lhes garantir manutenção e continuidade de seus trabalhos.

Os países do primeiro mundo ao invés de desenvolverem grandes esforços para que haja uma dependência global de seus inventos e produtos, precisam entender que, um veículo com a máxima tecnologia do planeta, pode simplesmente não funcionar em alguns solos africanos.

Cadeiras de rodas feitas para se movimentarem no asfalto não funcionam nas periferias de África. É impossível para os brilhantes cientistas de países desenvolvidos criarem soluções para situações que nem podem imaginar.

Pontes móveis e acopláveis igualmente são necessidades imperiosas em muitas regiões do planeta, que possam ser montadas e desmontadas em horas.

Na medicina então, folhas e plantas diversas curam inúmeras enfermidades que os remédios tradicionais não conseguem ter a mesma eficácia. São conhecimentos que têm passado de geração em geração.

Quanto maiores forem os propósitos em ajudar, criar melhores situações de trabalho e de vida para povos do mundo todo, mais os negócios de toda e qualquer empresa irão prosperar.

Ao invés de importar equipamentos e soluções não pensadas para determinados locais, criar a partir dos locais.

Quanto mais pessoas com saúde e recursos para consumirem os produtos globais, melhor para os capitalistas. Para que isso aconteça precisa-se ter esta visão. Quantos milhares e milhões de pessoas na África poderiam estar consumindo o seu produto se tivessem como fazê-lo.

Principalmente os BANCOS têm esta mentalidade de colocar o capital acima de tudo, como se o capital por si só tivesse vida. Uma ganância sem medida e sem senso lógico. O capital não nasceu para sua própria alimentação, mas para movimentação de negócios que geram riquezas e ainda mais capital.

O capitalismo financeiro tem sido o grande carrasco em nossa época (2021), mas com toda certeza tem data para mudar. Ele próprio já vem cavando o seu fim, uma vez que obriga a grande massa da população mundial a sobreviver sem ele. Sobrevive ou morre. Como a vida sempre encontra uma forma de seguir em frente a SOBREVIVÊNCIA é certa.

INDÚSTRIA

Existem vários tipos de indústria, o processo da atividade industrial é classificado conforme seu foco de atuação.

A atividade industrial consiste no processo de produção que visa transformar matérias-primas em mercadoria através do trabalho humano e, de forma cada vez mais comum, utilizando-se de máquinas. Essa atividade é classificada conforme seu foco de atuação, sendo ramificada em três grandes conjuntos: indústrias de bens de produção, indústrias de bens intermediários e indústrias de bens de consumo.

As indústrias de bens de produção, também chamadas de indústrias de base ou pesadas, são responsáveis pela transformação de matérias-primas brutas em matérias-primas processadas, sendo a base para outros ramos industriais. As indústrias de bens de produção são divididas em duas vertentes: as extrativas e as de bens de capital.

Indústrias extrativas – são as que extraem matéria-prima da natureza (vegetal, animal ou mineral) sem que ocorra alteração significativa nas suas propriedades elementares. Exemplos: indústria madeireira, produção mineral, extração de petróleo e carvão mineral.

Indústrias de equipamentos – são responsáveis pela transformação de bens naturais ou semimanufaturados para a estruturação das indústrias de bens intermediários e de bens de consumo. Exemplos: siderurgia, petroquímica, etc.

As indústrias de bens intermediários caracterizam-se pelo fornecimento de produtos beneficiados. Elas produzem máquinas e equipamentos que serão utilizados nos diversos segmentos das indústrias de bens de consumo. Exemplos: mecânica (máquinas industriais, tratores, motores automotivos, etc.); autopeças (rodas, pneus, etc.)

As indústrias de bens de consumo têm sua produção direcionada diretamente para o mercado consumidor, ou seja, para a população em geral. Também ocorre a divisão desse tipo de indústria conforme sua atuação no mercado, elas são ramificadas em indústrias de bens duráveis e de bens não duráveis.

Indústrias de bens duráveis – são as que fabricam mercadorias não perecíveis. São exemplos desse tipo de indústria: automobilística, móveis comerciais, material elétrico, eletroeletrônicos, etc.

Indústrias de bens não duráveis – produzem mercadorias de primeira necessidade e de consumo generalizado, ou seja, produtos perecíveis. Exemplos: indústria alimentícia, têxtil, de vestuário, remédios, cosméticos, etc.

O Filósofo Paulo Ghiraldelli, para quem dedicamos os nossos agradecimentos especiais neste livro, tem nos chamado a atenção sobre o pensamento que nossos jovens tem sido levados a crer, que o grande objetivo das pessoas tem que ser o de se transformar em um trabalhador autónomo, afastando-se assim do mercado de trabalho inúmeros candidatos que, levados a serem os seus próprios patrões deixam de se tornarem profissionais de alto nível.

Principalmente no Brasil, com a queda acentuada do número de empresas com produtos de alto valor agregado, reduz-se ainda mais a formação de mão-de-obra especializada.

Principais profissões no setor industrial

Eletrotécnico
Profissão para quem busca trabalho relacionado à execução e à manutenção de

componentes e de equipamentos eletroeletrônicos. Trata-se de um ramo da Engenharia Elétrica, portanto, a profissão requer trabalhadores focados, organizados e responsáveis.

Após a conclusão do curso técnico, o profissional estará capacitado para trabalhar em indústrias metalúrgicas, de telecomunicações ou até mesmo de construção civil. Entretanto, onde há mais espaço para o técnico em Eletrotécnica se destacar e crescer é nas empresas destinadas à geração e à distribuição de energia elétrica, além das companhias de água e saneamento e empresas de instalação e manutenção de equipamentos técnicos.

Assistente de produção

Esse é o profissional responsável por preparar materiais para alimentação de linhas de produção, organização da área de serviço, abastecimento de linhas de produção e alimentação de máquinas. É ele que monitora os processos e equipamentos da linha de produção auxiliando a administração dos processos industriais, de acordo com normas e procedimentos técnicos de qualidade, segurança, higiene e saúde.

Devido a todas essas aptidões, o assistente de produção terá opções de trabalho em indústrias de diversas áreas. Na verdade, é capacitado para trabalhar em qualquer setor, podendo optar por indústrias alimentícias, automobilísticas, metalúrgicas, farmacêuticas, etc.

Mecânico de manutenção de máquinas industriais

É o responsável por realizar a manutenção em componentes, equipamentos e máquinas industriais. Ele planeja atividades de manutenção, avaliando condições de funcionamento e desempenho de máquinas e equipamentos.

Está sob suas responsabilidades lubrificar máquinas, componentes e ferramentas, documentar informações técnicas e fazer a manutenção preventiva e corretiva em máquinas e equipamentos. Assim como o assistente de produção, ele possui uma infinidade de opções, podendo escolher pela área que mais lhe agrada.

Assistente de Logística

O Assistente de Logística é responsável por colaborar com o planejamento dos espaços e da distribuição de mercadorias, prestando informações necessárias à tomada de decisão sobre operações logísticas. Além disso, desenvolve atividades ligadas aos recursos materiais, financeiros e pessoais de uma empresa.

Suas principais funções são separar, enviar e receber materiais levando em consideração prazos e modais, solicitar e controlar custos de operações de logística, agendar e coordenar o motorista da empresa, atuar com remanejamento de materiais, controlar o estoque de todos os clientes, emitir notas de simples remessa para entrada em lojas, entre outras diversas funções.

Para que o profissional tenha um bom desempenho é essencial que possua habilidade com números, habilidade para resolver situações adversas, paciência, metodologia e agilidade.

NR 10

A profissão de NR 10 básico é, provavelmente, uma das mais novas no setor industrial. A NR 10 é a Norma Regulamentadora 10 do Código Trabalhista, que trata especificamente da segurança em instalações e serviços em eletricidade. Ela é uma subdivisão da área de Segurança do Trabalho, porém mais focada. A presença do Técnico em NR 10 é necessária devido à complexidade e risco envolvido quando o assunto é eletricidade.

O curso técnico em NR 10 básico é importante pois pode incrementar o currículo de quem deseja atuar em cargos que requerem o convívio com a eletricidade. Ele comprova que o profissional está por dentro das respectivas regulamentações e, portanto, está apto a exercer atividades de risco elétrico sem que isso seja uma ameaça a si mesmo e aos demais.

Além das ocupações mencionadas, existem diversas outras no setor industrial, como Operador de suporte técnico em TI, Auxiliar de laboratório de análises físico químicas, Desenhista técnico, etc. O mais importante é possuir aptidão e, sobretudo, uma boa formação na área.

"Made in Etiópia", a nova moda da produção têxtil em África

As etiquetas das roupas revelam onde foram realmente produzidas. A Etiópia já figura nos rótulos das grandes marcas e quer tornar-se centro da produção têxtil em África. Mas a que preço?

A Etiópia pensa em grandes dimensões. Em 2025, mais de 30 gigantescos parques industriais devem abastecer o mundo com vestuário fabricado no país, criar 350 mil postos de trabalho e gerar cerca de 27 mil milhões de euros através da exportação.

Para Temesgen Tilahun, da Comissão de Investimentos da Etiópia, a mão-de-obra é um trunfo importante na concorrência com países asiáticos como Bangladesh, Vietname e China.

"A Etiópia é um país com mais de 110 milhões de habitantes. 60% a 70% dessas pessoas são muito jovens, em idade ativa, passíveis de serem treinadas e muito disponíveis. Temos de utilizar este potencial para transformar a Etiópia num centro de produção. Não exigimos salários altos, o que é um aspeto importante para os investidores considerarem investir na Etiópia", afirma.

Menor salário do mundo no setor

No Bangladesh, os trabalhadores ganham três vezes mais do que na Etiópia e na China até dez vezes mais. Em nenhum outro país esta indústria paga menos do que na Etiópia. De acordo com uma pesquisa recente da Universidade de Nova Iorque, muitas vezes são apenas 23 euros por mês.

Os baixos salários, combinados com benefícios fiscais, uma localização atraente e eletricidade barata, devem atrair empresas têxteis de todo o mundo para a Etiópia. Volume 90%

"Made in Etiópia", a nova moda da produção têxtil em África

Já estão a ser construídas fábricas por todo o país. A produção de vestuário está em pleno andamento. Empresas como H&M, Levi's, Primark, Calzedonia, Calvin Klein, Tommy Hilfiger, Tschibo, Aldi e Lidl já estão a produzir na Etiópia.

Para o Governo Etíope, o Parque Industrial Hawassa, no sul do país, é um modelo para o futuro da produção têxtil: oferece condições de trabalho seguras, instalações modernas e ecologicamente corretas.

Aqui trabalham 23 mil pessoas. Uma delas, que prefere não se identificar, conta-nos a sua rotina. Quando tem um turno cedo, começa às quatro horas da manhã, seis dias por semana. Ganha cerca de 27 euros (900 Birr) por mês, além de almoço e transporte para o trabalho.

"O que recebemos não é suficiente, porque é desproporcional em relação ao trabalho que fazemos. Fico de pé durante 8 horas a costurar. Faço 600 t-shirts por dia. É mesmo muito trabalho, mas muito pouco dinheiro. Não é justo", descreve.

Preço alto para os trabalhadores

Os salários extremamente baixos levam a uma grande flutuação dos trabalhadores nos parques industriais. Os administradores relatam que cerca da metade da mão-de-obra demite-se no primeiro ano. De acordo com a pesquisa da Universidade de Nova Iorque, este número chega a quase 100%. As greves também são cada vez mais frequentes.

A nossa interlocutora vive num pequeno quarto partilhado, numa cabana nos arredores de Hawassa. "Vivemos aqui três e tentamos partilhar todos os custos possíveis. O aluguer, mas também as despesas com alimentos, entre outras coisas. Não se pode viver mais barato, mas o dinheiro muitas vezes não é suficiente para o mês inteiro. Sobreviver com o salário da fábrica é realmente muito difícil. Esperamos que algum dia o salário aumente", conclui.

Mas não é o que parece. As empresas estão a lucrar com os baixos salários e atribuem a responsabilidade ao Governo etíope. No entanto, o Governo tem dificuldade em introduzir um salário mínimo legal. Não há investidores para os muitos parques industriais planeados e também não quer afugentá-los.

FINALIZANDO

Escrever este livro foi realmente a realização de um grande sonho, visto que tem faltado este tipo de orientação aos africanos do mundo todo. Na hora de escolher uma profissão, normalmente se pensa no que dá dinheiro em primeiro plano e muito depois na vocação.

São inúmeras as barreiras, começando pela financeira e falta de estrutura de boa parte dos países, que quando existem, beneficiam somente os filhos das famílias com maior poder financeiro, em detrimento aos talentosos, sem os recursos para pagar boas e importantes escolas.

Os filhos dos pobres e dos pretos acabam sendo direcionados por todas as forças imagináveis e inimagináveis a engrossarem um grupo de perdedores, sem sorte e a não conseguirem enxergar além desse verdadeiro buraco negro no qual nasceram e são obrigados a permanecerem.

As galáxias iluminadas por estrelas e mais estrelas somente são vistas por poucos e, não tenho dúvida ser esta uma grande causa das diferenças que vêm se perpetuando a séculos.

Boa parte das decisões que tomei em minha adolescência e juventude, foram as grandes responsáveis pela história que tenho construído. Como eu não tinha dinheiro naquela época, criei algo que batizei de "capital invertido" que nada mais era que o passivo ou dívida. O que no Brasil chamamos de "nome sujo" (atribuído ao devedor em geral) eu chamo de "nome ousado". Hoje, aos 62 anos de idade, não conseguiria fazer o que fiz aos 20 anos. Essa ousadia me gerou naturalmente vários constrangimentos, mas me proporcionou uma experiência de vida que jamais teria se o meu foco fosse não correr riscos.

O PENSAMENTO, volto a dizer é tudo. Se nos guiarmos cegamente pelo que canta "Zeca Pagodinho" músico sambista brasileiro, "DEIXA A VIDA ME LEVAR, VIDA LEVA EU", podemos não chegar muito longe e é o que tem acontecido principalmente com a raça negra no mundo e com os pobres em geral.

Um conformismo ou resiliência verdadeiramente sanguinários, pois ao mesmo tempo que levam nossos jovens a simplesmente aceitar o pouco que a vida lhes oferece, são bombardeados pelo mercado capitalista que com sua fome voraz de consumo lhes impõe produtos e mais produtos que não podem comprar e para isso acabam buscando os recursos nos roubos, nos tráficos de drogas e na prostituição.

Mesmo os recursos quando chegam nas mãos dos famosos, jogadores de futebol, músicos, boa parte são gastos de forma inadequada pois poucos são os que possuem formação para transformar dinheiro em capital e capital em riqueza.

Existe toda uma engenharia de consumo criada para tirar dinheiro de celebridades. Moças bonitas, carros de luxo, mansões caríssimas. Acredito que não preciso citar nomes, visto que o retorno a miséria de celebridades vindas da pobreza ou do gueto, são pratos cheios para a mídia sensacionalista em todo o mundo.

A Educação e a Formação são os antídotos contra este veneno que vem consumindo a mente e a vida do povo negro no planeta. Mais do que requerer nossos espaços em um mundo branco e dominador, temos que construir nossos espaços e dentro deles, estabelecermos novas regras que não excluam ninguém por sua cor ou pela classe social, mas que, através da geração de empregos, retire da pobreza e da fome todos, absolutamente todos os nossos irmãos.

Em síntese, não podemos nos limitar somente a dançar, a jogar futebol, basquetebol e vivermos em quadrados que nos foram incentivados ou mesmo impostos.

Se alguém tem que iniciar NOVOS E IMPORTANTES RUMOS, por que não podemos ser nós mesmos a fazermos isto?

Na foto acima, a jovem angolana Chinda Dias, posando com os livros 5 e 6 que acabaram de chegar dos Correios de Angola. Uma imagem que reflete a grande satisfação do dever cumprido.

Chinda tem seguido várias orientações que lhe passei no tocante a busca do CONHECIMENTO. Eu indiquei para ela, alguns sites com inúmeros cursos on-line de graça. Ela acabou de ser empregada em uma empresa de destaque em Angola e já iniciou com um salário que vai lhe permitir mudar a sua história de vida. E entrou na empresa, onde a maioria contratada é da cor branca, ocupando um cargo de elevada importância.

Assim como a maioria dos jovens angolanos, Chinda Dias dança de forma esplendorosa e continua dançando, só que agora vai além de dançar, poderá estudar ainda mais, viajar para fazer cursos na África do Sul em suas férias, melhorar o seu idioma inglês, realizar sonhos e mais sonhos.

Assim como fiz para a Chinda Dias, indiquei os mesmos cursos para outros jovens que não deram a mínima importância. Continuam a esperar que tudo caia do céu. Como dizia o meu amigo Aldeci Carvalho, que mora no estado do Espírito Santo no Brasil: "Do céu só cai chuva e trovoada." E ainda como se ensina na Igreja Kimbanguista: AMOR, MANDAMENTO E TRABALHO.

Finalizando e buscando nas Sagradas Escrituras, "DAI A DEUS O QUE É DEUS E A CÉSAR O QUE É DE CÉSAR".

Posso garantir que pobreza, tristeza, sofrimento, dor, fome não agradam a Deus que criou todos os seus filhos para serem felizes.

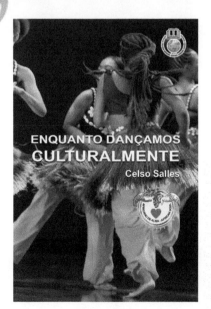

E SE A ÁFRICA PUDESSE FALAR?

Celso Salles

São inúmeros os motivos que acabam calando a África. Um dos principais tem sido o silêncio dos próprios africanos. Falar. Transmitir suas idéias e seus pensamentos. São poucos os que se dispõem a serem os mensageiros de África. O que mais influencia neste silêncio não é o medo, mas sim a preguiça. E é a preguiça que precisa ser combatida à exaustão. Sair da linha do conforto. O próprio motor de pesquisa do Google, tem na palavra escrita digitalmente o seu grande facilitador   de buscas. As tragédias, as guerras e os conflitos são divulgados pelos meios de comunicação de forma rápida e intensa, o que acaba alimentando imagens de pobreza, fome e violência, que aliás tem no mundo inteiro, não só em África. Posso afirmar que o mesmo acontece com os muçulmanos, imensamente pacíficos, porém com uma imagem deteriorada pela divulgação que a imprensa faz de grupos radicais, conflitos localizados e muitas vezes iniciados pelos donos do poder no mundo que amam o ódio, pois vendem armas, tiram governos e impedem a África de crescer.

O mal de forma geral é muito mais competente em sua auto-divulgação do que o bem. Tudo o que constrói ou provoca crescimento normalmente é silencioso. No ano de 2021 podemos acrescentar a mentira em massa como outra forma nociva de divulgação de mensagens.

De um lado os donos do poder, do outro lado os mentirosos. A pergunta é: O que resta para a África?

De uma coisa tenho certeza, continuar como estamos, não podemos. Nós constatamos que a voz da África, ainda que em pouca quantidade, não é ampliada, mesmo com os microfones ligados e conectados em rede mundial.

Para considerarmos que a África está efetivamente falando, temos que analisar uma série de fatores, a serem trabalhados em uníssono para que novas e importantes ações possam ser feitas, a fim de que a voz da África comece a ser ouvida de forma geral, em todo o mundo.

O objetivo deste livro é DESPERTAR. É humanamente impossível colocar a Voz da África em 120 páginas de um livro. Precisaríamos de milhares e milhares de bibliotecas. Sendo assim a nossa ambição é pura e tão somente, abrir os olhos de todos os africanos acerca da grande importância que é um trabalho sinérgico e em equipe, onde muitos possam falar de suas realidades, forças propulsivas e restritivas.

São milhares e milhares de culturas que não podem mais ser confinadas ao exílio como tem sido feito há mais de 4 séculos. O desconhecimento de África é gigantesco. Em várias partes do mundo, incluindo o Brasil, pensa-se que África é um país.

Por quê não se pensa que Europa é um país. Exatamente pela quantidade de informação gerada e compartilhada. Pelos conteúdos programáticos de milhares e milhares de cursos curriculares e não só.

No livro 5 da Coleção África "55 Motivos para Investir em África", demos um passeio pelos 55 países de África exatamente com o foco PROGRESSISTA, que é o que os Blocos do Primeiro Mundo fazem.

Aqui em Angola, onde em 2011 pisei pela primeira vez em território africano, existem inúmeras oportunidades de investimento, com um grande manancial de riquezas, um povo em sua maioria jovem e com enorme potencial de aprendizagem e trabalho.

Assim como em Angola, nos demais 54 países em África as oportunidades são imensas. O que precisamos fazer? Precisamos falar até pelos cotovelos se necessário for, para que esta NOVA ÁFRICA possa emergir ao longo dos anos vindouros.

COMPARTILHAR TUDO O QUE FOR BOM.
MULTIPLICAR OS ACESSOS.

Viu, gostou, é bom? COMPARTILHE. Não guarde para você. Passe para frente. Faça chegar a um número ainda maior de pessoas. Como vou procurar mostrar no restante das páginas deste livro, **A ÁFRICA TEM FALADO MUITO**, ao contrário do que se imagina. Simplesmente, muito do que é falado de bom em África, sistematicamente acaba não atingindo um grande público ao redor do mundo. E aí entra você. E aí entro eu. Cada um de nós tem um papel de suma importância nesta divulgação.

Eu próprio tenho tido a oportunidade de desde o ano 2000 desenvolver inúmeras atividades que vieram ao longo dos anos contribuindo e muito para uma maior e melhor percepção de África.

Através do Canal EDUCASAT do Youtube, iniciado em 16 de Junho de 2007, venho trazendo ao mundo milhares de vídeos de África, onde sem nenhuma campanha de captação de seguidores, atingi em 19 de Agosto de 2021 exatas 1.128.451 visualizações. Cabe a MIM FAZER A ÁFRICA FALAR. CABE A VOCÊ TAMBÉM. (youtube.com/educasat)

A ÁFRICA ESTÁ A FALAR
MAS INFELIZMENTE, VOCÊ PODE NÃO ESTAR A OUVIR.

OUÇA A ÁFRICA FALAR
COM CORAÇÃO E OS OUVIDOS ABERTOS

Todo o Planejamento feito pela African Union é da mais alta competência. Atingir a Agenda 2063 em sua totalidade precisa e muito do apoio de todos os países membros e do mundo em geral. Mudar a postura errada de séculos é um imenso desafio que precisa ser iniciado dentro da alma de cada um de nós. Começar a ouvir os clamores de África feitos de forma tão competente e profissional é mais do que tudo, o nosso dever.

A África PRECISA CRESCER E SE DESENVOLVER À PARTIR DE SI PRÓPRIA COM O APOIO DE TODOS NÓS.

Países com imensa riqueza e mão-de-obra jovem não combinam com desemprego, pobreza e fome. Existem erros estruturais que vêm de séculos e que precisamos urgentemente corrigir.

No passado nos apropriamos daquilo que não era nosso. Chegou então o momento de iniciarmos uma grande corrente mundial de apoio a todas e quaisquer iniciativas da African Union.

Nós no restante do mundo estamos em situação privilegiada, porém não podemos nos esquecer que, muito deste privilégio foi conseguido com sangue africano. Como afro-brasileiro, tendo também o sangue europeu correndo em minhas veias, apesar de minha melanina negra, tenho que assumir o lado europeu e RECONHECER dentro deste lado a minha culpa. Mas, não basta reconhecer, temos que tomar medidas sérias para REPARARMOS todo o mal que fizemos ao continente berço.

Esquecer, ignorar, fazer de conta que não sabemos de nada ou isso não é conosco, são procedimentos que precisamos mudar. Se foram meus antepassados que causaram toda a dor ao continente africano cabe sim a mim e aos meus descendentes provocar mudanças significativas que possibilitem o AVANÇO DO CONTINENTE AFRICANO rumo ao seu pleno e maior desenvolvimento.

Qualquer tipo de SABOTAGEM que possa ser pensada tem que ser imediatamente eliminada. A African Union está fazendo a parte dela. Agora, precisamos enquanto seres humanos, fazermos a nossa parte.

Na minha forma de ver as coisas, a nossa humanidade atual precisa e muito do que tenho chamado nos livros anteriores de ALMA AFRICANA. Com a ALMA AFRICANA equilibramos a nossa existência enquanto seres humanos.

Desde o ano de 2011 quando pisei pela primeira vez em África, tenho podido sentir, presencialmente no continente africano, muito do que já perdemos como seres humanos nos demais locais do mundo.

Ficamos frios, consumistas, amargos, tristes, repletos de ódio e colocamos o dinheiro como a única fonte de felicidade. E é por aí que vem a corrupção e as grandes desigualdades.

Temos vivido como se o capital financeiro fosse um deus. E para boa parte da humanidade o é. Porém para aqueles que têm uma visão mais apurada, vêm nitidamente o caminho de amarguras pelo qual caminhamos enquanto humanidade. Um verdadeiro desequilíbrio, homem, Deus e natureza.

O que mais perdemos em nossas civilizações ocidentalizadas é o que posso chamar de NÚCLEO FAMILIAR, tão presente e visível em África, que por uma bênção divina ainda o mantém em suas raízes e culturas. Um desenvolvimento africano, sem a perda de suas tradições, costumes e cultura é fundamental. Temos que africanizar o ocidente ao invés de ocidentalizar a África.

Nas páginas seguintes estarei colocando alguns importantes textos de minha fonte de pesquisa, extraídos da Plataforma Digital da African Union, por entender ser a GRANDE PORTA VOZ do Continente Africano. Paralelamente colocarei alguns pontos de vista que considero de fundamental importância. As imagens africanas em destaque, pertencem à Revista Anual da African Union, cujo download pode ser feito utilizando o QR CODE em inglês ou francês nas páginas 12 e 13 deste livro.

au.info

Uma África integrada, próspera e pacífica, impulsionada pelos seus próprios cidadãos e que representa uma força dinâmica na arena global.

Visa Free Africa

A Aspiração 2 da Agenda 2063 prevê "Um continente integrado, politicamente unido e baseado nos ideais do Pan-africanismo e na visão do Renascimento de África" e a Aspiração 5 prevê "Uma África com uma forte identidade cultural, património comum, valores e ética partilhados"

Para alcançar essas aspirações de os africanos se verem como um povo unido sob os ideais do pan-africanismo, as barreiras físicas e invisíveis que impediram a integração dos povos africanos precisam ser removidas.

O projeto emblemático da Agenda 2063, o Passaporte Africano e a Livre Circulação de Pessoas, visa remover as restrições à capacidade dos africanos de viajar, trabalhar e viver no seu próprio continente. A iniciativa visa transformar as leis da África, que permanecem geralmente restritivas ao movimento de pessoas, apesar dos compromissos políticos para derrubar as fronteiras com o objetivo de promover a emissão de vistos pelos Estados Membros para melhorar a livre circulação de todos os cidadãos africanos em todos os países africanos.

Espera-se que a livre circulação de pessoas na África oferece vários benefícios importantes, incluindo:

• Estimular o comércio intra-africano, o comércio e o turismo;

• Facilitar a mobilidade laboral, conhecimento intra-africano e transferência de habilidades;

• Promoção da identidade pan-africana, integração social e turismo;

• Melhorar a infraestrutura transfronteiriça e o desenvolvimento compartilhado;

• Promover uma abordagem abrangente à gestão de fronteiras;

• Promoção do estado de direito, direitos humanos e saúde pública.

O Departamento de Assuntos Políticos lidera os esforços de integração da African Union no que diz respeito à capacidade dos africanos de viver e trabalhar no continente e trabalhar com os Estados membros para identificar oportunidades para remover as barreiras à circulação de africanos em África.

Eu em particular amo a ideia de um passaporte africano e o livre trânsito dos africanos em África, como acontece no continente europeu por exemplo.

Gostaria muito de estar vivo para ver isto acontecer. Seria quase que retornar no tempo e sentir o que nossas gerações mais recentes não puderam sentir: UMA SÓ ÁFRICA.

Para que um determinado país possa crescer é necessário que todas as pessoas, o povo em geral, priorize o país ao invés de suas próprias prioridades. Todos ou a maioria assim fazendo, o país evolui, sem medo de errar.

A mesma coisa acontece com um Continente. Todos os países pensando no continente, ele irá crescer e se desenvolver.

Podemos então pensar:
1º - Desenvolvimento Pessoal;

2º - Desenvolvimento Coletivo Nacional;

3º - Desenvolvimento Coletivo Continental.

A base para estes desenvolvimentos é a EDUCAÇÃO. Exatamente por isso a Agenda é 2063, não é 2023, nem 2033. Há que se considerar toda uma série de realizações dentro do composto proposto pela Agenda 2063, para que este dia tão sonhado possa chegar.

Estando no continente africano, no momento em que escrevo este Livro 10 da Coleção África, sinto que mesmo a African Union ainda não é conhecida da grande massa, quanto mais a Agenda 2063 ou mesmo esse maravilhoso Programa Visa Free Africa.

Basicamente todas as ações que visam significativas mudanças, que vão contra interesses particulares de pessoas, nações e continentes, nunca são evidenciadas.

No entanto, é MARAVILHOSO IMAGINAR O CONTINENTE AFRICANO com esta nova performance. Dinamiza-se absolutamente tudo em África. Essa NOVA ÁFRICA 2063 beneficia a economia do continente, de forma saudável e perene. Todos os setores da economia são incentivados. A quantidade de investidores em todo o mundo com prioridade África também irá aumentar vertiginosamente.

Voltando ao plano do PENSAMENTO, temos que eliminar a ideia de que "quando um ganha o outro perde". Podemos pensar muito diferente, tal como "quando um ganha o outro ganha mais ainda". O maior desenvolvimento de África irá criar novos e importantes mercados de consumo. Todo mundo quer ter um iPhone de última geração, porém o seu preço restringe muitos usuários. Se eu melhorar as condições dos usuários, vou alimentar novos e importantes mercados, que vão aquecer várias indústrias em todo o mundo, principalmente estando estas indústrias baseadas no continente africano. PARE - PENSE - REFLITA.

African Union

African Union Headquarters
P.O. Box 3243, Roosvelt Street W21K19, Addis Ababa, Ethiopia
Tel: +251 (0) 11 551 77 00 **Fax:** +251 (0) 11 551 78 44
www.au.int

www.twitter.com/_AfricanUnion
www.facebook.com/AfricanUnionCommission
www.youtube.com/AUCommission

Migração, Trabalho e Emprego

Ao longo da sua história, a África experimentou movimentos migratórios, tanto voluntários como forçados, que contribuíram para o seu panorama demográfico contemporâneo. Em muitas partes do continente, as comunidades estão espalhadas por dois ou três Estados-nação e o movimento muitas vezes não é limitado por fronteiras políticas. A migração na África deve-se a uma multiplicidade de fatores que incluem a necessidade de melhores condições socioeconômicas por meio do emprego, fatores ambientais, bem como alívio da instabilidade política, conflitos e lutas civis. A África também está testemunhando mudanças nos padrões de migração refletidos na feminização da migração; um aumento no número de jovens em trânsito e um aumento nos fluxos migratórios irregulares, que incluem o tráfico de pessoas e o contrabando de migrantes.

A integração económica é um caminho chave para o desenvolvimento e exige mobilidade laboral e outras formas de envolvimento económico que requerem a circulação de pessoas e a African Union acredita que, se gerida de uma forma coerente e se os principais fatores que causam a migração no continente forem abordados, as nações e as regiões podem colher os benefícios das ligações entre migração e desenvolvimento, à medida que o continente se empenha em alcançar os ideais da Agenda 2063.

O Quadro de Política de Migração da African Union para África MPFA é um dos quadros continentais que foi desenvolvido para permitir que a África gerencie melhor e se beneficie da migração planejada, fornecendo orientações estratégicas para os Estados Membros e CERs na gestão da migração através da formulação e implementação de suas próprias políticas nacionais e regionais de migração de acordo com suas prioridades e recursos. O MPFA fornece diretrizes em várias áreas-chave, incluindo:

Governança da migração
Migração de trabalho e educação
Envolvimento da Diáspora
Governança de Fronteiras;
Migração irregular;
Deslocamento forçado;
Migração Interna;
Migração e Comércio;
O Departamento de Assuntos Sociais promove o trabalho da UA na área de migração, trabalho e emprego e o Departamento de Assuntos Políticos está a

trabalhar com os estados membros para implementar o Protocolo da UA sobre a Livre Circulação de Pessoas, Direitos de Residência e Direito de Estabelecimento.

Tenho tido a oportunidade de observar que não faltam talentos no território africano. Ao meu ver, a maior dificuldade atual é a gestão DESTES TALENTOS. Neste período em que me encontro em território angolano tenho tido a oportunidade de ficar em vários bairros de Luanda, capital de Angola. Um dos que tenho aprendido muito e gosto muito de ficar é no bairro chamado Mártires de Kifangondo, onde a maioria dos residentes são oriundos dos países da Costa Ocidental da África, nomeadamente, Gâmbia, Senegal, Costa do Marfim, Gana, Mali, Togo, entre outros. Neste bairro de maioria muçulmana sou muito bem tratado por jovens, adultos e principalmente pelas crianças. Me chamam de BRAZUCA. Sinto a alegria e a honra que eles sentem em ter um BRAZUCA (Brasileiro) no bairro onde são maioria. Resido próximo de uma grande Mesquita dos Senegaleses.

Angola, principalmente, acolhe muito bem os demais povos de África que aqui residem e eles contribuem em muito no comércio e serviços em geral. Bem próximo fica outro bairro muito importante onde a maioria é Congolês. Quando se tem um problema em um telefone, por exemplo, não importa a marca, é lá que se resolve.

Quando cheguei por aqui eles já estavam. São pacíficos, ordeiros e muito amorosos. Muito diferente da imagem estereotipada vendida pela imprensa ocidental.

No fundo eles sentem que estão em casa. E verdadeiramente estão em casa. Mesmo eu que nasci do outro lado do oceano, me sinto em casa. A imprensa se ocupa em mostrar casos isolados de xenofobia, o que passa a ideia de que este tópico migração, trabalho e emprego é algo impossível. Na verdade, posso afirmar que ele já existe e em boa parte do território africano a concórdia e a paz entre povos de países diferentes é real. O povo africano se ajuda muito e se respeita.

Diáspora e envolvimento da sociedade civil

A Direcção de Organizações de Cidadãos e Diáspora (CIDO) é responsável pela implementação da visão da União Africana de uma organização orientada para as pessoas e baseada numa parceria entre governos, sociedade civil e diáspora. A direção consiste na sociedade civil e nas divisões da diáspora.

A divisão da sociedade civil é responsável por integrar o envolvimento da sociedade civil nos processos, departamentos e órgãos da African Union. Dentro da área de migração e desenvolvimento, a CIDO, através da divisão da diáspora, está sendo construída uma família africana global, garantindo a participação da diáspora africana na agenda de integração e desenvolvimento do continente.

O Artigo 3 do Protocolo sobre Emendas ao Acto Constitutivo da União Africana reconhece o importante papel que a Diáspora Africana tem a desempenhar no desenvolvimento do continente e declara que a União irá "convidar e encorajar a plena participação da Diáspora Africana como um parte importante do nosso continente, na construção da African Union. "

"A Diáspora Africana é constituída por povos de origem africana que vivem fora do continente, independentemente da sua cidadania e nacionalidade e que estão dispostos a contribuir para o desenvolvimento do continente e a construção da African Union."

Áreas de Resultado da CIDO

A CIDO contribui diretamente para dez áreas de resultados dentro da estrutura da Agenda 2063:

- Desenvolvimento de estruturas para resolução de conflitos por meio do diálogo inter-religioso;
- O projeto de legado do corpo de voluntários da diáspora africana;
- Projeto de legado de mercado global de diáspora africana;
- Projeto de legado de fundo de investimento da diáspora africana;
- Envolvimento da diáspora africana nas atividades da União Africana;
- Encyclopaedia Africana;
- Captura de dados de estudo e mapeamento da Diáspora Africana;
- Estratégias de parceria intercontinental;
- Plataforma inter-religiosa intercontinental;
- Folha de dados

Informações de contato:

Site: www.au.int/cido

Email: cido@africa-union.org

Facebook e Twitter: @AUC_CIDO
Podcast: AU em movimento

Este importante tópico da AFRICAN UNION é fundamental para a aceleração do crescimento do continente africano.

Como afro-brasileiro, o país com maior população afrodescendente fora do território africano, com cerca de 114 milhões de habitantes, aproximadamente 60% da população brasileira, sei da importância do meu papel e das ações que culminaram nos 12 livros da Coleção África.

Quem tiver o privilégio de ler todos os livros da Coleção África, do autor Celso Salles, verá que o foco é todo ele visando o futuro próspero do continente africano.

No livro A NOVA ÁFRICA BRASILEIRA acabei falando da NOVA ÁFRICA NORTE AMERICANA, INGLESA, FRANCESA, BELGA E BRITÂNICA, pois acredito que com essa FAMÍLIA AFRICANA GLOBAL, poderemos acelerar muitos dos tópicos previstos na Agenda 2063.

Os pessimistas quando acessam a Agenda 2063, acabam imaginando um tempo ainda maior para conseguirmos os objetivos da Agenda. Eu, em particular, como quero estar vivo e contemplar esta NONA MARAVILHA DO MUNDO sou muito otimista e vejo que, com a FAMÍLIA AFRICANA GLOBAL poderemos antecipar a Agenda, Porque não AGENDA 2043?

Na verdade tudo está em nossas mãos. O poder de mudança é nosso.

Democracia, Lei e Direitos Humanos

A Agenda 2063 prevê um continente no qual exista uma cultura universal de boa governação, valores democráticos, igualdade de género e respeito pelos direitos humanos, justiça e Estado de direito. A African Union trabalha com os estados membros para desenvolver e implementar políticas que visam construir instituições fortes e bem governadas e promulgar leis que irão garantir que os cidadãos africanos estão totalmente engajados e envolvidos na formulação de políticas e iniciativas de desenvolvimento e que estes cidadãos tenham ambientes seguros e protegidos em qual viver.

A African Union assegurou a implementação de vários tratados e políticas para garantir a boa governação, bem como a proteção das liberdades civis e a preservação dos direitos dos cidadãos africanos. Os tratados da African Union sobre os direitos das pessoas incluem a Carta Africana dos Direitos e Bem-estar da Criança, Carta Africana dos Direitos do Homem e dos Povos, Protocolo à Carta Africana dos Direitos do Homem e dos Povos sobre os Direitos das Mulheres em África, Juventude Africana Carta e Convenção da União Africana para a Proteção e Assistência às Pessoas Deslocadas Internamente em África.

Os órgãos judiciais, de direitos humanos e jurídicos da African Union foram estabelecidos para apoiar a implementação da boa governação e respeito pelos direitos humanos no continente. Incluem a Comissão Africana dos Direitos Humanos e dos Povos (ACHPR), Tribunal Africano dos Direitos Humanos e dos Povos (AfCHPR), Comissão da UA sobre Direito Internacional (AUCIL), Conselho Consultivo da UA sobre a Corrupção (AUABC) e o Comité Africano de Peritos sobre os direitos e o bem-estar da criança (ACERWC)

O Departamento de Assuntos Políticos é responsável por promover, facilitar, coordenar e encorajar os princípios democráticos e o Estado de Direito, o respeito pelos direitos humanos, a participação da sociedade civil no processo de desenvolvimento do continente e a obtenção de soluções duradouras para enfrentar as crises humanitárias. O departamento também coordena a implementação da Arquitetura de Governança Africana, bem como a implementação de soluções sustentáveis para crises humanitárias e políticas, incluindo diplomacia preventiva.

Ao ler estas informações você consegue ter uma noção exata do quanto o continente africano tem evoluído nos últimos anos e o quanto irá evoluir, principalmente no que concerne à qualidade técnica de seus governantes.

Como já se pode perceber, a África tem falado muito e quem tiver a visão de ouvi-la, com certeza poderá realizar inúmeras parcerias. A famosa fala A ÁFRICA É O CONTINENTE DO FUTURO muito divulgada, pode ser alterada para A ÁFRICA É O CONTINENTE DO PRESENTE E DO FUTURO.

E mais importante, A ÁFRICA DOS AFRICANOS e não uma África que eu possa entender que é para o meu futuro. É para o futuro de toda a humanidade, porém sempre tendo em mente que a ÁFRICA É DOS AFRICANOS.

Todas as políticas internacionais que visualizarem esta nova performance serão muito bem vindas e terão sim uma forte reverberação do continente.

Aquelas que ainda se mantiverem no escopo de dominação ou de usurpação com certeza serão eliminadas, pois o trabalho em BLOCO não aceita este tipo de comportamento. Isoladamente qualquer país em qualquer lugar do mundo tem muitas fragilidades, porém no BLOCO AFRICAN UNION as fraquezas individuais são substituídas pela força do CONJUNTO PENSANTE E ATUANTE.

Como escritor tenho que manter o foco de ANUNCIAR, PREVER e como investigador tenho que alimentar cada vez mais a minha própria visão para que A VOZ DA ÁFRICA possa ser amplificada corretamente de todas as formas possíveis e imagináveis.

Ao ler este livro procure evoluir em suas pesquisas e visões. Não fique refém da imprensa internacional que, muitas vezes financiada por interesses, insiste na divulgação de verdades únicas que já não correspondem aos quadros vigentes e futuros.

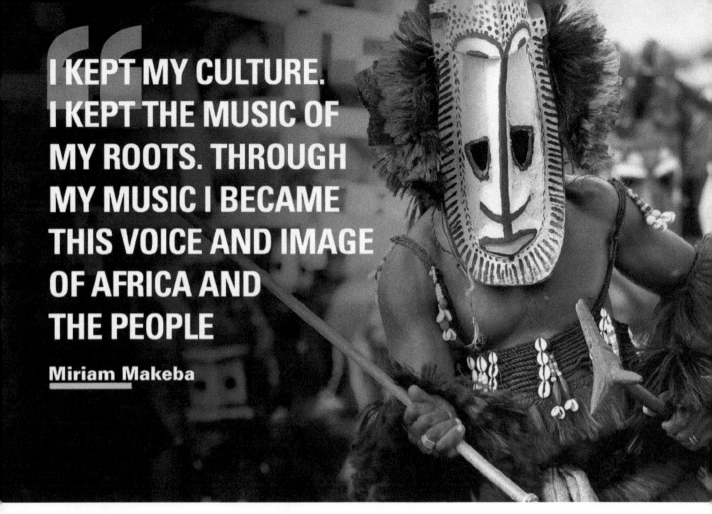

> **I KEPT MY CULTURE.
> I KEPT THE MUSIC OF
> MY ROOTS. THROUGH
> MY MUSIC I BECAME
> THIS VOICE AND IMAGE
> OF AFRICA AND
> THE PEOPLE**
>
> Miriam Makeba

Educação, Ciência e Tecnologia

A realização da Aspiração 1 da Agenda 2063 para "Uma África próspera baseada no crescimento inclusivo e desenvolvimento sustentável" exige que a África faça investimentos significativos na educação com o objetivo de desenvolver o capital humano e social através de uma revolução na educação e nas habilidades, enfatizando a inovação, ciência e tecnologia.

A Estratégia de Educação Continental da African Union para África (CESA) visa reorientar os sistemas de educação e formação de África para cumprir os conhecimentos, competências, aptidões, inovação e criatividade necessários para nutrir os valores fundamentais africanos e promover o desenvolvimento sustentável a nível nacional, sub-regional e continental. Os principais objetivos do CESA são:

- Revitalizar a profissão docente para garantir qualidade e relevância em todos os níveis;

- Expandir o acesso à educação de qualidade construindo, reabilitando e preservando a infraestrutura educacional e desenvolvendo políticas que garantam um ambiente de aprendizagem permanente, saudável e propício em todos os subsetores;

- Aproveitar a capacidade das TIC para melhorar o acesso, a qualidade e a gestão dos sistemas de educação e treinamento;

- Garantir a aquisição dos conhecimentos e habilidades necessários, bem como taxas de conclusão melhoradas em todos os níveis e grupos por meio de processos de harmonização em todos os níveis para integração nacional e regional;

- Acelerar os processos que levam à paridade e equidade de gênero;

- Lançar campanhas de alfabetização abrangentes e eficazes em todo o continente para erradicar o analfabetismo;

- Fortalecer os currículos de ciências e matemática e disseminar o conhecimento científico e a cultura da ciência na sociedade africana;

- Expandir as oportunidades de TVET nos níveis secundário e terciário e fortalecer os vínculos entre o mundo do trabalho e os sistemas de educação e treinamento;

- Revitalizar e expandir o ensino superior, pesquisa e inovação para enfrentar os desafios continentais e promover a competitividade global;

- Promover a educação para a paz e a prevenção e resolução de conflitos em todos os níveis de educação e para todas as faixas etárias;

- Construir e aprimorar a capacidade de coleta, gestão, análise, comunicação de dados e melhorar a gestão do sistema educacional, bem como a ferramenta estatística, por meio da capacitação para coleta, gestão, análise, comunicação e uso de dados;

- Formar uma coalizão de todas as partes interessadas em educação para facilitar e apoiar as iniciativas decorrentes da implementação do CESA.

A Estratégia de Ciência, Tecnologia e Inovação da African Union para a África (STISA) coloca a ciência, tecnologia e inovação no epicentro do desenvolvimento e crescimento socioeconômico da África e enfatiza o impacto que as ciências podem ter em setores críticos como agricultura, energia, meio ambiente, saúde , desenvolvimento de infraestrutura, mineração, segurança e água, entre outros. A estratégia prevê uma África cuja transformação é liderada pela inovação e que criará uma economia baseada no conhecimento. STISA está ancorado em seis (6) áreas prioritárias, a saber:

1 - Erradicação da fome e conquista da segurança alimentar;
2 - Prevenção e controle de doenças;
3 - Comunicação (mobilidade física e intelectual);
4- Proteção do nosso espaço;
5 - Vivendo juntos em paz e harmonia para construir a sociedade;
6 - Criação de riqueza.

A estratégia STISA define ainda quatro pilares que se reforçam mutuamente e que são condições prévias para o seu sucesso, nomeadamente: construção e / ou modernização de infraestruturas de investigação; aumento das competências profissionais e técnicas; promoção do empreendedorismo e inovação; e proporcionar um ambiente propício para o desenvolvimento da Ciência, Tecnologia e Inovação (CTI) no continente africano.

A Estratégia Continental de TVET fornece uma estrutura abrangente para a formulação e desenvolvimento de políticas e estratégias nacionais para enfrentar os desafios da educação e da formação técnica e profissional para apoiar o desenvolvimento econômico, a criação de riqueza nacional e contribuir para a redução da pobreza por meio do empreendedorismo jovem, inovação e emprego .

A African Union também está a trabalhar com os estados membros para construir o ensino superior e a investigação em África, o que é desafiado pelo baixo nível de oportunidades de formação de pós-graduação e resultados de investigação. O projeto Agenda 2063 para a Universidade Virtual Africana e E-University visa usar programas baseados em TIC para aumentar o acesso à educação superior e contínua na África, alcançando um grande número de estudantes e profissionais em vários locais simultaneamente. Tem como objetivo desenvolver recursos abertos, à distância e eLearning (ODeL) relevantes e de alta qualidade para oferecer aos alunos acesso garantido à Universidade de qualquer lugar do mundo e a qualquer hora.

A Universidade Pan-Africana (PAU) é a primeira universidade estabelecida pela União Africana e foi estabelecida para servir de padrão para todas as outras universidades na África. A missão da PAU é fortalecer o ensino superior africano e a pesquisa, abordar a qualidade da educação, a colaboração intra-africana, a inovação e estabelecer ligações com a indústria e o setor social. PAU concentra-se em cinco áreas temáticas: - Ciências Básicas, Tecnologia e Inovação; Ciências da Vida e da Terra (incluindo Saúde e Agricultura), Governança, Ciências Humanas e Sociais; Energia e Ciências da Água (incluindo Mudanças Climáticas); e Ciências Espaciais. As áreas temáticas são atribuídas a institutos sediados por universidades de excelência existentes nas regiões geográficas de África da seguinte forma:

1) África Oriental: Instituto PAU de Ciências Básicas, Tecnologia e Inovação (PAUSTI) na Universidade Jomo Kenyatta de Agricultura e Tecnologia, Nairobi, Quênia;
2) Norte da África: Instituto PAU para Ciências da Água e Energia (incluindo Mudanças Climáticas) (PAUWES) na Universidade AbouBekrBelkaid de Tlemcen, Argélia;
3) África Ocidental: Instituto de Ciências da Terra e da Vida da PAU (incluindo Saúde e Agricultura) (PAULESI) na Universidade de Ibadan, Nigéria;
4) África Central: Instituto PAU de Governança, Humanidades e Ciências Sociais (PAUGHSS) na Universidade de Yaoundé II e na Universidade de Buea, Camarões. Os campos de estudo de Governança e Integração Regional são ministrados no campus da Universidade de Yaounde II-Soa, e os programas de Tradução e Interpretação são ministrados na Universidade de Buea.

O Esquema de Mobilidade Académica em África é uma iniciativa levada a cabo pela CUA em colaboração com a Agência Executiva da Comissão Europeia que facilita a mobilidade de estudantes e pessoal académico para reforçar o reconhecimento das qualificações e a cooperação entre instituições de ensino superior de diferentes países e regiões do continente. Concede bolsas de estudos parciais (de curto prazo) e completos de mestrado, bem como programas de doutorado.

O espaço exterior é de importância crítica para o desenvolvimento da África em todos os campos: agricultura, gestão de desastres, sensoriamento remoto, previsão do clima, bancos e finanças, bem como defesa e segurança. O acesso da África a produtos de tecnologia espacial não é mais uma questão de luxo e é necessário acelerar o acesso a essas tecnologias e produtos. Novos desenvolvimentos em tecnologias de satélite tornam mais acessíveis aos países africanos e políticas e estratégias apropriadas são necessárias para desenvolver um mercado regional para produtos espaciais na África. A Estratégia do Espaço Exterior da África da Agenda 2063 é o projeto prioritário da African Union que visa fortalecer o uso do espaço exterior pela África para impulsionar o seu desenvolvimento.

O Departamento de Recursos Humanos, Ciência e Tecnologia promove o trabalho da African Union na área de educação e desenvolvimento de CTI. O departamento também coordena bolsas de estudos e estudos científicos da African Union, incluindo Bolsa Nyerere e Programa de Mobilidade Acadêmica, Prêmios Científicos Kwame Nkrumah, bem como supervisiona o trabalho de instituições especializadas da African Union, incluindo o Centro Internacional da African Union para Meninas e Educação de Mulheres na África (AU / CIEFFA), a Universidade Pan-Africana (PAU) e o Instituto Pan-Africano de Educação para o Desenvolvimento (IPED).

Como já tivemos a oportunidade de mencionar no Livro ENQUANTO DANÇAMOS CULTURALMENTE, a Ciência foi colocada dentro do TOP 10 das prioridades no Mundo Africano.

UM POVO SEM CIÊNCIA É UM POVO SEM FUTURO.

Desenvolvimento de infraestrutura e energia

A Agenda 2063 enfatiza a necessidade de integração como uma das principais bases para garantir que África alcance os seus objectivos de crescimento e desenvolvimento inclusivos e sustentáveis. A aspiração 2 da Agenda 2063 coloca importância na necessidade de África desenvolver infra estruturas de classe mundial que cruzem a África e que irão melhorar a conectividade através de iniciativas mais novas e mais ousadas para ligar o continente por via ferroviária, rodoviária, marítima e aérea; e desenvolver power pools regionais e continentais, bem como TIC.

A African Union também trabalha para implementar os quadros continentais da Agenda 2063 para a promoção do desenvolvimento de infraestruturas, como o Programa para o Desenvolvimento de Infraestruturas em África (PIDA), que fornece um quadro comum para as partes interessadas africanas para construir a infraestrutura necessária para um transporte mais integrado, energia, TIC e transporte. redes de água de fronteira para impulsionar o comércio, estimular o crescimento e criar empregos.

Os principais projetos emblemáticos da Agenda 2063 que conduzem os esforços da African Union nas áreas de energia e desenvolvimento de infraestruturas são:

- A Rede Integrada de Trem de Alta Velocidade, que visa conectar todas as capitais e centros comerciais africanos por meio de uma Rede de Trem de Alta Velocidade da África;
- A Implementação do Projeto da Grande Barragem de Inga, que visa transformar a África de fontes tradicionais em modernas de energia e garantir o acesso de

todos os africanos a eletricidade limpa e acessível por meio do desenvolvimento da Barragem de Inga;

- O estabelecimento de um Mercado Único de Transporte Aéreo Africano (SAATM), que visa garantir a conectividade intra-regional entre as capitais da África e criar um mercado único de transporte aéreo unificado na África, como um impulso para a integração econômica do continente e agenda de crescimento;

- A Pan-African E-Network que visa promover e-aplicações e serviços transformadores em África, especialmente a infra-estrutura terrestre de banda larga intra-africana; e cibersegurança, tornando a revolução da informação a base para a prestação de serviços nas indústrias de bio e nanotecnologia e, em última instância, transformar a África em uma e-sociedade;

- Segurança cibernética que visa promover o uso seguro de tecnologias emergentes, bem como garantir que essas tecnologias sejam usadas para o benefício de indivíduos, instituições ou estados-nação africanos, garantindo a proteção de dados e segurança online.

Com a evolução do cenário digital, a African Union embarcou em uma missão para garantir que as TIC desempenhem seu papel no desenvolvimento da África, por meio da criação da própria identidade online da África, levando ao lançamento de DotAfrica (.africa), que é o domínio geográfico de primeiro nível (gTLD) para o povo e o continente africano. Este nome de gTLD oferece a indivíduos, governos, empresas e outros a oportunidade de associar seus produtos, serviços e informações ao continente e ao povo da África.

O Departamento de Infraestruturas e Energia da CUA lidera a implementação destes programas emblemáticos da Agenda 2063, bem como as actividades da African Union destinadas a promover, coordenar, implementar e monitorizar programas e políticas de desenvolvimento de infra-estruturas, transportes, energia, tecnologia da informação e comunicação (TIC) bem como os serviços postais.

Quando o assunto é INFRAESTRUTURA E ENERGIA, o continente africano oferece um verdadeiro manancial de oportunidades.

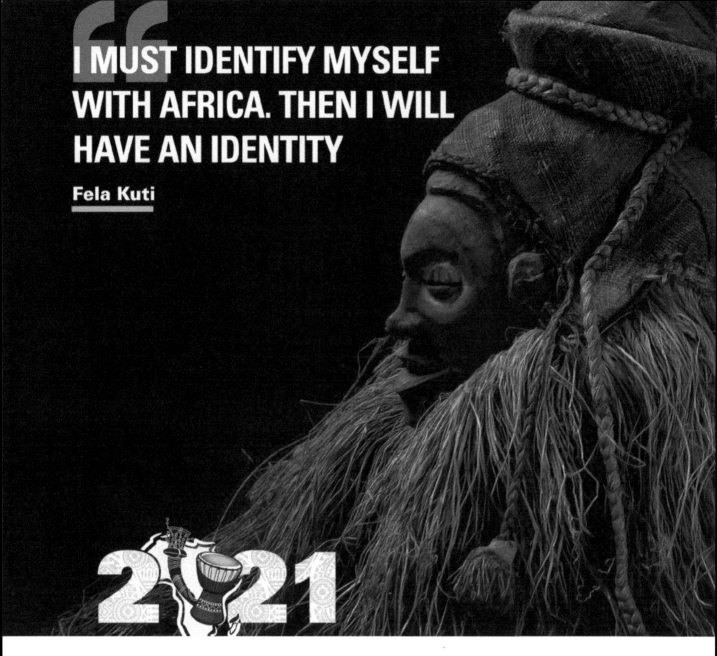

> # I MUST IDENTIFY MYSELF WITH AFRICA. THEN I WILL HAVE AN IDENTITY
>
> **Fela Kuti**

Desenvolvimento agrícola

Para que África alcance a aspiração da Agenda 2063 para "Uma África próspera baseada no crescimento inclusivo e desenvolvimento sustentável" (Aspiração 1), o continente precisa de investir na agricultura moderna para aumentar a proatividade e produção, bem como explorar o vasto potencial do azul / oceano de África economia. Além disso, é necessário tomar medidas para abordar as questões das mudanças climáticas e outros fatores ambientais que representam um grande risco para o setor agrícola.

O Programa Abrangente de Desenvolvimento Agrícola Africano (CAADP) é um dos quadros continentais da Agenda 2063 e visa ajudar os países africanos a eliminar a fome e reduzir a pobreza, aumentando o crescimento económico através do desenvolvimento liderado pela agricultura, bem como promovendo o aumento da provisão do orçamento nacional para a agricultura setor. Através do CAADP, espera-se que os governos africanos aumentem o nível de investimento na agricultura, alocando pelo menos 10% dos orçamentos nacionais para a agricultura e desenvolvimento rural, e alcancem taxas de crescimento agrícola de pelo menos 6% ao ano. O CAADP também define metas para reduzir a pobreza e a desnutrição, para aumentar a produtividade e os rendimentos agrícolas e para melhorar a sustentabilidade da produção agrícola e do uso dos recursos naturais. Através do CAADP, a African Union defende que os estados membros coloquem ênfase na propriedade africana e na liderança africana para definir a agenda agrícola e o palco para a mudança agrícola.

A African Union também está liderando a implementação de iniciativas que irão construir a resiliência das comunidades e ecossistemas nas terras áridas da África, combatendo a degradação da terra, desertificação, perda de biodiversidade e mudanças climáticas através da promoção da Gestão e Restauração Sustentável da Terra. Sob a iniciativa da Grande Muralha Verde (GGW), a African Union está implementando ações para acabar ou reverter a degradação da terra, perda de biodiversidade nas terras áridas africanas e para garantir que os ecossistemas sejam resilientes às mudanças climáticas, continuem a fornecer serviços essenciais e contribuam para o bem-estar humano e a eliminação da pobreza e da fome. A Iniciativa GGW visa apoiar mais de 425 milhões de africanos que vivem nas terras áridas a adotar práticas de desenvolvimento sustentável que protejam o meio ambiente e lutem contra a fome e a pobreza.

O Departamento de Economia Rural e Agricultura lidera os esforços para promover o desenvolvimento agrícola e a gestão ambiental sustentável, bem como apoiar a implementação do CAADP, GGW e outros programas de agricultura sustentável em todo o continente.

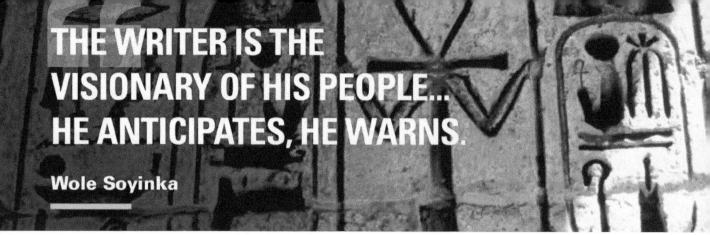

THE WRITER IS THE VISIONARY OF HIS PEOPLE... HE ANTICIPATES, HE WARNS.

Wole Soyinka

Integração econômica e desenvolvimento do setor privado

Para promover a integração económica, bem como o desenvolvimento do sector privado, a African Union está a implementar vários projectos emblemáticos importantes ao abrigo da Agenda 2063, bem como a promover a adopção da Zona de Comércio Livre Continental Africana (AfCFTA) e do Protocolo de Livre Circulação como motores para a integração e desenvolvimento económico regional .

Para promover o envolvimento do sector privado, a African Union implementou programas que procuram formar parcerias estratégicas com o sector privado através de compromissos de Parceria Público-Privada, incluindo o desenvolvimento de parcerias estratégicas com Filantropos Africanos para apoiar a implementação de iniciativas de desenvolvimento chave a nível regional e continental. O Fórum Econômico Africano (Plataforma) AEP foi lançado como uma reunião de múltiplas partes interessadas para reunir a liderança política africana, o setor privado, a academia e a sociedade civil para refletir sobre como acelerar a transformação econômica da África, aproveitando seus vastos recursos para melhorar o desenvolvimento do povo africano. O fórum discute as principais oportunidades, bem como os constrangimentos que dificultam o desenvolvimento económico e propõe medidas a serem tomadas para concretizar as aspirações e objectivos da Agenda 2063. O Conselho Empresarial Africano.

A criação de Instituições Financeiras Continentais Africanas visa acelerar a integração e o desenvolvimento socioeconómico do continente através do estabelecimento de organizações que irão desempenhar um papel central na mobilização de recursos e gestão do sector financeiro africano. As instituições financeiras previstas para promover a integração económica são o Banco Africano de Investimento e a Bolsa de Valores Pan-Africana; o Fundo Monetário Africano e o Banco Central Africano.

A African Union também promove o uso de dados africanos provenientes de fontes nacionais oficiais para melhorar o uso de estatísticas e dados verificados para o desenvolvimento. A Carta Africana de Estatística promove a utilização de estatísticas para o desenvolvimento em África e estabelece os princípios metodológicos e éticos que visam garantir a produção em tempo real de estatísticas harmonizadas sobre a África, de forma a ir de encontro às necessidades e padrões que as tornam Estatísticas de referência da África.

O Instituto Africano para Remessas (AIR) é o escritório da African Union encarregado de promover reformas nos quadros regulamentares de remessas dos Estados-Membros com o objetivo de reduzir os custos de transferência de remessas; melhorar a capacidade dos Estados-Membros de medição estatística, compilação e comunicação de dados de remessas; e ajudar os Estados Membros a projetar ferramentas estratégicas para alavancar as remessas para o desenvolvimento social e econômico. O instituto é organizado pela Escola de Estudos Monetários do Quênia (KSMS) em Nairóbi, Quênia.

O Departamento de Assuntos Económicos promove o trabalho da African Union na área de integração económica e desenvolvimento e envolvimento do sector privado. O departamento também propõe soluções políticas para a resolução do problema da dívida de África e fornece um quadro para a utilização de estatísticas harmonizadas. O departamento está a liderar os esforços da African Union para o estabelecimento do Instituto de Estatística da African Union e do Centro de Formação em Estatística.

A Fundação da African Union concentra-se no envolvimento com a filantropia do setor privado para apoiar iniciativas de desenvolvimento chave no continente, como a agricultura e o desenvolvimento da juventude.

Resolução de conflitos, paz e segurança

A União Africana lidera a formulação de políticas e implementação de decisões destinadas a garantir que África atinja a Aspiração 4 da Agenda 2063, que aspira por "Uma África pacífica e segura" através da utilização de mecanismos que promovem uma abordagem centrada no diálogo para a prevenção de conflitos e resolução de conflitos e o estabelecimento de uma cultura de paz e tolerância nutrida nas crianças e jovens da África por meio da educação para a paz. A iniciativa emblemática da Agenda 2063 de Silenciar as armas está no centro das atividades que estão sendo postas em prática para garantir que a África seja um continente mais pacífico e estável.

O principal órgão da African Union para a promoção da paz e segurança no continente é o Conselho de Paz e Segurança (CPS), que é o órgão de tomada de decisões permanente da African Union para a prevenção, gestão e resolução de conflitos. É um acordo coletivo de segurança e alerta antecipado destinado a facilitar respostas oportunas e eficientes a situações de conflito e crise na África. É também o pilar fundamental da Arquitetura Africana de Paz e Segurança (APSA), que é a estrutura para a promoção da paz, segurança e estabilidade na África.

O Departamento de Paz e Segurança da Comissão da União Africana (CUA) apoia o CPS no cumprimento das suas responsabilidades ao abrigo do protocolo do CPS e lidera as actividades da CUA relacionadas com a paz, segurança e estabilidade em todo o continente. O Departamento apoia vários escritórios e missões de paz e segurança e trabalha com representantes especiais nomeados pelo Presidente da CUA na área de paz e segurança.

O Departamento supervisiona o Centro Africano para o Estudo e Pesquisa sobre Terrorismo e também defende a assinatura e ratificação pelos Estados membros dos vários tratados da African Union nas áreas de paz e segurança.

Descubra mais sobre o trabalho da African Union na resolução de conflitos e manutenção da paz no continente visitando o Departamento de Paz e Segurança.

Promovendo Saúde e Nutrição

A aspiração 1 da Agenda 2063 prevê uma "África próspera baseada no crescimento inclusivo e desenvolvimento sustentável." Para alcançar esta ambição, um dos principais objetivos para a África é garantir que seus cidadãos sejam saudáveis e bem nutridos e que níveis adequados de investimento sejam feitos para expandir o acesso a serviços de saúde de qualidade para todas as pessoas.

A African Union trabalha para garantir que a África desenvolva e gerencie de forma sustentável o seu setor de saúde, colocando em prática as instituições setoriais relevantes para apoiar a construção de conhecimento, bem como gerenciar emergências e surtos de doenças no continente. Os Centros Africanos de Controle e Prevenção de Doenças da African Union (Africa CDC) foram estabelecidos como a instituição líder para apoiar os países africanos na promoção da saúde e prevenção de surtos de doenças, melhorando a prevenção, detecção e resposta às ameaças à saúde pública. O CDC da África busca fortalecer as capacidades, e parcerias das instituições de saúde pública da África para detectar e responder de forma rápida e eficaz às ameaças e surtos de doenças, com base na ciência, políticas e intervenções e programas baseados em dados. O Africa CDC desempenha um papel fundamental na ligação de várias partes através da Unidade de Vigilância Baseada em Eventos (EBS), capacitação dos Estados Membros, actividades de campo conduzidas através do Centro Continental de Operações de Emergência (EOC), bem como no estabelecimento de Centros Colaboradores Regionais (RCC).

A African Union pretende lançar um corpo de voluntários de saúde dentro do Africa CDC. O Corpo de Saúde Voluntário Africano será implantado durante surtos de doenças e outras emergências de saúde.

Estudos mostram que desnutrição prolongada, nanismo e problemas de saúde contribuem para o aumento do absenteísmo escolar e das taxas de evasão, menores taxas de frequência e diminuições gerais da cognição. Isso trouxe à tona os potenciais resultados nutricionais e de saúde dos programas de alimentação escolar como complementares aos resultados de educação e aprendizagem. A

African Union trabalha com os estados membros para melhorar os níveis de nutrição no continente e empreendeu atividades específicas, como o Estudo do Custo da Fome na África (COHA), que melhorou o conhecimento sobre o impacto social e econômico da desnutrição infantil na África e as intervenções que os países precisam tomar medidas para abordar e remediar as questões identificadas como contribuintes para a má nutrição, como a produção agrícola inadequada / deficiente em nutrientes.

Além disso, para apoiar a aprendizagem e a melhoria da saúde e nutrição entre crianças em idade escolar, a iniciativa de alimentação escolar da African Union reconhece que os programas de alimentação escolar têm um impacto significativo no acesso e retenção, frequência e na redução das taxas de abandono escolar entre crianças em idade escolar . Além dos benefícios psicológicos, essas iniciativas melhoram o aprendizado, as funções cognitivas, o comportamento em sala de aula, o desempenho acadêmico e a capacidade de concentração; e para famílias marginalizadas e com insegurança alimentar, os Programas de Alimentação Escolar melhoram a segurança alimentar das famílias, aumentando as cestas básicas de famílias em áreas com déficit alimentar. A African Union está trabalhando com os estados membros para implementar Programas de Alimentação Escolar que, além dos benefícios mencionados acima, criem transferências de receita para famílias beneficiárias e redes de segurança social para famílias pobres, beneficiando comunidades inteiras através do estímulo de mercados locais, permitindo que as famílias invistam em ativos produtivos e impactando a economia em geral, facilitando a transformação agrícola por meio de vínculos com os pequenos agricultores. O dia 1 de março é o Dia Africano da Alimentação Escolar oficial em reconhecimento a estes programas que são implementados diariamente em diferentes países africanos.

O Departamento de Assuntos Sociais promove o trabalho da African Union na área da saúde e nutrição. A iniciativa de alimentação escolar da African Union é liderada pelo Departamento de Recursos Humanos, Ciência e Tecnologia como parte das iniciativas educacionais destinadas a promover a frequência escolar.

Desenvolvimento da juventude

A África tem a população mais jovem do mundo, com mais de 400 milhões de jovens com idades entre 15 e 35 anos. Essa população jovem exige um aumento do investimento em fatores de desenvolvimento econômico e social, a fim de melhorar o índice de desenvolvimento das nações africanas.

A UA desenvolveu várias políticas e programas de desenvolvimento da juventude a nível continental com o objetivo de garantir que o continente beneficiasse do seu dividendo demográfico. As políticas incluem a Carta Africana da Juventude, o Plano de Ação da Década da Juventude e a Decisão de Malabo sobre o Empoderamento da Juventude, todas elas implementadas através de vários programas da Agenda 2063 da UA.

A Carta da Juventude Africana protege os jovens da discriminação e garante a liberdade de movimento, expressão, associação, religião, propriedade de propriedade e outros direitos humanos, ao mesmo tempo que se compromete a promover a participação dos jovens em toda a sociedade.

O Plano de Ação da Década da Juventude concentra-se em 5 áreas prioritárias, a saber:

- Educação e desenvolvimento de habilidades;

- Emprego e empreendedorismo juvenil;

- Governança, Paz e Segurança;

- Saúde Juvenil e Direitos de Saúde Sexual e Reprodutiva;

- Agricultura, Mudanças Climáticas e Meio Ambiente.

A Estratégia Continental de TVET fornece uma estrutura abrangente para a formulação e desenvolvimento de políticas e estratégias nacionais para enfrentar os desafios da educação e da formação técnica e profissional para apoiar o desenvolvimento econômico, a criação de riqueza nacional e contribuir para a redução da pobreza por meio do empreendedorismo jovem, inovação e emprego .

O Departamento de Recursos Humanos, Ciência e Tecnologia promove o trabalho da African Union na área de desenvolvimento da juventude.

Igualdade de gênero e desenvolvimento

A Aspiração 6 da Agenda 2063 clama por "Uma África, cujo desenvolvimento é impulsionado pelas pessoas, contando com o potencial do povo africano, especialmente suas mulheres e jovens, e cuidando das crianças". A Agenda 2063, portanto, exige que vivamos em uma sociedade mais inclusiva, onde todos os cidadãos estão ativamente envolvidos na tomada de decisões em todos os aspectos e onde nenhuma criança, mulher ou homem é deixado para trás ou excluído, com base no gênero, filiação política, religião, afiliação étnica, localidade, idade ou outros fatores. O Artigo 3 do Protocolo sobre Emendas ao Acto Constitutivo da União Africana reconhece o papel crítico das mulheres na promoção do desenvolvimento inclusivo e apela à UA "para garantir a participação eficaz das mulheres na tomada de decisões, particularmente nas áreas política, económica e áreas sócio-culturais. "

A UA reconhece que a igualdade de género é um direito humano fundamental e uma parte integrante da integração regional, crescimento económico e desenvolvimento social e desenvolveu a estratégia da UA para a Igualdade de Género e Empoderamento das Mulheres (GEWE) para garantir a inclusão das mulheres na agenda de desenvolvimento de África .

A estratégia da GEWE se concentra em 6 pilares principais, a saber:

1) Empoderamento econômico das mulheres e desenvolvimento sustentável - o

empoderamento das mulheres é a chave para o crescimento, prosperidade e sustentabilidade;

2) Justiça social, proteção e direitos das mulheres - os direitos da mulher são direitos humanos; eles abrangem todas as esferas - social, política, legal e econômica;

3) Liderança e governança - a boa governança exige a participação igual e efetiva das mulheres;

4) Sistemas de gestão de gênero - fornecendo acesso e recursos de investimento (financeiros e outros recursos técnicos) para apoiar as mulheres;

5) Mulheres, Paz e Segurança - Garantir que as perspectivas das mulheres sejam incluídas nas questões da Paz - Programas de Prevenção, Proteção e Promoção;

6) Mídia e TICs - Dada às mulheres uma voz na mídia africana e acesso à tecnologia para o conhecimento.

A Carta Africana dos Direitos do Homem e dos Povos sobre os Direitos das Mulheres em África da African Union exige que os Estados Partes combatam todas as formas de discriminação contra as mulheres através de medidas legislativas adequadas.

A Direcção de Mulheres, Género e Desenvolvimento (WGDD) é responsável por liderar, orientar, defender e coordenar os esforços da UA para alcançar a igualdade de género e promover o empoderamento das mulheres e garantir que os países africanos cumpram a Declaração Solene da UA sobre a Igualdade de Género em África (SDGEA).

A GRANDE FORÇA DA MULHER AFRICANA

O Quênia conquistou a dobradinha na maratona feminina nas Olimpíadas de Tóquio. Peres Jepchirchir ficou com o ouro após os mais de 42 quilômetros da prova. Ela terminou com o tempo de 2h27min20s. A também queniana Brigid Kosgei levou a prata e cruzou a linha de chegada 16 segundos após sua compatriota, com 2h27min36s.

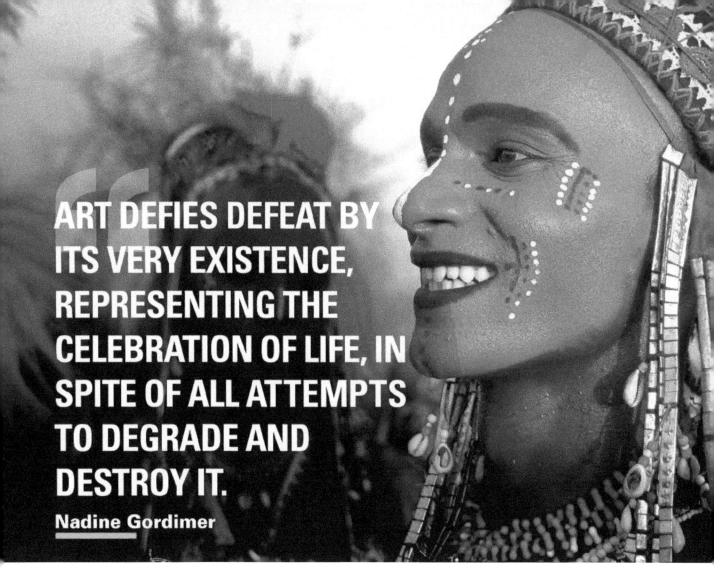

ART DEFIES DEFEAT BY ITS VERY EXISTENCE, REPRESENTING THE CELEBRATION OF LIFE, IN SPITE OF ALL ATTEMPTS TO DEGRADE AND DESTROY IT.

Nadine Gordimer

Promoção de esportes e cultura

A Aspiração 5 da Agenda 2063 prevê uma África com uma forte identidade cultural, herança comum, valores e ética compartilhados. Isso exige um renascimento cultural africano que seja preeminente e promova o espírito do pan-africanismo; explorar a rica herança e cultura da África para garantir que as artes criativas sejam os principais contribuintes para o crescimento e a transformação da África; e restaurando e preservando o patrimônio cultural da África, incluindo suas línguas.

A Carta Africana da African Union para o Renascimento Cultural Africano reconhece o importante papel que a cultura desempenha na mobilização e unificação das pessoas em torno de ideais comuns e na promoção da cultura africana para construir os ideais do pan-africanismo. O projeto emblemático da Agenda 2063 para o Grande Museu Africano visa criar consciência sobre os vastos, dinâmicos e diversos artefatos culturais da África e a influência que a África teve e continua a ter nas várias culturas do mundo em áreas como arte, música, língua, ciência e assim por diante. O Grande Museu Africano será um centro focal para a preservação e promoção do patrimônio cultural africano. A African Union trabalha para encorajar a cooperação cultural através do uso de línguas africanas e da promoção do diálogo intercultural. A Academia Africana de Línguas (ACALAN) e o Centro de Estudos Linguísticos e Históricos por Tradição Oral (CELHTO) foram criados para capacitar as línguas africanas, promover o uso de várias línguas em todos os níveis, especialmente no setor da educação e para garantir o desenvolvimento e promoção das línguas africanas como factores de integração e desenvolvimento africanos, respeito pelos valores e compreensão mútua e paz.

O esporte é reconhecido como um elemento de cultura e um importante contribuidor no desenvolvimento humano e no fortalecimento da coesão nacional e da reaproximação das pessoas. A African Union realiza atividades por meio dos Estados membros para desenvolver e promover o esporte e garantir que a contribuição da África para o esporte global seja equilibrada e democrática. Os Estados membros da African Union reconheceram que é necessário que a África intensifique a sua campanha contra todas as formas de discriminação racial, religiosa e política no desporto. O Conselho Desportivo da União Africana (AUSC) foi proposto como o órgão que será responsável pela coordenação do Movimento Desportivo Africano e o fórum que irá coordenar os esforços dos Estados membros para promover e desenvolver o desporto no continente. Suas funções incluem a promoção do esporte como um direito humano fundamental, defender o desenvolvimento do esporte, defender o financiamento para o desenvolvimento do esporte e garantir que os países desenvolvam políticas, programas, sistemas e estruturas esportivas. A AUSC é responsável pelos Jogos Africanos.

O Departamento de Assuntos Sociais promove o trabalho da African Union na área da cultura e do desporto.

FINALIZANDO

Nestas duas páginas finais quero deixar aqui os meus sinceros agradecimentos a todos os conhecidos e desconhecidos, que participaram direta ou indiretamente de mais este conteúdo. Quando o assunto é a VOZ DA ÁFRICA, estamos diante de um grande desafio. Em nosso presente não temos como ignorar o passado tão difícil e todo o sofrimento imputado à raça negra em África e no restante do mundo. O futuro, no entanto, depende de nossos esforços e capacidade de trabalharmos em grupo.

Acredito que não temos outro caminho, que não este: INFORMAÇÃO E FORMAÇÃO. Se nos deixaram limões azedos, temos que fazer deliciosas limonadas.

Precisamos trabalhar arduamente para que a cada nova geração as condições de vida melhorem substancialmente em África e em toda a diáspora africana.

Pelo conhecimento que tenho da vida fora do continente africano e desde 2011 também no continente africano, posso dizer categoricamente que África e Diáspora Africana se completam. Quem chega no território africano como professor, logo vê que muito tem a aprender com os nativos.

Por outro lado, os nativos precisam estar preparados para beberem os conhecimentos dos que aqui em África estão. Imitá-los em tudo o que for bom. Exatamente porque o sucesso nunca vem sem muito esforço. Do céu só cai chuva e trovoada.

O povo negro não tem absolutamente nada de inferior a nenhum outro povo no planeta. Temos grandes e brilhantes mentes que já iniciaram um árduo trabalho de construção desta NOVA ÁFRICA.

A minha responsabilidade como escritor é imensa, razão pela qual estou sempre a pesquisar em variadas fontes e a me interagir com os mais velhos que são verdadeiras bibliotecas do saber.

Todos os meios possíveis de transmitir as boas informações devem ser utilizados incansavelmente. Os mais novos precisam da experiência dos mais velhos e os mais velhos da força e do entusiasmo dos mais novos.

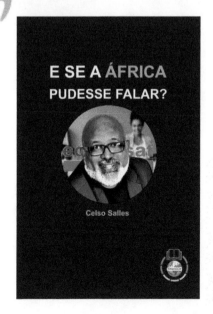

ÁFRICA

DE KIMBANGU A KAGAME

Celso Salles

Simon Kimbangu e Paul Kagame, duas proeminentes entidades africanas, cada um em sua época, cada um em seu tempo, que acabam tirando o sono do Ocidente. Kimbangu pelo grande legado que deixou no campo material e espiritual e Kagame pelos resultados alcançados em seu tempo de governo à frente da Ruanda, gerindo de forma muito mais adequada ao modo de vida africano. Mais um livro de extrema coragem do autor afro-brasileiro Celso Salles, residente em Angola no ano de 2021, quando escreveu este livro. Uma série de certezas e verdades precisam ser refletidas. Simon Kimbangu, feito prisioneiro belga por assumir um cristianismo com uma postura cristã muito diferente da adotada pelos colonizadores europeus na época, ficou 30 anos preso e mesmo assim de forma metafísica, realizou inúmeros milagres que demonstraram que o Cristo nada tinha a ver com o processo colonizador da época. Paul Kagame, com uma história em andamento no momento em que este livro é escrito, que assumiu um país vindo de inúmeros confrontos, dando-lhe números positivos, muito acima da média de inúmeros países dentro e fora do continente africano.

Qualquer pessoa que quiser escrever sobre a África, diante de um verdadeiro oceano de complexidades, pode ter certeza que não terá vida fácil em nenhuma das linhas de seu livro.

A história da humanidade tal qual vem sendo contada, traz inúmeras contradições e lacunas que precisam ser encaradas de frente, visando, principalmente deixar um melhor legado às novas gerações, do que efetivamente pudemos herdar das gerações que nos antecederam.

O grande poder que o cristianismo europeu exerceu e ainda exerce em África tem na figura de Simon Kimbangu uma verdadeira muralha quando o assunto é cristianismo. Ao presenciar um culto kimbanguista pode se ver uma fé cristã de imensa força e originalidade. Tem tudo o que o cristianismo europeu prega, ensina E MUITO MAIS. Este muito mais, fica pela forma com que os vários grupos existentes na Igreja Kimbanguista interagem, geram recursos e trabalham de forma coletiva, inúmeros projetos sociais e evangelistas.

Na minha forma de ver, inúmeras denominações cristãs, principalmente as que optaram pela teologia da prosperidade acabaram se distanciando e muito dos ensinamentos de Cristo e transformando a fé cristã em um verdadeiro caça tesouros. O "dai a César o que é de César" quase que se pode dizer na atualidade, "daí a César o que é de César e também a César o que é de Deus."

De forma geral, conseguimos identificar os erros de nossos antepassados, porém identificar os nossos erros em nosso tempo presente não é tarefa fácil. Requer um alto poder de análise, reflexões profundas e não ter medo de nadar contra a correnteza.

O CÉU NUNCA ESTEVE A VENDA E NUNCA ESTARÁ.

O comércio da fé aumenta cada vez mais, pois o lado César, alimentado pelo capitalismo financeiro domina a tudo e a todos, felizmente: QUASE TODOS.

Kimbangu, mesmo depois de mais de 100 anos de sua obra, continua sendo um grande sol no modo de se viver o verdadeiro cristianismo na atualidade, justamente pelo lado preponderante de Kimbangu ser o "DAI A DEUS O QUE É DE DEUS".

Os horrores cometidos pelo Governo Belga na época, transformaram Kimbangu em um legítimo defensor do Cristianismo raiz, que ia radicalmente contra os interesses coloniais europeus da época.

Muitos têm dificuldade em ver o lado espiritual de Kimbangu e outros o colocam como mais um Profeta.

Nesta obra vou procurar colocar inúmeros textos meus, com base nos estudos que venho fazendo desde 2015, quando tive contacto pela primeira vez com o UNIVERSO KIMBANGU, através do Reverendo Bitombokele Lei Gomes Lunguani que foi literalmente me buscar no Brasil. Igualmente colocarei textos pesquisados e compilados para facilitar um melhor entendimento sobre a vida e obra de Simon Kimbangu.

Nunca me perguntei, por que eu? Simplesmente vi rapidamente a grandiosidade de tudo o que acabava de ter acesso e que, não poderia guardar os conhecimentos para mim. Tinha que, de alguma forma, levá-los adiante. Este livro é mais um mensageiro dos conhecimentos a que tive acesso. Na Coleção África são inúmeros os livros em que menciono Simon Kimbangu.

Nascido e criado na Igreja Católica, tendo o Bispo Brasileiro José Luis Ferreira Salles como primo, filho do meu Tio Luis Ferreira Salles, me sinto muito honrado pela escolha que Simon Kimbangu me fez e, espero corresponder às suas expectativas. Tenho procurado fazer o que posso de melhor, contribuindo para que um Deus VERDADEIRO possa inundar a alma de povos do mundo todo, sem ficar refém de interesses econômicos diversos.

Não nasci dentro do Cristianismo Kimbanguista, razão pela qual não me considero um Kimbanguista. Gostaria de ter nascido formalmente dentro do Kimbanguismo, porém me considero sim um anunciante de Simon Kimbangu e filho legítimo de Simon Kimbangu.

Por que eu?

Porque Simon Kimbangu quis.

Tenho certeza que você que está a ler este livro, de alguma forma tem uma missão. Descubrí-la e cumpri-la caberá a você.

Acreditar no que estarei colocando nas próximas páginas vai depender de você. A minha missão de fazer chegar a você está sendo cumprida.

DOCUMENTÁRIO SIMON KIMBANGU - Parte 1 - Português e Francês.

São 33 minutos em que você irá receber uma rica mensagem. Irá conhecer o Cristão Africano Simon Kimbangu ainda mais de perto, um resumo da trajetória do Kimbanguismo, Sua Eminência DIANGIENDA Kuntima Joseph e sua mensagem pouco antes de morrer inicia o Documentário cujo texto colocamos nas páginas a seguir deste livro.

Ficha Técnica:

Discurso Inicial Sua Eminência DIANGIENDA Kuntima Joseph

Chefe Espiritual da Igreja Kimbanguista (1959-1992)

Terceiro Filho de Papá Simon Kimbangu

Pronunciamento original no idioma: Lingala

Versões em Português e Francês: Bitombokele

Locução em Português: Celso Salles

Locução em Francês: Bitombokele

Produção do Documentário: Educasat - Celso Salles

Textos: Bitombokele Lei Gomes Lunguani

Participação: Suzana Sheibel, Rodrigo Orso e Guelda Dikkendjeef

Pais e mães, não tenho uma mensagem especial para vos transmitir, nos dias vindouros, se já não estivermos neste mundo dos vivos, pois estamos de passagem e viemos de viagem, porque se lhes perguntarem, o que o pai deixou antes de render a sua alma, vejam só nos ensinamentos que tenho vos dado todos os dias, ontem falei, domingo falei, todos os dias tenho falado, o que tenho falado é o que constitui a base do nosso ensinamento: amor, mandamento e trabalho.

Se porventura vocês negligenciarem nestas três virtudes, o nosso sofrimento nunca vai acabar. Na verdade, estamos a ver que Deus é vivo e nos ama muito. O meu estado de saúde está péssimo e o meu espírito ainda tem muita força.

Será que Deus quis que neste momento nós três ficássemos doentes? Qual seria o seu desejo? É a sua vontade que vai se cumprir e não a nossa. Conforme já dissemos, o dia que já não estaremos neste mundo não perguntem sobre o que o pai deixou como recomendações, nas nossas orações, nos nossos discursos diários, tem sido a nossa mensagem que sempre temos vos dado para aqueles que já não estão em vida, para vocês que estão cá presentes e aqueles que virão, pois o peso que estamos a carregar é uma responsabilidade grande e dura. Vocês e eu, que aceitamos então seguir Simon Kimbangu, o seu caminho está cheio de dificuldades, por isso vocês que seguem Simon Kimbangu, na verdade tenho dito que são mesmos especiais, pois da maneira que este caminho é tão difícil em relação às outras vidas, vão sofrer zombarias em todos os sítios onde passarem, se as pessoas se perceberem que são Kimbanguistas. Serão tratados de burros, enquanto que vocês não são burros, pelo contrário, vocês ultrapassam a inteligência deles. Em que sentido? Vocês fizeram a escolha e seus próprios caminhos a seguir.

Quais são as origens do homem negro? Agora, de vez em quando, quando estou a descansar na cama, tenho acompanhado muitas coisas na televisão, constatado que o negro em todos os sítios onde ele se encontra, está mesmo zero. Já temos muitos intelectuais, que podem fazer exibições espetaculares, são muitos, mas não conseguem fazer e o que é que nos falta, se somos realmente inteligentes? Estudamos muito. Não conseguimos colocar nossa inteligência em aplicações, conforme estudamos na escola. Alguma coisa tem nos faltado. Cristo tinha dito, na verdade é seguir o que Ele disse: Procurai primeiro o Reino de Deus e o resto vos será dado em acréscimo. E para procurar o tal Reino de Deus é preciso praticar o amor, respeitar os mandamentos de Deus e realizar boas obras. Estas três condições que nos foram dadas, são as que vão fazer de nós grandes pessoas. Se porventura falharmos o nosso sofrimento não vai acabar. Estamos andando. Como já disse, somos visitantes deste mundo. Um dia o pai Kisolokele vai voltar, o pai Diangienda, pai Dialungana. Vamos mesmo voltar, porque viemos em peregrinação. Estivemos convosco, já nos viram, conversaram conosco, nos manifestaram o vosso amor, nos vestiram e fizeram para nós tudo o que necessitávamos. Hoje, dia 02 de Janeiro de 1992, vieram nos desejar feliz ano novo, agradecemos bastante. Os meus irmãos não estão cá, mas estamos juntos e somos apenas uma só pessoa. Vamos deixar de andar segundo a carne. É imperioso que tenhamos um amor considerável e não um amor de hipocrisia, quer dizer, fora, demonstramos um amor enquanto dentro de nossos corações não temos amor. A partir de qual momento começamos a tropeçar? Assim seria melhor você e eu demonstrarmos que amamos o nosso próximo, do fundo do nosso coração e não na aparência, pois se tivermos a praticar a hipocrisia, vai nos custar caro e vai nos levar a um sofrimento extremo, por isso, vamos nos acautelar da morte. Não temos outro solucionador de nossos problemas, a não ser Ele próprio Deus Pai, Nosso Senhor Jesus Cristo e o Espírito Santo que vão nos ajudar. Assim todo este ano entregamos a Deus Pai, nosso Senhor Jesus Cristo e o

Espírito Santo para nos acompanhar, nos ajudar no sentido de cumprirmos a sua vontade. Se fizermos a sua vontade, tudo o que precisarmos iremos alcançar. AMOR, MANDAMENTO E TRABALHO.

Quem é esse homem cuja vida transformou, transforma e continua transformando a história da África. Neste documentário vamos lhe apresentar Simon Kimbangu e qual a sua importância para o Renascimento Africano Moderno.

A personalidade de Simon Kimbangu pode ser definida em duas dimensões. Dimensão do Kimbangu da História e Kimbangu da Fé. O Simon Kimbangu da História é a realidade da personalidade física e humana de Simon Kimbangu, na perspectiva do entendimento humano limitado no tempo e no espaço. O Kimbangu da História é um ser humano natural, submetido a todas as fraquezas humanas, não apresentando nenhum aspecto físico misterioso. A característica específica da sua natureza é o sacrifício. A arte de assumir passivamente e pacificamente a atitude agressiva dos opressores.

O Simon Kimbangu da fé é a realidade da personalidade espiritual de Simon Kimbangu, não perceptível ao entendimento humano. Essa manifestação no contexto teológico, pode ser considerada como a plenitude da manifestação do Espírito Santo. Para melhor cumprir a sua missão no tempo e no espaço o Simon Kimbangu da fé pode ser definido em dois métodos:

1. Método Transcendental ou Metafísico e
2. Método Natural.

Simon Kimbangu é uma grande figura africana porque surge em um período considerado um período central da colonização, que vai de 1920, até 1950 é um período em que havia uma estabilidade absoluta do sistema colonial, já não havia nenhuma resistência política por parte dos africanos, nenhuma resistência religiosa e neste período em 1921 que foi incumbida a responsabilidade e a missão a Simon Kimbangu, por Jesus Cristo, para poder evangelizar o povo africano.

O sistema colonial tinha 3 pedras angulares:
1. O poder político
2. As empresas coloniais
3. A Igreja

A Igreja jogou um papel muito fundamental na mentalização dos africanos para que aceitassem a colonização. Neste contexto, a Igreja fez uso dos capítulos bíblicos do evangelho, para manter o povo africano na subordinação colonial. Era mais suave, os padres, pastores protestantes chegarem e dizerem "bem-aventurados os pobres porque vão herdar do Reino de Deus. O africano aceitando a pobreza, não tinha a possibilidade de poder fazer suas reivindicações. Neste contexto de subordinação mental, subordinação política, Simon Kimbangu vai receber a missão de poder reeducar os africanos em uma linha mais espiritual, porque nenhum desenvolvimento é possível sem que haja uma sustentabilidade espiritual.

Simon Kimbangu pregou o renascimento do povo de Deus, desencadeando uma ação na mesma altura, que movimentou milhares e milhares de pessoas em sua volta e ameaçou o poder colonial.

O que Simon Kimbangu fez? Ele anunciou a palavra de Deus e havia barreiras da parte dos africanos, que diziam: nós conhecemos as práticas do cristianismo e que Jesus Cristo é salvador dos brancos. O colonizador está a nos maltratar e essa religião não é nossa.

Simon Kimbangu disse: Não, o Cristo não tem nada a ver com o sistema colonial.

O Cristo é o Filho de Deus. Nós temos que seguir Cristo porque Ele me escolheu, me enviou para nos ensinar a palavra de Deus.

DEMONSTRAÇÃO, nós queremos uma demonstração.

Simon Kimbangu em nome do Cristo ressuscitou os mortos, em nome do Cristo, os paralíticos andaram, os cegos começaram a ver e esta informação começou a se espalhar em toda aquela região e começou a importunar o sistema colonial em toda África Central, com ênfase para Angola, Congo Democrático e Congo Brazaville que ficam no coração de África, uma ação realizada em Nkamba, uma aldeia localizada no ponto de encontro destes 3 países.

O colonizador Belga achou isso muito ameaçador, criou um cenário e prenderam Simon Kimbangu no ano de 1921.

Simon Kimbangu passou em um julgamento injusto, foi condenado à prisão perpétua, que durou 30 anos. Durante 30 anos, que representa o período central da colonização, como classifica o historiador britânico Basil Davidson, Simon Kimbangu tinha a faculdade de estar na prisão, mas também fora da prisão, evangelizando. Apareceu em Angola, no Congo Democrático, em outras regiões. Essa potencialidade que ele tinha de se multiplicar fazia muita diferença.

Certa vez Simon Kimbangu foi detido 5 vezes, em 5 lugares diferentes no mesmo dia.

Pegaram todos os Kimbangus, colocaram na mesma cela e viram que era a mesma pessoa.

Simon Kimbangu tinha uma certa personalidade que desestabilizou o sistema colonial espiritualmente. Só depois deste período central da colonização, onde Simon Kimbangu atuou, a partir de 1950, os movimentos das independências começaram a fluir.

Simon Kimbangu foi a plataforma espiritual do movimento das independências africanas. Alguns autores consideram Simon Kimbangu como pai das independências em África.

Só depois do momento em que Simon Kimbangu deixa esse mundo os ventos das independências começam a soprar no território africano.

A Bíblia é uma das fontes teológicas da Igreja Kimbanguista. A teologia Kimbanguista é centralizada na palavra de Deus, no Evangelho do Cristo e no Antigo Testamento.

A saída dos filhos de Israel do Egito é a imagem da saída do povo africano do sistema colonial.

A ação de Simon Kimbangu se enquadra no contexto das profecias de Isaías 19, 20, onde Isaías está a projetar a vinda de um Salvador que viria a resolver o problema do Egito, de África. Simon Kimbangu corresponde a esta profecia. E quando Cristo fala do Paracletos, que viria para auxiliar a sua obra, Simon Kimbangu se enquadra nestas profecias. É uma ação que Ele desencadeou. Em 1921 Kimbangu já profetizava sobre as independências. Uma das frases fundamentais das profecias de Simão Kimbangu é quando ele disse: Um dia o negro tornar-se-á branco e o branco tornar-se-á negro.

Temos muito o que falar de Simon Kimbangu e é o que faremos nas próximas partes de seu rico documentário. Um homem verdadeiramente inspirado pelo Espírito Santo e dono de inúmeras passagens que marcaram a sua história, que continua a ser escrita através de kimbanguistas, espalhados pelos 5 continentes.

A TRAJETÓRIA DO KIMBANGUISMO

O Kimbanguismo é um cristianismo resultante dos ensinamentos e obras de Simon Kimbangu, baseados no amor, obediência às leis de Deus e o empenho no trabalho.

Na realidade o Kimbanguismo é uma NOVA CIVILIZAÇÃO, que pretende implementar as bases do humanismo pelo temor de Deus e o respeito do ser humano, sem discriminação de raça, tribos e linguas.

Mas, sendo uma congregação que congrega seres humanos, como qualquer instituição o Kimbanguismo conheceu momentos altos e baixos na sua trajetória repartida em dois percursos:
1. O primeiro percurso vai de 1887 até 2001
2. O segundo percurso vai de 2001 até 2021

O primeiro percurso é repartido em 5 fases:

1. Fase da Aliança entre Jesus Cristo e Simon Kimbangu, iniciando em 1887, ano de nascimento de Simon Kimbangu, até 1921, ano de início da ação espiritual de Simon Kimbangu, para o renascimento do povo de Deus a partir da África;

2. Fase de Desestabilização Espiritual do Sistema Colonial em África, na qual Simon Kimbangu pregou o renascimento espiritual, a não violência e o equilíbrio racial, profetizando as independências dos países africanos. Uma de suas profecias e a mais famosa é quando ele disse: o negro tornar-se-á branco e o branco tornar-se-á negro. Este período vai de 1921 até 1951, o ano da morte de Simon Kimbangu, depois de 30 anos de prisão perpétua;

3. É a fase de transição para oficialização e institucionalização do Kimbanguismo como uma Igreja. Este período vai de 1951 até 1959, o ano da morte da mulher de Simon Kimbangu, Muilu Maria, que liderou o Kimbanguismo nesta fase de clandestinidade e perseguição dos kimbanguistas pelo colonizador;

4. É a fase da formação dos Kimbanguistas sob a liderança de Sua Eminência DIANGIENDA Kuntima Joseph, onde os Kimbanguistas se beneficiaram de uma formação muito rica, que tinha como objetivo formar ativistas para o desenvolvimento integral do continente africano. O curso, que durou 33 anos, baseou-se em formação espiritual, formação intelectual, iniciação à auto sustentabilidade absoluta. Este período vai de 1959 até 1992, o ano da morte dos pais espirituais que lideraram a Igreja Kimbanguista, Sua Grandeza Kisolokele Lukelo Daniel Charles e Sua Eminência Diangienda Kuntima Joseph.

5. Fase de revisão e consolidação dos conhecimentos no momento da formação, sob a liderança de Sua Eminência Dialungana Kiangani Salomon. Este período vai de 1992 até 2001, o ano da morte do Chefe Espiritual, Sua Eminência Dialungana Kiangani Salomon. Com o seu desaparecimento físico o Kimbanguismo marcou o fim do primeiro percurso da sua história, abrindo a porta de uma nova geração de Kimbanguista que estariam submetidos a uma prova para identificação dos menores que assimilaram os conhecimentos adquiridos na fase de formação.

Na realidade, a trajetória do Kimbanguismo se enquadra na perspectiva da lei da restauração social, onde em nosso conhecimento consideramos 3 importantes princípios:

1. Estabelecimento das melhores condições, antes de implementar qualquer projecto;

2. Elaboração do processo que irá proporcionar a restauração;

3. A aplicabilidade.

A trajetória do Kimbanguismo na realidade é a aplicação destes 3 princípios.

O processo do Renascimento Africano Moderno que Simon Kimbangu implementou a partir de 1921, bem como o processo de formação dinamizam o processo da implementação, tornando possível a APLICABILIDADE que é efectivamente a mais difícil.

Convivem entre si, três tipos de Kimbanguistas:
1. Tradicionais
2. Eurocentristas
3. Renascentistas

O GRANDE DISCURSO
DE SIMON KIMBANGU

PROFERIDO EM NBANZA NSANDA
AOS 10 DE SETEMBRO DE 1921.

Meus irmãos! O Espírito revela-me que é chegado o momento de me entregar às autoridades. Anotem bem isso, que com a minha prisão, iniciar-se-á um período terrível de imensa perseguição contra mim e os que me seguem. Será necessário nos mantermos firmes, porque o Espírito do nosso Deus todo poderoso não nos abandonará, pois ele nunca abandona todo aquele que nele confia.

As autoridades vão impor à minha pessoa um silêncio físico muito longo, mas eles não chegarão nunca a destruir a obra que tenho levado a cabo, porque ela veio do nosso Deus Pai. É certo que a minha pessoa física será submetida à humilhação e a imenso sofrimento, mas a minha pessoa espiritual ocupar-se-á do combate contra as injustiças semeadas pelos povos do mundo das trevas que vêm para nos colonizar.

Eu fui enviado para libertar os povos do Kongo, e a raça negra em geral. Portanto, o negro torna-se-á branco, e o branco torna-se-á negro. E os fundamentos espirituais e morais, tal como os conhecemos hoje em dia, serão todos abalados e as guerras persistirão em todo mundo.

Em África, os decênios que seguirão à sua libertação serão atrozes, pois os seus primeiros governantes trabalharão para o benefício dos brancos e viverão dos seus conselhos. E, por conseguinte, uma grande desordem espiritual e material se instalará, e as populações do continente guerrearão entre si, o que generalizará a miséria.

Muitos jovens abandonarão o continente na esperança de encontrarem bem-estar nos países dos brancos. Eles falaram todas línguas daquelas paragens, e muitos destes serão seduzidos pela vida material destes países. Consequentemente, tornar-se-ão a comida dos brancos e haverá muitos casos de mortalidade no meio deles, ao ponto de não voltarem a ver mais os seus parentes.

Passará um longo período até o homem negro adquirir a maturidade espiritual. E é com ela que alcançará a independência material. Nessa altura, cumprir-se-á a terceira etapa, da qual nascerá um grande Rei Divino. Ele virá com os seus três poderes: Espiritual, Científico e Político.

E eu serei o seu representante. Liquidarei para sempre a humilhação que desde os tempos remotos, não cessa sobre os negros, porque de todas as raças da humanidade, nenhuma foi tão maltratada e humilhada como a raça negra.

Continuem a ler a Bíblia, pois através dos seus ensinamentos chegareis a conhecer a imensa maldade daqueles que vos ensinaram a lê-la, contrário aos princípios morais contidos naquele livro.

Contudo, chegará o dia em que teremos o nosso próprio livro Sagrado, dentro do qual estarão escritas imensas verdades até então ocultas sobre a Raça Negra e os povos do Kongo.

Um Nlongui (Instrutor), virá antes do meu regresso para escrever este livro e preparar a vinda do Rei. Ele será combatido pela geração do seu tempo. Porém, com o passar de alguns anos, as pessoas compreenderão a sua mensagem e o seguirão. E porque este Nlongui preparará os povos do Congo para a vinda do grande Rei?

Ora, a chegada do Rei será uma ação demolidora e implacável. Assim, será necessário que os povos do Congo sejam instruídos, pois não sabem o que significa guerra espiritual. Que proveito tem o homem em combater a Deus, se no dia da sua morte, ainda que tenha muitos bens, não terá tempo sequer para arrumar a sua própria casa? Vocês desconhecem o que foi feito na vossa vida e porque viveis. E existir fisicamente não é tão importante.

Porque matar o seu próximo e ao mesmo tempo desejar que a sua vida continue, e por quanto tempo? Deus não tem tempo, nem espaço. Ele é todo e em tudo. Os povos do Kongo perderão tudo, pois serão instigados a seguirem os princípios morais perversos do mundo ocidental, esquecendo deste modo os seus mais nobres valores legados pelos seus antepassados, o que resultará também no desprezo das línguas locais.

Entretanto, exorto-vos a não menosprezar as vossas línguas. É preciso que vocês as ensinem cada vez mais aos vossos filhos e netos, porque virá um tempo em que as línguas dos brancos serão esquecidas. Deus pai deu a cada grupo humano, uma língua que serve de comunicação com Ele.

Simon Kimbangu
Mbanza Nsanda, 10 de Setembro de 1921

https://educasatworld.com/artigos

A IMPORTÂNCIA DA GESTÃO RUANDA NA ERA PAUL KAGAME PARA AS MUDANÇAS EM ÁFRICA.

Quando me perguntam qual a ligação de Simon Kimbangu e Paul Kagame, eu respondo: pode não ter nenhuma, como pode ter todas.

Eu, em particular, sou um entusiasmado com a gestão Ruanda by Paul Kagame e Equipe, o que tenho colocado nos livros da Coleção África. São números muito positivos.

Ao mesmo tempo, vejo o questionamento do ocidente em geral pelos anos em que Kagame está no poder. Sinto que o ocidente em geral vê a democracia de uma forma pasteurizada, ou seja, o que é para a França é bom para todo o Mundo. O que funciona nos Estados Unidos da América, funciona em todo o mundo.

Ruanda prova que não é uma visão correta.

A democracia tem evoluído em todo o mundo, porém ela necessariamente precisa respeitar as peculiaridades existentes em várias regiões com culturas e características próprias.

Mais uma vez, estarei colocando nas páginas seguintes o belo trabalho realizado pelo professor e escritor angolano Flávio Januário denominado:

TEMA: Descrição e Análise à governação democrática em África
 "Caso Específico República de Ruanda"

ENQUADRAMENTO DA TEORIA DA DEMOCRACIA NA GESTÃO POLITICA DE RUANDA

Ruanda é visto como um país ditatorial pelo fato histórico da situação ocorrida dos genocídios de 1994. Por esta razão, os críticos da região, reconhecem que enquanto o Presidente Kagame e o FPR permanecerem no poder a instalação da democracia será adiada. Só um processo de reconciliação entre o genocídio não é um acontecimento isolado. A sua história tende a ligar o passado, o presente e o futuro numa linha de causas e consequências que ultrapassam largamente os limites geográficos e temporais da eliminação física das vítimas. Em 1994, no Ruanda, 800 mil tutsis e hutus moderados foram massacrados por milícias, soldados, quadros administrativos e camponeses, num «genocídio de proximidade» planeado e organizado pela elite no poder.

O presidente é o chefe de estado de Ruanda. Segundo a atual constituição do país, é eleito pela população para um mandato de 7 anos. O Presidente da República indica o primeiro-ministro e os membros do Conselho de Ministros. Como segue em anexo a lista dos presidentes de Ruanda após 1961. Dizer que de 1961 até a presente data com a governação do presidente Kagame, passaram 7 eleições com as suas respectivas governação e etnias.

Face o processa eleitoral desencaminhado, é importante afirmar que Ruanda tem uma alternância ao poder muito jovem e que por sua vez requer maior aceitação e dinamismo na condição sociopolítica, não descurando da criasse ameaçadora de 1994, caso especifico do genocídio.

Porém, O Índice de Democracia The Economist para examinar o estado da democracia em 167 países, na tentativa de quantificar este com o Economist Intelligence Unit Democracy Index do que se concentrou em cinco categorias gerais: o processo eleitoral e pluralismo, as liberdades civis, o funcionamento do governo, participação política e cultura política. De acordo com a Economist Intelligence Unit Democracy Index 2011, os países são classificados em "democracias plenas", "democracias imperfeitas", "regimes híbridos" (todos considerados democracias) e "regimes autoritários" (considerados ditatoriais). A

The Economist avalia os países em cinco critérios (processo eleitoral e pluralismo, funcionamento do governo, participação política, cultura política e liberdades civis), com notas que vão de 0 a 10.

Porém, dos 167 países avaliados, segundo o The Economist, Ruanda está inserida na casa de 136 numa categoria de Regime Autoritário pelo facto de ter uma pontuação de 3.16; com processo eleitoral e pluralismo reduzido que corresponde a 1.42, com funcionamentos de governo com uma taxa de 4.29, participação política de 2.78, Cultura política 4.38, Liberdade civis 2.94. O que quer dizer que Ruanda ainda está distante de uma democracia aceitável em relação aos países com uma democracia plena e imperfeita, para não falar dos países com regime híbrido.

Governação de Ruanda

Portanto, como falar de democracia quando a maioria da população estava excluída dos direitos políticos? Pois, as mulheres, os metecos, os escravos não eram considerados cidadãos e como tal não tinham direito algum. Para a nossa sensibilidade contemporânea, a exclusão de um número tão elevado de pessoas é incompatível como qualificativo "democrático". Mas também não é menos certo que visto com os seus olhos, para os gregos, os sistemas pelos quais nós governamos embora parte do mundo atual, a qual chamamos "democracia liberal" seria qualquer coisa menos uma democracia, estando mais próxima a poliarquia de Robert Dahl.

Porém, os gregos não entenderam que denominamos "democracia" a um sistema em que a maior implicação do cidadão com a sua "polis" acontece a cada 4 ou 5 anos em eleições a representantes. As razões dessa dissonância tem que ver obviamente com a enorme distância temporal que nos separa, mas também às características peculiares da democracia ateniense. Assim, tal como as características reais que a democracia apresenta, é importante recomendar que Ruanda procure adaptar-se às novas formas de pensamento globalizado perante uma democracia mais acentuada e sobretudo clara e objectiva as necessidades e satisfação dos anseios do povo e como se não bastasse na correlação estratégica da comunidade internacional.

Vale reconhecer que além da geopolítica interna, Ruanda apresenta uma característica muito própria e por sua vez tem expandido a uma dimensão brutal a sua dinâmica comercial e económica e que por sua vez tende a expandir a condição social em bom sentido as estratégias de governo de Paul Kagame. Assim, é fundamental que no âmbito do processo de globalização, Ruanda, tem demonstrado ser um país óptimo e com uma visão mais certeira e sobretudo com ideias pragmáticas. Isso é que tem levado a comercialização e venda diplomática em questões democráticas da situação que Ruanda apresenta ser e estar diante do mundo comercial, mas que é fortemente criticada diante dos países mais adultos e dos eruditos reais da democracia.

Portanto, é imperioso afirmar que a cultura política desenvolvida pelo governo Ruandês tem legitimidade pelo facto do seu governo ter uma aceitação meramente política pois embora ser ela ditatorial, porém deve o governo aceitar o estabelecimento de indicadores que poderão elevar um grande índice de desenvolvimento político e democrático tal como Dahl estabelece os indicadores para que a Democracia seja factível:
• Liberdade de associação;
• Liberdade de expressão;
• Liberdade de voto (sufrágio universal);
• Liberdade para competir em busca de apoio(líderes políticos);
• Diversidade de fontes de informação;
• Elegibilidade para a coisa pública;
• Eleições livres, correctas e periódicas;
• Instituições que garantam que a política do governo depende dos votos e demais formas de expressar as preferências.
Para Ruanda, estes princípios estão muito associados ao facto do sistema político e do regime estabelecido pelo seu governo. Todavia, é interessante que de forma

gradual comece dar passos significativos para a mudança social por via de uma democracia acentuada e que venham a favorecer os povos.

Para tal, hoje Ruanda tem uma aceitação mais profunda pelo seu desenvolvimento económico, intelectual e a dimensão do seu desenvolvimento tecnológico que cresce dia apos dia a nível do cenário económico e mundial e isso faz com que este país consegue se manter nos níveis de boa governação, não descurando da condição democrática que vimos a afirmar constantemente de que tem e merece fazer um reenquadramento profundo face ao enquadramento cultural do seu impacto histórico do genocídio.

Assim, é importante afirmar que Ruanda é um dos poucos países de África com um impacto de grande vantagem competitiva face o índice de transparência que o governo de Paul Kagame implantou, principalmente no que tange a um combate acelerado da corrupção.

Todavia, tal como afirmamos anteriormente, é importante recordar que "mais de 40 anos depois da vaga de independências de 1960, não podemos continuar a atribuir a responsabilidade exclusiva das nossas desgraças ao colonialismo ou ao neocolonialismo das grandes potências, aos brancos, aos comerciantes estrangeiros e não sei quem mais. Temos de aceitar, de uma vez por todas, que somos nós os principais culpados. O resvalar para a violência, o laxismo na gestão do bem público, o roubo em grande escala, o não saber aceitar diferenças entre etnias e regiões, tudo isto tem causas principalmente endógenas. Admiti-lo seria o começo da tomada de consciência e, portanto, da sabedoria" Jean-Paul Ngoupande (ex-primeiro-ministro da RCA).

CONCLUSÃO

A análise dos aspectos que estruturaram a pesquisa sobre Descrição e Analise á governação democrática em África, no caso concreto da República de Ruanda na realização da política social do estado incidem sobre um estudo real onde se confirmou as hipóteses, tal como afirmou Jean-Paul Ngoupande, de que o resvalar para a violência, o laxismo na gestão do bem público, o roubo em grande escala, o não saber aceitar diferenças entre etnias e regiões, tudo isto tem causas principalmente endógenas, a dimensão do genocídio de 1994 que por sua vez, a mudança de politicas democráticas tem deixado o governo meio séptico nesta perspetiva. Bem como a não aceitação de uma abertura de candidatos concorrentes às eleições, tem levado Ruanda à uma permanência constante a um regime autoritário. Com a expansão dos seus serviços e desenvolvimento económico, político e social da administração pública do estado, pode equacionar vontade política para abertura de candidatura aos demais partidos políticos a fim de Ruanda respirar novos horizontes aos ares reais de real democracia plena.

Com os objectivos concretizados nesta pesquisa, favorecerá a racionalidade da República de Ruanda por via da instauração de processos mais democráticos a incentivar a busca pela satisfação de interesses colectivos, apesar de no funcionamento do governo de Paul Kagame haver diversos fatores que não propiciam experiência formativa, há nessa realidade indivíduos que preservam a autorreflexão e mantêm o movimento contrário da primazia do econômico, na busca incessante pela Cultura politica face as ocorrências do genocídio de 1994.

É fundamental que o governo esteja comprometido com a liberdade de expressão e comunicação, não descurando do controlo cerrado do reavivamento de mais um genocídio, tal qual elevar o combate à corrupção e a fomentação da ética no trabalho. Além do controle, apuração, transparência, responsabilização e aplicação de penas severas a actos ligados a emancipação de descriminação étnicas, é essencial a promoção pelo gestor de ações formativas, educacionais e reflexivas no trabalho.

O gestor público, quando no comando de equipes de trabalho, precisa implementar um modo de gestão que possibilite a ampliação da consciência dos funcionários em relação ao trabalho que estão realizando. Busque propiciar discussões sobre a finalidade das atividades que estão desempenhando e do impacto delas na sociedade e nos propósitos da instituição a que estão vinculados. Facilitar que o servidor consiga se visualizar na ação do estado na cidade, no estado e no país, vendo-se como o propiciador do exercício da cidadania.

FINALIZANDO:

Ao chegarmos no Livro 11 da Coleção África, programada para conter 12 livros, é muito grande a nossa alegria. Um sentimento de dever cumprido, porém com a sensação do famoso quero mais. O tema África é apaixonante e precisa ser visto de vários ângulos diferentes. O que tenho colocado nos livros são efetivamente os meus ângulos de visão. Ao completar exatos 62 anos de idade, em 2021, com praticamente 20 anos de pesquisa, dos quais 10 já em território africano, completados no mês de Setembro de 2021, o mesmo mês em que finalizo mais esta obra, posso garantir ao leitor que o continente africano é o continente do presente e do futuro.

No entanto, práticas seculares, feitas pelas gerações passadas precisam ser definitivamente abolidas. O respeito ao continente africano, bem como ao povo africano é fundamental para que possamos nos apresentarmos como seres humanos, dignos de ocuparmos ainda que temporariamente, um espaço em nosso planeta terra.

Novas gerações virão e, tenho fé, mais bem forjadas, dentro de uma nova e importante visão que é o desenvolvimento do continente africano, sem dependências dos demais continentes.

Por tudo o que foi plantado de ruim e negativo, o continente africano, berço da humanidade acabou herdando um passivo muito alto, deixado pelas gerações passadas que, não podemos em hipótese alguma aumentar.

Neste livro pudemos discorrer com maior riqueza de detalhes sobre Simon Kimbangu, o inspirador do Renascimento Africano Moderno e finalizarmos chamando a atenção dos demais países em África, sobre a Gestão Ruanda by Paul Kagame.

Em toda a Coleção África que irá ser finalizada no próximo livro, chamamos a atenção para a MUDANÇA DE PENSAMENTOS E MENTALIDADE.

Os desafios são imensos, porém imensas são as oportunidades. Vindo da diáspora africana e representando mais de 110 milhões de afro-brasileiros, sei mais do que ninguém a força mundial que representamos.

O caminho é exatamente este. Informação e Conscientização. "Se o boi soubesse a força que tem, não haveria cerca que o segurava"

Ao invés de Revoluções, temos que provocar EVOLUÇÕES. As mudanças normalmente ocorrem a partir dos que precisam que elas ocorram.

Gosto de ver os movimentos do tipo Black Lives Matter, porém não podemos ficar somente no campo das reações. TEMOS QUE AGIR e a ação requer muito empenho e muito trabalho. Sairmos da linha do conforto que é mais linha da resiliência, porque o conforto passa muito longe da maioria do povo negro dentro e fora da África.

O que existem são bolsões com a cara do ocidente. O que precisamos que exista, na verdade, é a eliminação das enormes diferenças entre as classes sociais.

Como muito bem diz o sueco, NEM POUCO, NEM MUITO. Temos que ser ousados para plantarmos isso no coração e na alma das novas gerações. Eu não preciso vomitar para poder comer mais, enquanto milhões morrem de fome em só ano. (Dom Helder Câmara).

amazon.com

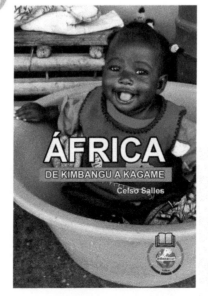

CPSIA information can be obtained
at www.ICGtesting.com
Printed in the USA
LVHW071919101121
702999LV00023B/1448

9 781006 449819